全国法院系统优秀案例分析

一等奖专辑

（二〇二二）

最高人民法院中国应用法学研究所　编

人民法院出版社

图书在版编目（CIP）数据

全国法院系统优秀案例分析一等奖专辑. 二〇二二 / 最高人民法院中国应用法学研究所编. -- 北京 : 人民法院出版社, 2023.5
ISBN 978-7-5109-3783-5

Ⅰ. ①全… Ⅱ. ①最… Ⅲ. ①案例－汇编－中国 Ⅳ. ①D920.5

中国国家版本馆CIP数据核字(2023)第068165号

全国法院系统优秀案例分析一等奖专辑（二〇二二）
最高人民法院中国应用法学研究所　编

策划编辑　兰丽专
责任编辑　赵杰琼
执行编辑　杨　洁
出版发行　人民法院出版社
地　　址　北京市东城区东交民巷27号（100745）
电　　话　(010)67550656（责任编辑）　67550558（发行部查询）
　　　　　65223677（读者服务部）
客服QQ　2092078039
网　　址　http://www.courtbook.com.cn
E-mail　courtpress@sohu.com
印　　刷　三河市国英印务有限公司
经　　销　新华书店

开　　本　787毫米×1092毫米　1/16
字　　数　252千字
印　　张　17.5
版　　次　2023年5月第1版　2023年7月第2次印刷
书　　号　ISBN 978-7-5109-3783-5
定　　价　78.00元

序　言

习近平总书记指出："要懂得'100-1=0'的道理，一个错案的负面影响足以摧毁九十九个公正裁判积累起来的良好形象。执法司法中万分之一的失误，对当事人就是百分之百的伤害。"习近平总书记还告诫广大司法工作者："决不能让不公正的审判伤害人民群众感情、损害人民群众权益"。司法公正是具体的、现实的，通过人民法院审理的一个个案件体现出来。案例是法治建设的基本要素，是法治建设发展的铺路石，是法治建设成果最直接、最生动的体现和载体。"努力让人民群众在每一个司法案件中感受到公平正义"，是习近平总书记对司法工作本质的深刻洞察，为人民法院和广大司法工作者提出了将每一个司法案件办成优秀案件，使每一个司法案件都能经得起历史检验、都能得到人民群众认可的奋斗目标。

人民法院的职责是依法审理案件，确保审理的每一个案件公平公正，以维护社会主义法治权威，维护社会公平正义，弘扬社会主义核心价值观，为中国式现代化建设提供有力司法服务和保障。优秀案例是案例中的精品和珍品，是类案类判的指引和示范，更加符合社会主义核心价值观，更能体现社会公平正义，能在更大程度上得到当事人认同和社会赞同，是人民法院推动社会主义法治建设的标志性成果。推动产生并广泛宣传优秀案例，使之在统一法律适用、规范司法程序上发挥更好示范作用，是案例指导制度的重要组成部分，也是做好案件审理工作的重要环节。由最高人民法院主办，中国应用法学研究所承办的全国法院系统年度优秀案例分析评选活动已成功举办七届，评选出了一批又一批优秀案例，成为人民法院统一法律适用，广大法官钻研业务、交流工作经验、展示司法智慧和审判成果的重要平台和抓手，对深入贯彻习近平法治思想，促进审判执行工作高质量发展，宣传社会主义法治发挥了重要作用。自评选活动开展以来，各级人民法院精心组织，广大法官踊跃参加，参选稿件数量和质量不断提升，成为最高人民法院举办的为数不多的评选活动中一个响亮品牌，产生了良好而广泛的影响。

全国法院系统优秀案例分析评选活动每年评选出优秀案例520篇左右，奖项分为一等奖、二等奖、三等奖、优秀奖；其中一等奖20篇，是优秀中的优秀、精品中的精品。2022年，为确保评选出的优秀案例经得起各方面检验，我们又邀请最高人民法院审判业务部门的部分领导和业务骨干对评选出的优秀案例在法律适用、价值导向两个方面进行审查，尽最大努力保证优秀案例的质量。将一等奖案例汇集出版，是落实评选活动宗旨的一项重要举措。2021年一等奖优秀案例分析专辑出版后，得到广大法官和社会的一致好评。应广大法官要求，我们对2022年一等奖优秀案例分析整理出版，以最大限度地发挥优秀案例分析的作用和价值，为广大司法工作者提供一个汲取司法智慧和审判经验的鲜活富矿，让在优秀案例中发掘出的裁判规则、蕴含的先进司法理念滋养更多的司法工作者，推动产生更多更优秀的案例。

编辑委员会

2023年2月10日

目　录

胡某某诉上海携程商务有限公司侵权责任纠纷案
——网络平台经营中个人信息提供者、数据平台使用者和公共利益的衡平考量 …………………………………… 姚　瑶 1

深圳市腾讯计算机系统有限公司、腾讯科技(深圳)有限公司诉杭州百豪科技有限公司、杭州古馨文化艺术有限公司不正当竞争纠纷案
——平台算法机制下自动抢红包行为的司法规制 ………… 张　翀 17

何某诉上海自古红蓝人工智能科技有限公司网络侵权责任纠纷案
——自然人虚拟形象的人格权侵权认定及其保护规则
…………………………………………………… 孙铭溪　毛春联 28

罗某诉中央电视台名誉权纠纷案
——新闻舆论监督的正当性分析与名誉权保护的边界确立
…………………………………………………… 马千里　林　挚 42

袁米农业科技有限公司诉袁隆平高科技股份有限公司确认不侵害商标权纠纷案
——确认不侵害商标权之诉的制度价值与司法判定标准分析 …………………………………… 郭正怀 曾志燕 55

邹某某诉湖南省妇幼保健院医疗服务合同纠纷案
——人工辅助生殖技术医疗服务合同订立后丧偶妇女提起履行之诉的审查考量因素
………………………………… 唐 春 吴 宏 刘 青 张 明 71

索某某诉徐某产品销售者责任纠纷案
——社区团购团长承担销售者责任的认定 ……… 洪 霞 周温涛 84

江苏省宿迁市人民检察院诉宿迁市众享酒店管理有限公司未成年人保护民事公益诉讼案
——向不特定未成年人提供互联网上网服务行为的司法认定
…………………………………………………………………… 赵迎娣 96

常某诉长春市创享物流有限公司等公路货物运输合同纠纷案
——层层转手有网络虚拟主体参与的运输合同的行为性质认定
…………………………………………………………… 季伟明 梁佳驹 109

重庆市鸿盛电线电缆有限公司诉重庆璟富房地产开发有限公司、融创西南房地产开发(集团)有限公司保证合同纠纷案
——非上市公司为其实际控制、间接持股100%的公司提供担保是否需要决议 …………… 傅 沿 杨 曦 龙玉梅 123

上海为安网络科技有限公司诉上海旭鼎投资管理有限公司、第三人上海瀛东律师事务所其他合同纠纷案
——诉讼投资协议效力的司法认定 ……………… 李非易 刘子娴 135

北京苏恒世纪装饰工程有限责任公司诉陈某某、刘某等清算责任纠纷案
——未届出资期限的认缴股东转让股权后对公司债务责任的承担 …………………………………… 吴可加　梁宏耀 148

北京字节跳动科技有限公司诉北京微梦创科网络技术有限公司不正当竞争纠纷案
——设置 Robots 协议的正当性判断 ……………… 谢甄珂　曹丽萍 168

VMI 荷兰公司诉萨驰华辰机械(苏州)有限公司、萨驰机械工程(上海)有限公司侵害发明专利权纠纷案
——知识产权案件技术贡献率的精确计算
…………………………………………… 徐飞云　胡　亮　张长琦 184

胡某某假冒注册商标案
——假冒注册商标案中主观故意难以认定时的定罪思路
………………………………………………… 林丽虹　常秋华 196

彭某某受贿,贾某某受贿、洗钱违法所得没收案
——"红通人员"逃匿境外违法所得没收程序的实践展开
…………………………………………… 邬文生　钟玺波　黎小忠 206

张某某等非法采矿暨马某某掩饰、隐瞒犯罪所得刑事附带民事公益诉讼案
——破坏江河生态环境公益诉讼案件中惩罚性赔偿的适用
…………………………………………… 寇建东　唐雨虹　张俊宏 220

郑某袭警案
——对袭警罪中"暴力行为"的甄别与认定 ………………… 杨　旌 233

陈某诉启东市综合行政执法局行政强制及行政赔偿案
——行政机关实施违法建筑物拆除的正当程序判定 ……… 殷　勤 245

李某诉中国证券监督管理委员会没收违法所得、罚款及行政复议案
——证券监管中对共同违法行为的认定与处罚 ………… 陈良刚 260

胡某某诉上海携程商务有限公司侵权责任纠纷案

——网络平台经营中个人信息提供者、数据平台使用者和公共利益的衡平考量

◇编写人：浙江省绍兴市中级人民法院　姚　瑶

【获奖评语】

本案系“国内大数据杀熟第一案”，主要涉及两个法律问题：一是上海携程商务有限公司（以下简称携程公司）是否存在违法处理个人信息的行为，以及胡某某要求“不同意《隐私政策》及《服务协议》仍可使用App”的诉讼请求能否支持；二是第三方代理在携程公司App平台上的报价是否构成携程公司对胡女士的欺诈。该案判决虽未支持胡某某“不同意《隐私政策》及《服务协议》仍可使用App”的诉讼请求，但对于携程公司收集、处理个人信息行为合法性进行了精细化审视，进而认定携程公司处理消费者个人信息的行为超出了法律允许的范围，为处理个人信息违法行为的司法认定作出了有益尝试。本案还界定了在互联网平台的环境中，平台经营者应当对平台内经营者以及消费者尽到何种告知义务，以及怠于履行该等义务可能构成欺诈，并应承担相应法律后果。

本案判决较好地把握了消费者权益及个人信息保护与数

字经济发展之间的平衡，引导平台经营者在使用个人信息时，应恪守合法性、正当性、必要性原则；本案法律适用正确，说理充分，逻辑周延，释法说理翔实有力，为同类型案件的裁判提供了新思路、新方法，对统一法律适用具有较高参考价值。同时，本案裁判结果导向正确，有利于保障互联网用户知情消费，有利于引导平台经营者诚信经营，有利于互联网平台健康发展，取得了良好的社会效果。

【关键词】

网络平台　欺诈　个人信息保护　数字经济

【裁判要旨】

平台经营者未依法以显著标识将自营业务与他营业务予以区分，未依法向消费者披露其所称的平台内经营者信息，对他营业务存在的风险未予告知，同时，对利用其平台发布高溢价房源信息、赚取高额利润的不当行为未尽有效监管，应依法认定构成欺诈。

平台经营者存有不当处理信息的行为，但民事责任的承担方式应与侵权行为相适应，且依法严格保护个人信息应当平衡信息提供者利益、数据平台使用者利益和公共利益。在平台经营者未对消费者个人信息肆意披露和以极端方式加以侵害，给其否定性评价并要求其承担惩罚性赔偿已可达到消费者使用 App 的预期效果和合同订立初衷的情况下，对消费者超出权利救济范围的诉请不宜支持。

【相关法条】

《民法总则》（2017 年 3 月 15 日公布）

第一百一十一条　自然人的个人信息受法律保护。任何组织或者个人需要获取他人个人信息的，应当依法取得并确保信息安全，不得非法收集、使用、加工、传输他人个人信息，不得非法买卖、提供或者公开他人个人信息。

第一百七十九条　承担民事责任的方式主要有：

（一）停止侵害；

（二）排除妨碍；

（三）消除危险；

（四）返还财产；

（五）恢复原状；

（六）修理、重作、更换；

（七）继续履行；

（八）赔偿损失；

（九）支付违约金；

（十）消除影响、恢复名誉；

（十一）赔礼道歉。

法律规定惩罚性赔偿的，依照其规定。

本条规定的承担民事责任的方式，可以单独适用，也可以合并适用。

《电子商务法》（2018 年 8 月 31 日公布）

第九条　本法所称电子商务经营者，是指通过互联网等信息网络从事销售商品或者提供服务的经营活动的自然人、法人和非法人组织，包括电子商务平台经营者、平台内经营者以及通过自建网站、其他网络服务销售商品或者提供服务的电子商务经营者。

本法所称电子商务平台经营者，是指在电子商务中为交易双方或者多方提供网络经营场所、交易撮合、信息发布等服务，供交易双方或者多方独立开展交易活动的法人或者非法人组织。

本法所称平台内经营者，是指通过电子商务平台销售商品或者提供服务的电子商务经营者。

第十四条　电子商务经营者销售商品或者提供服务应当依法出具纸质发票或者电子发票等购货凭证或者服务单据。电子发票与纸质发票具有同等法律效力。

第十五条第一款　电子商务经营者应当在其首页显著位置，持续公示营业执照信息、与其经营业务有关的行政许可信息、属于依照本法第十条规定的不需要办理市场主体登记情形等信息，或者上述信息的链接标识。

第二十三条　电子商务经营者收集、使用其用户的个人信息，应当遵守法律、行政法规有关个人信息保护的规定。

第三十七条第一款　电子商务平台经营者在其平台上开展自营业务的，应当以显著方式区分标记自营业务和平台内经营者开展的业务，不得误导消费者。

《网络安全法》（2016 年 11 月 7 日公布）

第四十一条　网络运营者收集、使用个人信息，应当遵循合法、正当、必要的原则，公开收集、使用规则，明示收集、使用信息的目的、方式和范围，并经被收集人同意。

网络运营者不得收集与其提供的服务无关的个人信息，不得违反法律、行政法规的规定和双方的约定收集、使用个人信息，并应当依照法律、行政法规的规定和与用户的约定，处理其保存的个人信息。

《消费者权益保护法》（2013 年 10 月 25 日修正）

第八条　消费者享有知悉其购买、使用的商品或者接受的服务的真实情况的权利。

消费者有权根据商品或者服务的不同情况，要求经营者提供商品的价格、产地、生产者、用途、性能、规格、等级、主要成份、生产日期、有效期限、检验合格证明、使用方法说明书、售后服务，或者服务的内容、规格、费用等有关情况。

第二十条第一款　经营者向消费者提供有关商品或者服务的质量、性能、用途、有效期限等信息，应当真实、全面，不得作虚假或者引人误解的宣传。

第二十条第二款　经营者对消费者就其提供的商品或者服务的质量和使用方法等问题提出的询问，应当作出真实、明确的答复。

第二十九条　经营者收集、使用消费者个人信息，应当遵循合法、正当、必要的原则，明示收集、使用信息的目的、方式和范围，并经消费者同意。经营者收集、使用消费者个人信息，应当公开其收集、使用规则，不得违反法律、法规的规定和双方的约定收集、使用信息。

第五十五条第一款　经营者提供商品或者服务有欺诈行为的，应当按照消费者的要求增加赔偿其受到的损失，增加赔偿的金额为消费者购买商品的价款或者接受服务的费用的三倍；增加赔偿的金额不足五百元的，为五百元。法律另有规定的，依照其规定。

【案件索引】

一审：浙江省绍兴市柯桥区人民法院（2021）浙 0603 民初 790 号（2021 年 7 月 7 日）

二审：浙江省绍兴市中级人民法院（2021）浙 06 民终 3129 号民事判决（2021 年 12 月 31 日）

【基本案情】

原告胡某某诉称：其通过被告携程公司名下的携程 App 预订了 2020 年 7 月 18 日的舟山希尔顿酒店房间一间，被告携程公司以编号 13000885272 的订单向其收取房费 2889 元，并向其声明，其为被告携程公司的钻石贵宾客户，上述 2889 元房价已为被告携程公司为其争取的最优价。胡某某当天通过名下的中国银行信用卡向被告携程公司支付 2889 元订房款，后其按时入住。第二日退房时，因偶然要求酒店开发票，才发现酒店的房价加上服务费、税金总价仅 1377.63 元，其向酒店方反映，酒店明确告知，真实的零售开票价仅是 1377.63 元。被告携程公司声称的最惠房价并非真实房价。胡某某认为被告的行为实属欺诈，深感愤慨，随即与被告进行维权交涉，被告虽同意返还价格虚高部分，但以调查核实的最优价为 1621 元为由，仅同意返还虚高部分房价 1268 元。

原告认为：(1) 销售欺诈损害消费者权益，应退一赔三，但被告连退还全部差价都不愿意履行，对自身的欺诈销售，缺乏应有的认识及歉意。(2) 原告作为被告的钻石贵宾客户，之前原告多次频繁通过被告名下的携程网预订价格不菲的客房、机票，从未要求酒店等服务实际提供方开发票，也从未核实过真实价格，原告有理由怀疑被告通过原告此前的消费行为将原告界定为消费金额不敏感用户，利用原告消费行为沉淀的数据对原告进行大数据“杀熟”，恶意侵犯原告的消费者权益。故原告请求被告不再使用、利用原告的消费数据，不同意被告为原告进行消费者画像。(3) 被告名下的携程 App 在全国的旅游服务市场占据较大份额，已具有优势地位，现用户在使用该 App 前系统自动推送《服务协议》和《隐私政策》，如用户不同意则直接退出 App，导致原告被迫同意被告采集原告个人数据信息，形成个人信息上的强制缔约。为杜绝被告收集个人数据进行消费者画像、数据“杀熟”的行为，尊重用户个人意愿，保护个人信息权，被告应在携程 App 推送《服务协议》和《隐私政策》时提供“不同意，继续使用”的选项。故为维护自身合法权益，惩治被告“杀熟”的欺诈违法行为，也为维护公序良俗，特提起诉讼。

原告诉请：(1) 判令携程公司向其退还因欺诈销售而多支出的酒店预订款 243.37 元；(2) 判令携程公司向其按差额房费的三倍赔付，计为 4534.11 元；(3) 责令携程公司对此次销售欺诈在《中国消费者报》及中国消费网上向原告赔礼道歉；(4) 判令携程公司在携程 App 增加选项，使客户不同意其《服务协议》和《隐私政策》时，仍能使用该 App。

被告携程公司在证据交换时答辩称：被告系携程旅行网的平台方，在携程旅行网上售卖的酒店产品均由相关平台内经营者提供。被告并非涉案订单的合同相对方，未收取过原告任何费用，也未提供订单中的内容。经与被告核实，涉案酒店产品由上海赫程国际旅行社有限公司（以下简称赫程公司）提供，收款方亦为该公司，在预订页面及原告提供的携程发票中均有所体现。针对诉争订单的疑问，被告进一步向赫程公司核实，赫程公司方面称，该酒店产品由供应商张家口捷锐信息技术咨询服务有限公司（以下简称捷锐公司）向赫程公司提供，捷锐公司提供的该产品价格为2889元，赫程公司结算给捷锐公司2600元，收取服务费289元。在从被告处得知原告情况后，赫程公司同捷锐公司也进行了沟通，捷锐公司表示该价格系当晚酒店预订房价紧张所致，后被告客服暗访酒店，得知原告预订的2020年7月18日舟山希尔顿酒店豪华湖景大床房（含早餐）的售价为1621元，故被告考虑到给原告带来的不佳体验，先行于2020年7月19日向原告补偿了1268元。由于本案订单并非酒店直接与原告订立，故原告所述酒店开票价与本案无关联，被告不存在欺诈故意，也不存在客观侵权。

法院经审理查明：胡某某于2016年在携程App上注册为用户，已为携程公司的钻石贵宾客户。依照携程公司对外宣传，钻石贵宾客户享有酒店会员价8.5折起等特权。2020年7月18日，胡某某在携程公司运营的携程App中预订了当天舟山希尔顿酒店豪华湖景大床房一间，订单金额为2889元，并于当天上午8点42分付款完成。2020年7月18日上午8点53分，酒店对外电话接到自称王先生的人来电，以胡某某名义直接向酒店预订，房款1377.63元通过微信支付，且注明房价保密。2020年7月19日退房时，胡某某要求酒店开具发票，发现酒店房价为1377.63元，胡某某遂当即电话向携程公司客服反映，要求按此价格退差价，携程公司客服以潜在顾客名义致电舟山希尔顿酒店进行暗访，并于当日13点50分向胡某某退款1268元。但胡某某对此不满意，认为携程公司构成欺诈，并主张携程公司应承担退一赔三的责任。

法院同时查明：案涉订单系案外人帅某提前三日以王先生名义预订，

但未付费。帅某发现某某旅行 App 上案涉房型房源中携程公司直采房型已销售完毕后，其通过捷锐公司在携程 App 代理商后台系统输入案涉房间价格 2600 元，该价格在附加携程公司收取的 10%服务费等费用后，展示在携程 App 平台上的价格为 2889 元。在胡某某通过携程 App 下单并付款后，帅某联系案涉酒店更换入住房客为胡某某，并支付费用。携程 App 向胡某某手机发送信息，除告知订单确认号、金额、服务电话等内容外，还有"特别提示：此单通过代理商预定，请直接报胡某某办理入住"的字样。携程公司按照代理商确定的 2600 元收取 10%的费用。

另根据携程公司集团自行公布的 2020 年第四季度及全年财务业绩载明，该公司连续三年居全球在线旅游行业第一。截至一审判决作出之日，如新下载携程 App，页面直接跳出《服务协议》《隐私政策》的温馨提示，并仅有两个选择："同意并继续""不同意并退出"。用户必须点击同意《服务协议》《隐私政策》方能使用该 App，如不同意，将直接退出该 App。携程 App 的《服务协议》《隐私政策》含有对用户个人信息采集和使用权利条款，要求用户允许公司进行数据分析及商业利用。胡某某认为携程公司对其构成大数据"杀熟"，要求携程公司在其开发的携程 App 增加选项，使客户不同意其《服务协议》和《隐私政策》时，仍能使用该 App。

【裁判结果】

浙江省绍兴市柯桥区人民法院于 2021 年 7 月 7 日作出（2021）浙 0603 民初 790 号民事判决：（1）携程公司于判决生效之日起十日内退还胡某某订房差价 243. 37 元并按差额房费的三倍支付赔偿金 4534. 11 元；（2）限携程公司于判决生效之日起三十日内在其运营的携程旅行 App 中为胡某某增加不同意其现有《服务协议》和《隐私政策》仍可继续使用的选项，或者在判决生效之日起三十日内为胡某某修订携程旅行 App 的《服务协议》和《隐私政策》，去除对用户非必要信息采集和使用的相关内容（修订版本需提交该院审定同意)；（3）驳回胡某某的其他诉讼请求。

宣判后，携程公司提出上诉，浙江省绍兴市中级人民法院于 2021 年 12 月 31 日作出（2021）浙 06 民终 3129 号民事判决：（1）维持浙江省绍兴市柯桥区人民法院（2021）浙 0603 民初 790 号民事判决第一项，即携程公司于判决生效之日起十日内退还胡某某订房差价 243. 37 元，并按差额房费的三倍支付赔偿金 4534. 11 元；（2）撤销浙江省绍兴市柯桥区人民法院（2021）浙 0603 民初 790 号民事判决第二项、第三项；（3）驳回胡某某的其余诉讼请求。

【裁判理由】

法院生效判决认为：胡某某通过携程 App 预订酒店的房价远高于门市价，携程公司对此构成欺诈。携程公司未依法以显著标识将自营业务与他营业务予以区分，未依法向消费者披露其所称的平台内经营者信息，对第三方代理商渠道房源存在的风险未予告知。同时，携程公司作为携程 App 网络服务提供者，有义务、有能力、有必要对利用其平台发布高溢价房源信息、赚取高额利润的不当行为进行监管。本案中，携程 App 上存在第三方代理商预先零费用囤房、择机翻倍加价的“倒房”行为，但携程公司怠于履行平台主体责任未进行有效监管。而且携程公司一直在消费者心目中营造“低价”“放心”等品牌形象，使消费者有合理理由相信并充分信赖，在携程 App 上展示的 2889 元价格应当是低于或者至少是不高于酒店正常对外销售价格。携程公司的上述错误行为，使胡某某陷入了对交易对象的认知错误，继而又基于对携程公司的充分信赖而陷入了对交易价格优惠的认知错误，最终作出了不真实的意思表示，实际支付了远高于门市价格的价款。携程公司应承担欺诈的惩罚性赔偿责任。

对胡某某要求携程公司对其 App 增加不同意《服务协议》《隐私政策》仍可继续使用的选项之诉请不宜支持。本案中，携程公司存在侵害消费者个人信息权益的行为，其“强制且不指明具体内容”的信息收集方式违反有关处理个人信息的正当性原则；对个人信息的收集超出所必需的信息范围，不符合对个人信息收集的最小范围原则；将信息分享给携程公司可随意界定的关联公司、业务合作伙伴进行数据分析和商业利用，不符合对个人信息最小损害原则。但民事责任的承担方式应与侵权行为相适应，且依法严格保护个人信息应当平衡信息提供者利益、数据平台使用者利益和公共利益。携程公司未对消费者个人信息肆意披露和以极端方式加以侵害，给其否定性评价并要求其承担惩罚性赔偿已可达到胡某某使用携程 App 的预期效果和合同订立初衷。同时，随着新一代信息技术的迅速发展，人类已经进入数字经济时代。数字经济是当前最具创新活力的经济形态，必要的信息收集、积累和数据加工是数字经济发展的关键要素和核心竞争力，但必须坚持促进发展与保护权利相统一，在发展利益和个人利益之间寻找最佳平衡点。如不允许携程公司收集消费者的姓名、手机号码、身份信息等就无法实现具体的服务事项。如允许消费者不提供任何个人信息，仍可使用携程 App 要求携程公司提供服务，系对携程公司的过分苛责。平台经营者会因此丧失支撑起经营模式的基础资源，也无法通过合理的数据处理更好地保障消费者利益，如此既不利于数字经济的长远发展，最终也会损害消费者权益。故对胡某某要求增加该 App 选项的诉请不予支持。

【案例注解】

随着数字经济的发展，网络平台经营者侵犯消费者财产权益和个人信息权益的现象逐渐增多。2021 年 8 月，《个人信息保护法》出台后，网络平台经营者发布高溢价信息是否构成欺诈，其对个人信息的处理是否构成侵害消费者个人信息权益，在个案中如何平衡保护个人信息权益和促进数字经济发展，民事责任的承担方式如何与侵权行为相适应，等等，成为当前亟待解决的问题。本案所处理的纠纷正是消费者使用平台 App 经常遭遇的问题，为公众高度关注。生效判决从网络平台经营者负有以显著方式区分自营业务和他营业务为切入口，结合新业态下消费者对平台 App 过度信赖的现状，呈现了此类案件构成欺诈的要件。同时，生效判决结合本案情况阐述了网络平台经营者处理个人信息的正当性原则、信息收集的最小范围原则、最小损害原则。更为重要的是，生效判决提出了依法严格保护个人信息应当平衡信息提供者利益、数据平台使用者利益和公共利益，个案中民事责任的承担方式应与侵权行为相适应的理念。

一、携程公司作为平台经营者承担欺诈责任的认定

欺诈是指一方当事人故意告知对方虚假情况，或者故意隐瞒真实情况，诱使对方当事人作出错误意识表示。本案中，携程公司一直主张胡某某是在携程 App 上通过已经标明“代理”的渠道预订房间。在代理模式下，携程 App 上所显示的价格由代理商自行在携程后台设定报价并附加携程公司合理服务费后组成，由代理商采购酒店房间并通过携程 App 展示销售，携程公司与酒店方之间并不存在直接合同关系，不掌握代理商渠道的客房销售及价格情况，携程公司如实履行了告知义务，并未故意在电商平台中向用户提供任何虚假或不真实的信息，故携程公司不构成欺诈，无须承担任何责任。

但事实真的如此吗？因消费者在市场经济中的弱势地位，其与经营者在交易信息获取上处于不对称地位，这种情况在现今数字经济时代中更为突出，故为了保护消费者的合法权益，我国法律从保障消费者知情权、课以经营者告知义务等方式来平衡消费者在交易信息获取上的天然弱势地位。根据《消费者权益法》第八条、第二十条的规定，经营者应当向消费者全面、真实地告知包括涉及服务的内容、规格和费用等信息，不得作虚假或者引人误解的宣传，以保障消费者知情权。就本案而言，携程 App 上存在第三方代理商预先零费用囤房、择机翻倍加价的“倒房”行为，在消费者以高溢价的价格订购酒店房间，遭受价格欺诈的过程中，携程公司是否履行了法律规定的告知义务，是否尽到了电子商务平台经营者应尽的监管义务，是本案认定欺诈事实的关键考量因素。

《电子商务法》第三十七条规定：“电子商务平台经营者在其平台上开

展自营业务的，应当以显著方式区分标记自营业务和平台内经营者开展的业务，不得误导消费者。”携程公司作为国内经营在线旅游、酒店预订的电子商务平台经营者，携程App中以自营各种旅行产品为主，同时允许第三方代理商在其App上发布产品，依法应当以显著方式区分标记自营业务和他营业务。但本案事实是在携程App预订酒店时，由平台内经营者提供的房源信息旁仅有“代理”两个小字，且携程公司在携程App上展示给消费者的所有协议中以及消费者预订酒店的全过程中都没有对“代理”作出过定义或解释，在携程公司本身无酒店客房亦是代理销售酒店客房的情况下，普通消费者很难仅凭代理字样理解区分案涉订单系非携程公司的第三方代理商提供的酒店客房。在此情形下，难以认定该“代理”二字能直接、准确、清晰地指向“第三方代理”“他营”“非自营”。

根据《电子商务法》第九条、第十五条第一款的规定，平台经营者应当在其首页显著位置，持续公示营业执照信息、与其经营业务有关的行政许可信息等信息，或者上述信息的链接标识。而携程App案涉酒店信息处、订单详情中均无任何有关平台内经营者捷锐公司身份、资质、资信等信息或者链接公示，消费者在订购案涉酒店时无从得知平台内经营者的存在，且在酒店预订的过程中，携程公司自始至终以自己的名义与消费者进行沟通交流，线上客服是携程管家；房费扣款方为携程公司的关联公司；在发生问题后，与消费者沟通的亦是携程公司客服，故因携程公司未履行告知平台内经营者信息的法定义务，客观上又始终作为合同相对方履行了相关合同权利和义务，足以使胡某某作为消费者陷入对交易对象错误的认识，使其有充分理由相信其系与携程公司订立并履行合同，再加之携程公司一直在消费者心目中营造“低价”“放心”等品牌形象，且携程公司在线上酒店预订行业占据优势地位，使消费者有合理理由相信并充分信赖，在携程App上展示的2889元价格应当是低于或者至少是不高于酒店正常对外销售价格，并基于此作出错误的意思表示。

此外，携程公司怠于履行平台主体责任是产生欺诈的重要原因。第一，平台经营者有能力对App平台价格信息进行监管。平台经营者作为App的提供者，可以通过审查第三方代理资格、签订平台用户协议、后台系统自动价格监管等手段，对平台上价格异常的信息进行监管。第二，App 平台用户对平台经营者的信赖使其应具备监管的责任和义务。如前所述，普通消费者系基于对某个电子商务平台的信赖而选择在该 App 上进行消费，平台内经营者亦是源于普通消费者对平台经营者的信赖而与其签订协议，利用 App 平台发布商品信息、销售商品，且平台经营者通过向平台内经营者收取相应费用的方式获得了利益，其获取的利益系建立在消费者信赖的基础上，根据责任与利益的相对等的原则，平台经营者应承担平台内信息的监管责任。在携程公司作为携程 App 网络服务提供者，有义务、有能力、有必要对平台内经营者利用其平台发布高溢价房源信息、赚取高额利润的不当行为进行监管的情况下，携程公司怠于履行平台主体责任，未采取相应规制措施导致酒店高溢价销售，以致胡某某遭受损失，对此具有明显的可责性，应承担欺诈的惩罚性赔偿责任。

二、对于本案中涉嫌大数据“杀熟”的分析

在个案中，要论证平台经营者是否存在大数据“杀熟”具有一定的困难，但就本案而言，大数据“杀熟”的确证与否与本案携程公司的责任认定无关。本案中透过对大数据“杀熟”的疑虑，更应强调的是平台经营者应履行的社会责任。电子商务平台的经营者，因平台内数据的传递高度依赖其提供的存储介质和传输通道，故其对电子商务平台和平台内的电子商务交易活动具有高度的支配力，比如，其可以关闭数据传输通道或者设置访问权限，使得数据发出者无法发送数据或者令数据接受者无法接收信息；其可以对存储在其所控制的物理介质之上的数据进行删除、更正、补充，从根本上改变数据的内容，亦可在平台内预先设置一系列算法程序，相关算法程序会根据相关技术参数自动作出判断，生成相关数据并将其通过数据通道予以传输。

具体到本案，携程公司掌握有案涉订单的所有数据信息，其可对平台内经营者报价的任何数据进行监管，可令平台内经营者无法发布过高价格

的数据，可根据消费者的交易习惯对其进行精准化推送，亦可将储存在平台上的订单数据进行修改或删除，故胡某某作为一名普通消费者在面对携程公司掌控平台内所有数据且事先亦告知要进行数据画像等商业利用的情况下，当得知支付了不合理高价订单时，对携程公司产生大数据“杀熟”的疑虑合乎常理。携程公司作为一家在行业内占据优势地位，并在国内享有较高知名度的数据企业，其理当有更高的社会责任和使命，故本案不应聚焦在平台经营者有无大数据“杀熟”的司法认定上，而应进一步着力于探究为何消费者会认为存在大数据“杀熟”，以及如何消除消费者对大数据“杀熟”的疑虑。携程公司作为在携程 App 上具有高度支配力的平台经营者，其在追求自身利益最大化的同时应当兼顾广大消费者的合理需求，对其掌握的数据进行合理利用，对平台内经营者在平台发布的相关数据进行有效监管，并制定公平合理的交易规则以约束平台内经营者与交易相对人，此既是电子平台经营者的权利和义务，亦是其积极履行企业社会责任，提高企业社会认同度的应有之义。

三、平台经营者在使用个人信息时，应恪守合法性、正当性、必要性原则

《网络安全法》第四十一条第一款规定：“网络运营者收集、使用个人信息，应当遵循合法、正当、必要的原则，公开收集、使用规则，明示收集、使用信息的目的、方式和范围，并经被收集者同意。”其中合法性原则表明收集信息需遵守我国相关的法律法规，如《民法典》《个人信息保护法》《网络安全法》等。正当性原则不仅包括信息处理的目的正当，还包括信息收集的手段正当，法律禁止非法收集、使用个人信息，故目前许多 App 上常常出现的以捆绑服务、强制停止使用等不正当手段变相胁迫、强制用户提供具体范围不够明确的个人信息的行为，违反了我国法律有关处理个人信息的正当性原则。必要性原则是指收集个人信息，应当限于实现处理目的的最小范围，也就是如果没有某些个人信息，个人信息处理者的处理目的就完全无法实现或者说主要、核心目的无法实现；以及在确保

个人信息处理主要、核心目的实现的情况下，对个人信息的使用应当采取对个人权益影响最小的方式。

本案中，用户下载携程 App，页面会直接跳出《服务协议》《隐私政策》的温馨提示，并仅有两个选择："同意并继续""不同意并退出"。用户必须点击同意携程《服务协议》《隐私政策》方能使用携程 App，如不同意，将直接退出携程 App，而携程 App 要求用户签署的《服务协议》《隐私政策》中均包含了对用户个人信息收集和使用的条款。可见消费者使用携程 App 的前提是需要签订《服务协议》《隐私政策》，同意携程公司及其关联公司、业务合作伙伴对其的个人信息进行收集、使用，此系明显的个人信息强制收集、使用行为，这种"强制且不指明具体内容"的信息处置方式不符合法律规定的信息收集原则。信息作为一种特殊的资料，个人一经让渡，难以再行掌控，对后期加工行为甚至可能完全不知情。因此，平台经营者虽然通过消费者以"知情+同意"的方式取得了处理其个人信息的资格，但平台经营者的处理行为应当恪守合法性、正当性、必要性原则。平台经营者处理个人信息的活动，不可避免会对个人权益造成影响。在确保个人信息处理主要、核心目的实现的情况下，在将信息加工提炼为数据以及在信息数据使用过程中，要以对个人信息影响最小的方式为之，要以个人信息让渡时个人的真实初衷和意愿为之，确保信息数据依法合理有效利用，以营造良好的网络空间，推动数字经济持续健康发展。平台经营者未尽前述注意义务，符合侵权行为构成要件的，应承担侵权责任。

四、民事责任的承担方式应与侵权行为相适应，个人权益的保护亦应考虑他人利益和公共利益，司法裁判应寻求各方利益的最佳平衡点，实现个人权益保护和社会经济发展相统一

依照法律规定，民事责任有停止侵害、赔礼道歉、赔偿损失等多种承担方式，在案件中需根据原告的诉请判定责任承担方式。本案中携程公司的行为虽有过错，但对其行为给予否定性评价并要求其承担惩罚性赔偿已可达到胡某某使用携程 App 的预期效果和合同订立初衷。

一方面，携程公司的信息收集和使用行为虽有不当，但并未肆意披露和以极端方式加以侵害。案涉《服务协议》《隐私政策》中除个别侵犯消费者个人信息权益的条款外，其余条款仍为合法有效，亦是互联网企业开展业务的前提和基础。若增加不同意使用信息仍可使用 App 的选项，实质上全盘否定《服务协议》《隐私政策》内容，超出了权利救济的必要范围，不仅关乎胡某某利益，也关乎众多用户利益，在个案中应持谨慎态度。本案中在存在请求确认特定条款或格式条款无效等其他责任承担方式的前提下，不宜直接要求携程公司增加不同意其《服务协议》《隐私政策》也可使用 App 的选项。

另一方面，胡某某在使用携程 App 时同意了《服务协议》《隐私政策》，其个人信息已经为携程公司及其关联企业所掌控。个人信息经个人同意加工为信息数据后再删除要平衡信息提供者利益、数据平台使用者利益和公共利益。在大数据时代，必要的信息收集、积累和数据加工是数字经济发展的必然路径，也是平台经营者订立并履行合同的必然要求。个人信息经个人自主决定让渡给平台经营者后，平台经营者将众多的个人信息收集、整理，形成了信息数据库。该信息数据库既关乎个人利益，也关乎平台经营者利益和公众利益，在删除或修改该信息时，要考虑其他个人信息提供者的同等待遇、替代责任方式的可行性、数字经济发展的公共利益是否受损及受损程度。否则，既是对其他个人信息提供者的不公平，也容易造成平台经营者过重的经营负担，并导致数字经济发展的基础数据受损等情况发生。因此，在司法裁判中，在依法严格保护个人信息时，应当平衡信息提供者利益、数据平台使用者利益和公共利益，考虑民事责任的承担方式与侵权行为相适应，对超出权利救济必要范围的诉请不宜予以支持。

深圳市腾讯计算机系统有限公司、腾讯科技（深圳）有限公司诉杭州百豪科技有限公司、杭州古馨文化艺术有限公司不正当竞争纠纷案

——平台算法机制下自动抢红包行为的司法规制

◇编写人：杭州互联网法院　张　翀

【获奖评语】

本案系首例涉及QQ平台算法机制下自动抢红包软件的新类型网络不正当竞争案件，核心争议在于：被诉行为是否构成不正当竞争。该案判决提出，在根据《反不正当竞争法》第十二条第二款第四项的兜底条款认定互联网领域的行为是否构成不正当竞争时，应从被诉行为是否从事生产经营行为、是否利用技术手段妨碍破坏其他经营者合法正常经营、是否具有不正当性等方面综合评价，对于准确适用该兜底条款具有重要参考价值。

互联网经济是注意力经济，用户流量和黏性无疑是互联网企业的竞争优势和竞争对象，QQ抢红包功能能够提升用户使用QQ的时间和黏性，是QQ软件竞争优势的重要组成和体现。自动抢红包软件本质上是通过调用该权限后的监听QQ消息栏通知消息和聊天窗口消息，并模拟人为点击QQ红包和发送回复消息，破坏了QQ真实、诚信的娱乐互动生态，

违背了相关行业的规则和惯例，不利于社会诚信风尚的养成，有悖于公认的商业道德，也会破坏正常市场竞争秩序。本案裁判结果对诱导社会公众利用不诚信的手段获取利益的行为予以否定性评价，有利于引导市场经营主体诚信经营，推动数字经济良性发展，打造法治化营商环境。

【关键词】

自动抢红包　技术手段　平台算法　寄生型软件　不正当竞争

【裁判要旨】

被诉侵权软件通过技术手段以自动抢红包替代手动抢红包，系对开放平台模式下的安卓系统功能进行异化使用，该种恶意寄生于他人合法商业模式下的不当行为构成不正当竞争，应予适用我国《反不正当竞争法》互联网专条的兜底条款予以评价。

司法实践中适用该条款应从以下四个方面着手：行为人是否利用网络技术手段实施被诉行为；被诉行为是否有悖诚实信用原则和商业道德且不具有合理理由；被诉行为是否违背其他经营者意愿并导致其合法提供的网络产品或服务无法正常运行；被诉行为是否扰乱市场竞争秩序并损害消费者的合法权益。

【相关法条】

《反不正当竞争法》(2019 年 4 月 23 日修正)

第十二条　经营者利用网络从事生产经营活动，应当遵守本法的各项规定。

经营者不得利用技术手段，通过影响用户选择或者其他方式，实施下列妨碍、破坏其他经营者合法提供的网络产品或者服务正常运行的行为：

（一）未经其他经营者同意，在其合法提供的网络产品或者服务中，插入链接、强制进行目标跳转；

（二）误导、欺骗、强迫用户修改、关闭、卸载其他经营者合法提供的网络产品或者服务；

（三）恶意对其他经营者合法提供的网络产品或者服务实施不兼容；

（四）其他妨碍、破坏其他经营者合法提供的网络产品或者服务正常运行的行为。

【案件索引】

一审：杭州铁路运输法院（2020）浙8601民初1644号（2021年9月15日）

二审：浙江省杭州市中级人民法院（2021）浙01民终10310号（2022年3月29日）

【基本案情】

两原告深圳市腾讯计算机系统有限公司（以下简称腾讯计算机公司）、腾讯科技（深圳）有限公司（以下简称腾讯科技公司）诉称：QQ是一款跨PC和移动的即时通信软件，腾讯计算机公司是网站www.qq.com的运营主体，腾讯科技公司是腾讯QQ软件和腾讯手机QQ软件的著作权人，两原告对QQ产品及其网络服务享有合法经营权益。用户注册使用QQ时需要点击确认《腾讯服务协议》，该协议约定：不得使用任何方式对服务进行干扰、破坏、修改或施加其他影响；不得通过任何第三方软件、插件、外挂、系统、设备等登录或使用本服务。被告杭州百豪科技有限公司（以下简称百豪公司）是网站www.hongbao.me和www.anzhuostore.cn的运营者，其通过上述网站提供应用版本为“1.8.79_ 20200625_ 2”的两款抢红包软件，分别为多多抢红包软件和红包猎手软件。百豪公司在安卓客户端通过应用市场提供应用版本为“1.8.79_ 20200408”的红包猎手软件。被告杭州古馨文化艺术有限公司（以下简称古馨公司）是华为应用市场中应用版本为“1.8.79_ 20200409”的多多抢红包软件的运营者，经下载提示发现新版本“1.8.79_ 20200625_ 2”。上述网站及安卓端应用市场等可获取上述两款软件的运营主体均为百豪公司。上述自动抢红包软件被介绍为支持QQ自动抢红包功能，可在抢红包后自动发送答谢的QQ消息。

两原告认为：QQ常规状态的红包功能可以调动QQ群用户之间的活跃度，引发互动，激发真实社交。两被告通过自动抢红包软件调用安卓手机的无障碍功能监听用户QQ软件，然后模拟用户点击和自动发送消息，随时对红包消息进行响应并自动回复，干扰两原告原本公平公正的QQ抢红包功能模块，侵犯两原告合法权益，导致发红包的用户财产权益受到损害，该行为属于我国《反不正当竞争法》第十二条规定的利用技术手段实施的妨碍和破坏其他经营者合法提供网络产品或服务正常运行的行为，构成不正当竞争。

两原告诉请：请求判令两被告停止不正当竞争行为，消除影响并赔偿经济损失及维权合理开支共计495万元。

百豪公司辩称：两被告并非共同运营主体，不存在不正当竞争行为，涉案两款软件并非外挂，而是基于安卓系统的辅助无障碍服务实现功能，通过调用安卓底层模块功能监测QQ红包消息，未入侵、破解QQ产品，未破坏QQ抢红包原有的金额随机、拼手气规则，未妨碍和破坏QQ的正常运行，未对腾讯计算机公司、腾讯科技公司造成任何损失。

古馨公司辩称：其并非被诉侵权软件的制作和运营主体。古馨公司于2019年5月30日发生股东变更事宜，其发现营业执照被冒用以发布被诉侵权软件后向警方报案，但未有处理。其对于被诉侵权行为不知情，在收到法院应诉材料后要求百豪公司停止侵害其合法权益并下架一款与古馨公司相关的“1.8.79_ 20200409”的多多抢红包软件，其运营者为百豪公司，古馨公司未从中获利。

法院经审理查明：腾讯计算机公司、腾讯科技公司系 QQ 软件及产品的开发和运营主体，截至 2020 年 3 月 31 日止，QQ 智能终端月活跃账户数为 6.94 亿，社交网络占收入构成的 23%。QQ 软件提供手动抢红包功能，即一名用户可以点击领取其他用户通过一对一聊天或群聊天方式发送的电子红包。《腾讯服务协议》载明："不得使用任何方式（包括但不限于第三方软件、插件、外挂、系统、设备等）对本服务进行干扰、破坏、修改或施加其他影响。"《QQ 软件许可及服务协议》载明："用户不得通过非腾讯开发、授权的第三方软件、插件、外挂、系统，登录或使用本软件和/或本服务，或制作、发布、传播上述工具。"

百豪公司是多多抢红包和红包猎手软件的开发和运营主体，通过其运营的两个网站 www.hongbao.me、www.anzhuostore.cn 以及多个安卓客户端的手机应用市场提供上述两款软件的下载服务，该软件在免费试用次数结束后转为提供会员收费服务，百豪公司系收款主体。古馨公司是多多抢红包软件在华为应用市场、豌豆荚平台的服务提供者。从上述两款软件的运行效果来看，为实现自动抢红包功能，QQ 软件需要处于运行状态，QQ 后台显示时必须开启 QQ 消息通知，QQ 前端显示时不受关闭 QQ 消息提醒的影响。一旦有用户发送红包，上述软件可自动领取红包并自动发送答谢消息，软件教程还有"抢红包防限抢技巧"等内容。以华为应用市场、豌豆荚为例，红包猎手软件的下载量就曾分别达到 302 万次、268.4 万次，多多抢红包软件的下载量曾分别达到 38 万次、20.6 万次，在联想应用中心、安智市场的下载量曾分别达到 3 万次、1 万次，对于被诉侵权网站和其他安卓应用分发平台的下载量未有具体统计。至 2021 年 4 月下旬，多多抢红包软件已在华为应用市场上作下架处理。百豪公司自认其仍在华为应用市场、360 应用市场、OPPO 应用市场、MM 市场、百度应用市场提供红包猎手软件下载服务。经查看涉案网站，至该案一审判决时止，网站仍提供两款软件的下载服务，且软件更新时间为 2021 年 1 月 14 日。

【裁判结果】

杭州铁路运输法院于2021年9月15日作出（2020）浙8601民初1644号民事判决：判令百豪公司和古馨公司立即停止针对QQ产品的涉案不正当竞争行为，并在《法治日报》非中缝版面连续三日刊登声明，消除因其不正当竞争行为造成的不良影响，百豪公司赔偿经济损失（包括维权合理费用）60万元，百豪公司和古馨公司共同赔偿经济损失（包括维权合理费用）10万元，驳回腾讯计算机公司和腾讯科技公司的其他诉讼请求。宣判后，百豪公司提出上诉。浙江省杭州市中级人民法院于2022年3月29日作出（2021）浙01民终10310号民事判决：驳回上诉，维持原判。

【裁判理由】

法院生效判决认为：本案主要争议焦点在于被诉行为是否构成不正当竞争行为。腾讯科技公司、腾讯计算机公司系QQ软件及产品的开发和运营主体，享有保证其产品正常运行的权利，以及争夺客户群体、交易机会等市场资源所产生的竞争利益。两款被诉侵权软件调用安卓系统为开发者提供的无障碍服务和通知使用权服务，并需要使用软件的用户同意并设置赋予软件权限，但该两款软件所体现的监听、控制或者自动点击屏幕的功能系开发者对安卓系统原本标准化服务的异化使用。两款软件的上架运营有违两原告正常提供QQ产品服务的初衷，直接冲击QQ以真实社交为依托的运营基础。百豪公司作为被诉侵权软件的开发者，利用寄生于QQ软件才能达到自动抢红包的产品效果，架构于两原告已经拥有的广大QQ软件用户群体和已经建立的真实、诚信的互动生态系统，妨碍两原告合法提供的QQ产品或者服务的正常运行，通过提供损害两原告、消费者以及社会公共利益的服务而获利，扰乱了市场竞争秩序，应属我国《反不正当竞争法》第十二条第二款第四项所规制的不正当竞争行为。古馨公司系被诉侵权软件在部分应用市场上的网络服务提供者，亦对于该部分不正当竞争行为构成共同侵权。

百豪公司所抗辩的被诉侵权软件系为增添抢红包方式的多样式和丰富性而不构成不正当竞争的依据不足，其仍然缺乏利用网络从事该种经营活动的合理理由。两款被诉侵权软件提供渠道较多、侵权持续时间较长，且在案件审理过程中仍在提供下载服务，具有一定规模的下载量，对QQ软件运营和QQ用户体验产生不良影响，可能导致给提供QQ产品和服务的两原告的商誉带来负面影响，两被告应停止不正当竞争行为，并为两原告消除影响。虽然被诉侵权软件的下载量不完全等同于其用户数，但可见用户规模较大，且有一定的侵权持续期间，该软件所提供的防止腾讯平台限制抢红包技巧的教程，系针对两原告所作出的对抗手段，足见百豪公司作为开发者的主观故意。法院综合考虑被诉行为的性质、持续时间、两被告主观过错程度及侵权后果、范围等因素确定赔偿数额。

【案例注解】

近年来，互联网支付模式多次掀起革新热潮，电子红包应运而生，这种交织着金钱游戏的社交现象的流行，使得用户对于网络互动平台群体生活参与动机和方式发生了极大的改变，电子红包所带来的竞争权益保护方式和保护边界审查成了司法审判面临的新问题和新挑战。

一、电子红包社交模式聚集竞争利益

QQ软件作为较早开始在其产品设置电子红包功能的目标平台，在系统提供的公平算法机制下，需要用户人为关注QQ红包消息并手动点击获取，红包个数为多个的群红包还具有先抢先得、金额随机特点，用以调动QQ用户的真实社交积极性。可想而知，基于QQ软件这一目标平台的正常运行，在其合法提供产品和服务的过程中会形成用户对于QQ软件和产品的使用时间和黏性，而用户因手动点击红包而带来的对目标平台的关注、

流量和黏性，正是QQ抢红包功能的流量聚合优势所在。QQ平台通过多年运营积累了庞大的用户资源，拥有高活跃度的用户群体及巨大的访问流量，由此聚集用户所获取的流量和流量变现的获益等亦相当可观。透过现象看本质，通过电子红包功能所激活的用户软件体验和社交积极性，产生对接用户需求而形成的巨大私域流量，经过正向循环，就成为平台所独有的竞争优势，得以助推目标平台在市场竞争中占有一席之地，在互联网经济发展趋势下无疑应受法律保护。

二、平台寄生型软件应受“互联网专条”兜底条款规制

不断发展的互联网产业带来更为丰富和多样化的经营业态与竞争模式，相关领域现行有效的法律和司法解释未对《反不正当竞争法》规定的“互联网专条”兜底条款的适用情形进行具体且穷尽的列举，即《反不正当竞争法》第十二条第二款第四项规定的“其他妨碍、破坏其他经营者合法提供的网络产品或者服务正常运行的行为”仍有充分的适用空间和现实需求。“互联网专条”旨在突出利用技术手段对达到妨碍、破坏经营者合法提供的网络产品或者服务正常运行的行为进行否定性评价，在网络竞争行为不属于该法条列举的前三项适用情形时，对于是否适用“互联网专条”兜底条款的判断就要围绕该法条的要件范式展开，判断某种网络竞争行为是否具有不正当性，可以从行为手段、互联网商业伦理、行为方式、损害后果等方面着手审查。

（一）技术中立原则的适用

网络技术的快速发展正深刻地影响着信息资源获取的方式及便捷程度，相伴而来的大量侵权行为往往披着技术中立的外衣而更具迷惑性。关于互联网创新与不正当竞争的边界问题，技术中立原则并非侵权行为的保护伞，在目前的司法实践中，人民法院对于技术中立原则的适用条件仍然采取严格限制的态度，并且还要不断完善侵权责任认定规则。易言之，技术只是

手段，可能主动或被动扮演着侵害知识产权或者竞争权益的不可或缺的角色，此时，裁判者需要平衡因网络技术发展而引发的互联网领域的利益冲突，对于技术提供者的行为正当性与否的判定，应当审慎审查，并注意到创新手段不一定受到市场有序竞争的容忍和法律的保护。

本案中，安卓系统无障碍服务本身不具有可责性，评价被诉行为正当与否的关键在于行为人运用该项技术的方式和特定场景。这种调用安卓系统无障碍服务的技术功能在被诉侵权软件中体现为监听、控制或者自动点击屏幕的功能，结合其抢红包的使用场景，本身不具有实质性非侵权用途。自动抢红包软件作为一种寄生型软件，之所以具有一定的受众市场，是因为完全依赖于目标平台具有广泛的用户群体，从其开发、运营初衷来看，主要是利用目标平台已经集聚的庞大用户及流量所享有的竞争优势，在开放平台模式下改变目标平台用户原本获取电子红包的方式。这种利用技术手段实现的竞争行为破坏了本已形成的真实、诚信的互动生态系统，显然有悖于软件行业普遍认同和接受的商业道德和市场交易活动中诚实信用这一最基本的道德准则。不难看出，从行为手段和互联网商业伦理来看，被诉行为落入上述“互联网专条”兜底条款的适用空间。

（二）自动抢红包软件损害了原有正常的市场竞争秩序

人民法院在判定某种新类型网络竞争行为是否存在损害后果及损害程度时，要注意结合被诉行为的客观表现，多维度全面审查有关法益，不仅要考虑目标平台经营者的竞争权益，更要从市场竞争秩序出发，引入消费者甚或社会公众作为判断主体，即将互联网经营者利益、消费者利益和社会公共利益进行“三元叠加”的综合考量。市场需要有序竞争，一方经营主体的竞争利益受损，并不意味着另一方必然构成不正当竞争，只有竞争行为危害正当的竞争秩序或者竞争机制而为竞争秩序所不容时，才需要适用《反不正当竞争法》进行规制。就自动抢红包软件功能实现的实质意义来看，其无法脱离 QQ 软件而独立存在，这种目标平台与寄生型软件的共存现象是否具有合理性？目标平台经营主体对于该现象是否负有一定程度的容忍义务？从本案来看，答案显然是否定的。

目标平台设置的公平算法包括随机选定的红包目标对象和随机分配的红包金额，两种算法同样重要，构成完整的算法机制。手快者不一定获得更高额红包，自动抢红包软件表面上未明显改变随机分配的红包金额，但实则破坏了公平条件下人工点击红包的目标对象随机算法，即使该类软件在客观上增添了抢红包方式的多样性和丰富性，也无法成为该类软件开发运营者利用网络从事有关经营活动的合理理由。借助自动抢红包软件的目标平台用户，较之未使用者所增加的获取红包机会系在“自动抢红包”软件破坏目标平台公平算法的基础上方得以实现，有违目标平台经营者正常提供产品服务的初衷，可能导致未使用自动抢红包软件的目标平台用户丧失公平参与抢红包的机会，极易遭受财产权益的不合理损失，亦符合上述“互联网专条”兜底条款的行为方式和损害后果的认定标准。

综上所述，在某种竞争行为对其他经营者存在一定干扰的情况下，其本身具有明显不当性，又过度影响其他经营者服务的正常运行，且给消费者及市场竞争秩序造成损害，虽然司法具有谦抑性，但在此时应当介入调整。

三、以社会主义核心价值观的评价标准引导良性竞争

网络空间的行为规范不能脱离道德规范而存在，要培育符合社会主义核心价值观的网络伦理和行为规则，本案的审理思路恰是蕴含了社会主义核心价值观的评价标准。要强调司法裁判在社会治理中的规范、评价、教育功能，公正、诚信、敬业作为社会主义核心价值观的重要组成部分，人民法院应当通过清晰的价值取向界定，积极引导社会公众向上向善。

在本案中，市场经营主体经过自身长期努力，意在为目标平台建立真实、诚信的商业生态环境。用户对 QQ 产品的交互信息存在相应信任，而被诉侵权软件批量化、自动化的操作方式势必额外增加 QQ 软件运行的数据量和数据流，破坏 QQ 红包本身公平、随机的算法机制，已经超过了平台对自身 QQ 产品进行技术甄别、干预甚至屏蔽被诉侵权软件的可控范畴，

极易导致 QQ 软件原本设置的手动抢红包功能和公平的红包算法机制被弱化甚至被边缘化。从负面影响来看，该类软件利用一些网络用户存在的侥幸心理，想要通过目标平台软件以外的第三方软件辅助乃至走捷径获得服务，拥有一定的受众市场，而该类软件的开发运营，又无形中变相引导网络用户通过不诚信的方式获取个人利益。

如今，该类自动抢红包软件在各大应用市场上仍较为常见，未被全面禁用，无异于挑战网络空间治理的底线。本案所揭示的该类互联网“黑灰产”仅是冰山一角，这类软件的运营者据此所增加的商业机会，必然影响相关生态竞争领域的正常竞争秩序，若允许以此种非善意的方式参与市场竞争，必将损害行业的健康发展，亦将有损社会公共利益，因而必须在司法层面进行否定性评价，力求以司法公正引领社会公平正义。

何某诉上海自古红蓝人工智能科技有限公司网络侵权责任纠纷案

——自然人虚拟形象的人格权侵权认定及其保护规则

◇编写人：北京互联网法院　孙铭溪　毛春联

【获奖评语】

本案入选最高人民法院“民法典颁布后人格权司法保护典型民事案例”，是全国首例利用算法设计组织实施人格权侵权的新类型案件，对人工智能时代加强人格权保护具有重要意义。本案中，在上海自古红蓝人工智能科技有限公司（以下简称自古红蓝公司）的规则设定和算法设计下，用户将何某的姓名、肖像、人格特点等综合而成的整体形象投射到虚拟角色上，共同创设了何某的虚拟形象。审理法院对虚拟形象所涉及的人格利益进行了解构，其中，包括姓名权、肖像权等具体人格权，以及具体人格权无法完整涵盖案涉软件使用的人格利益即一般人格权。在解构的基础上，对不同类型的人格利益，分别以具体人格权和一般人格权给予保护。另外，本案对算法应用的评价标准进行了有益探索，即网络技术服务提供者在算法设计和规则设定中嵌套其主观价值和主观目的，不适用技术中立原则，如果技术服务者利用技术实质性地参与到侵权内容的提供和创作中，那么该技术服务者应当被视为提供侵权内容的侵权行为人。本案相比于一般的人格权侵权案件，涉及的人格要素更为丰富、侵权行为人更为广泛、技术应用更为深入，为同类型案件的处理提供了裁判规则参考。

【关键词】

人工智能　虚拟形象　具体人格权　一般人格权

【裁判要旨】

自然人的人格权及于其虚拟形象。自然人虚拟形象所包含的姓名、肖像、人格特点等人格要素是自然人的人格权客体，未经许可擅自创设、使用自然人虚拟形象的，构成对自然人人格权的侵害。

网络技术服务提供者在算法设计和规则设定中嵌套其主观价值和主观目的，不适用技术中立原则。技术服务者利用技术实质性地参与到侵权内容的提供和创作中，该技术服务者应当被视为提供侵权内容的侵权行为人。

【相关法条】

《民法典》（2020 年 5 月 28 日公布）

第九百九十条　人格权是民事主体享有的生命权、身体权、健康权、姓名权、名称权、肖像权、名誉权、荣誉权、隐私权等权利。

除前款规定的人格权外，自然人享有基于人身自由、人格尊严产生的其他人格权益。

第一千零一十二条　自然人享有姓名权，有权依法决定、使用、变更或者许可他人使用自己的姓名，但是不得违背公序良俗。

第一千零一十八条　自然人享有肖像权，有权依法制作、使用、公开或者许可他人使用自己的肖像。

肖像是通过影像、雕塑、绘画等方式在一定载体上所反映的特定自然人可以被识别的外部形象。

【案件索引】

一审：北京互联网法院（2020）京0491民初9526号（2021年8月20日）

【基本案情】

原告何某诉请：自古红蓝公司作为案涉某款手机记账软件的运营者，将其姓名和头像预先设置于软件中，供用户选择为虚拟陪伴人物。根据聊天场景和虚拟形象的人设，该软件通过智能算法或AI自动回复的方式向用户推送与其有关的“肖像表情包”和“撩人情话”，营造出与其真人真实互动的使用体验。同时，自古红蓝公司还利用该虚拟形象进行商业推广。自古红蓝公司的行为侵害了其姓名权、肖像权以及一般人格权，根据《民法总则》《民法典》等法律的规定，请求法院判令自古红蓝公司公开向其赔礼道歉，并判令自古红蓝公司赔偿经济损失及精神损害。

被告自古红蓝公司辩称：何某主张的角色设置、肖像图片上传、语料“调教”等行为均由用户作出，其仅为网络技术服务提供者，且答辩人在用户协议中已经明确了用户不得作出侵害他人权益的行为，答辩人在何某发出通知后即将含有何某姓名、肖像的“AI陪伴者”删除，故其不应承担侵权责任。

法院经审理查明：自古红蓝公司是某款手机记账软件的开发运营者，用户在该软件中可自行创设“AI陪伴者”，设置陪伴者的名称、头像，设置与该陪伴者的人物关系（如男女朋友、兄妹、母子等），并借助通用聊天语料实现与虚拟人物的交流互动。本案原告何某系公众人物，在该款软件中被大量用户设置为陪伴人物并设置了人物关系。自古红蓝公司通过聚类算法，将陪伴者何某按身份分类，并以协同推荐算法向其他用户推介该虚拟人物。用户在设置何某为陪伴人物时，上传了大量原告的肖像图片用以设置人物头像。为了使虚拟角色更加拟人化，被告还提供了“调教”算法机制，即用户上传各类符合该虚拟角色人设的文字、肖像图片、动态表情等互动语料，部分用户参与审核后，被告使用人工智能筛选、分类，形成人物专属语料。用户和该软件为何某制作了专属语料，根据话题类别、人设特点等，用于何某与用户的对话中，为用户营造一种与原告真实互动的体验。

【裁判结果】

北京互联网法院于2021年8月20日作出（2020）京0491民初9526号民事判决：（1）被告自古红蓝公司于本判决生效之日起七日内在案涉软件最新活动页面持续七天向原告何某公开赔礼道歉，致歉内容应包含本案判决书案号和自古红蓝公司侵害何某肖像权、姓名权及一般人格权的情节并经本院审核，如不履行该义务，本院将选择一家全国公开发行的报纸刊登本判决主要内容，费用由自古红蓝公司负担；（2）自古红蓝公司于本判决生效之日起七日内赔偿何某经济损失183000元（包括合理维权支出3000元）；（3）自古红蓝公司于本判决生效之日起七日内赔偿何某精神损害抚慰金2万元；（4）驳回何某的其他诉讼请求。案件受理费1315元，由自古红蓝公司负担。

自古红蓝公司不服原审判决，提起上诉。法院审理过程中，自古红蓝公司于2022年1月11日向法院提交撤回上诉申请。北京市第四中级人民法院于2022年1月12日作出（2021）京04民终777号民事裁定：准予撤诉。

一审判决已经生效。

【裁判理由】

一、自古红蓝公司为网络内容服务提供者

（一）被告的技术服务鼓励组织了虚拟形象的创设

案涉软件的服务与技术服务存在本质不同，自古红蓝公司并非提供简单“通道”服务，而是通过规则设定、算法设计，组织、鼓励用户形成侵权素材，与其共同创设虚拟形象，并使用到用户服务中。在此情形下，虽然具体图文由用户上传，但自古红蓝公司的产品设计和算法应用，直接决定了软件核心功能的实现，自古红蓝公司不再只是中立的技术服务提供者，而是应作为网络内容服务提供者承担侵权责任。

（二）局限于技术服务的角度不利于权利保护及网络治理

案涉软件实际上构成对于何某人格形象的整体性虚拟化使用，对于可能涉及侵权的内容，自古红蓝公司相比于普通用户获得授权的可能性更大，其商业化使用应当获得权利人的许可，如果仅仅从技术服务的角度评价自古红蓝公司的行为，不利于人格权益保护和网络空间治理。

二、自古红蓝公司的行为侵犯了何某肖像权、姓名权、一般人格权

在自古红蓝公司的规则设定和算法设计下，用户使用何某的姓名、肖像创设虚拟人物，制作互动语料素材，实际上是将何某的姓名、肖像、人格特点等综合而成的整体形象投射到虚拟角色上，形成了何某的虚拟形象，属于是对包含了何某肖像、姓名的整体人格形象的使用。

(一)被告的行为侵犯了何某的肖像权、姓名权

本案中，肖像、姓名是何某整体形象利用的重要部分。根据《民法典》的相关规定，在此种使用场景中，自然人既有人格利益，也有财产利益。

通过案涉软件的规则设定和算法设计，自古红蓝公司事实上鼓励、组织了用户上传侵害何某肖像权的图片，用户明知其上传的图片会在案涉软件中被推送给不特定用户而仍然实施该行为，因此，自古红蓝公司与网络用户就侵害何某肖像权存在共同的意思联络，构成对何某肖像权的共同侵权。

同理，本案自古红蓝公司商业化使用何某姓名的行为并未获得何某的许可，用户设置何某这一虚拟人物时对于何某姓名的使用亦未获得许可，故自古红蓝公司与用户构成对何某姓名权的共同侵权。

(二)被告行为侵犯了何某的一般人格权

首先，具体人格权无法完整涵盖案涉软件使用的人格利益。案涉软件将何某的姓名、肖像、性格特征、人格特点等综合而成的整体形象投射到AI角色上，并且让用户可以与该角色设置虚拟身份关系，这是对何某整体形象和人格表征的利用，肖像权、姓名权的人格利益无法完整涵盖。

其次，未被涵盖的人格利益属于一般人格利益。案涉软件使得AI角色与真实自然人高度关联，容易让用户产生一种与何某真实互动的情感体验。同时，案涉软件的功能设置还涉及何某自由决定其人格要素如何被使用的范畴，涉及何某的人格尊严，构成对何某一般人格权益的侵害。例如，案涉软件使得用户可以任意设置与何某之间的亲密关系，并在对话中设置“爱你”“抱抱”等亲密对话标签。更为显著的是，案涉软件将创作语料的功能称之为体现不对等关系的“调教”一词。

最后，尽管何某作为公众人物，人格利益应受到一定限缩，但是自古红蓝公司和用户的行为明显超过了合理的限度。自古红蓝公司未经许可，

利用案涉软件对何某的人格表征进行了系统性功能设计和商业化利用；用户在此过程中与虚拟人物的互动又明显区别于开放平台中偶发轻微亲密性或贬损性言论，因此，自古红蓝公司与用户构成对何某一般人格权的共同侵权。

【案例注解】

本案入选最高人民法院“民法典颁布后人格权司法保护典型民事案例”，是全国首例利用算法设计组织实施人格权侵权的新类型案件。本案中，自古红蓝公司借助“粉丝经济”，以满足粉丝群体与偶像对话的娱乐需求为创新点，利用案涉软件的功能设计和算法运用，使用了何某的姓名、肖像、人物性格等人格要素，与粉丝群体共同创设了何某的虚拟形象。相比于一般的人格权侵权案件，本案涉及的人格要素更为丰富、侵权行为人更为广泛、技术应用更为深入。因此，最高人民法院评价本案明确了自然人的人格权及于其虚拟形象，同时，对算法应用的评价标准进行了有益探索，对人工智能时代加强人格权保护具有重要意义。

一、法律关系客体的界定：基于人格要素创设的自然人虚拟形象属于法律关系客体

近年来，“虚拟形象”作为一种新型的法律关系客体开始进入理论研究和司法实践领域。实践中，作为权利客体的虚拟形象包括了三种类型：一是自然人真实形象经艺术化处理（如漫画、剪影等）所生成的形象；二是自然人创作的虚拟人物（如游戏人物、戏剧人物等）的形象；三是著名建筑物、地标等物体经艺术化处理后的图标等。这三种虚拟形象多以商标权、著作权等知识产权加以保护。

同时，笔者检索时注意到，虚拟形象亦常常出现在艺人的经纪合同之

中，与姓名、肖像等人格要素并列，作为经纪公司可以商业化使用的要素。[①] 然而相比于上述类型，本案中的虚拟形象具有以下特点。

一是基于自然人肖像、姓名等众多人格要素而创设，虽独立于自然人但与自然人高度关联。本案虚拟形象涉及的个人要素较多，包括了姓名、肖像、性格特点、行为特点等众多真实的个人要素，因此，尽管粉丝群体与被告在共同创设这一虚拟形象时，能够明确认识到该形象并非真实的何某，但仍热衷于将该虚拟形象与真实何某相关联，享受虚拟形象的陪伴。

二是深度应用算法等互联网技术，赋予虚拟形象互动功能，加深其拟人化水平。在自然人真实人格要素的基础上，涉案软件还为该虚拟形象提供了进一步拟人化的功能，赋予该虚拟形象虚拟的人设和仿真的互动技能，例如，任意的人物亲密关系，符合人物特点的表情包、文字等交流语料，直接的"爱你""抱抱"等亲密对话标签。

二、请求权基础分析：自然人的虚拟形象是人格权的客体

（一）中国法语境下请求权基础的寻找与解释

我国民事法律体系中，民事权利保护的请求权基础模式为"具体权利规定+侵权责任规定"，由于所依据的侵权责任相关规定大体一致，因此，明确具体权利依据则成为确定请求权基础的关键。

《民法典》出台以前，我国法律对于自然人虚拟形象的保护并无明确的请求权基础可援引，在借鉴美国法以及德国法的基础上，学者们对自然人的商品化人格要素究竟是何种权利的客体这一问题，形成了以下两种主要的观点：其一为自然人的商品化人格要素（虚拟形象等）为人格权商品化的表现，应依据人格权加以保护；[②] 其二为自然人的虚拟形象为形象权

① 可参见河南省濮阳市中级人民法院（2021）豫09民终1119号、江苏省盐城市中级人民法院（2020）苏09民终2012号、江苏省盐城市中级人民法院（2020）苏09民终1613号、上海市黄浦区人民法院（2020）沪0101民初13700号判决书。

② 参见王利明：《论人格权商品化》，载《法律科学（西北政法大学学报）》2013年第4期。

（Right of Publicity 或称公开权）的客体，应新设形象权加以保护。[①] 究其本质，两种观点盖属人格权要素商业化利用的“德国一元化保护模式”与“美国二元化保护模式”之争。[②] 笔者认为此项争议随着《民法典》的出台已可落幕。

1.《民法典》第九百九十条：以开放的人格权体系应对日益新生的人格要素

虚拟形象所涉及的人格要素本就众多，而互联网的高度拟人化技术还使人格要素范围不断扩张。《民法通则》《侵权责任法》仅列举了具体人格权，而《民法总则》又仅规定了人格要素的核心内容（人身自由、人格尊严），因此，依据前述法律规定难以将众多的人格利益完整地纳入其规制范畴。《民法典》则弥补了该缺漏，对于自然人人格利益作出了更有利的保护。《民法典》第九百九十条明确规定，除了具体人格权外，自然人还享有基于人身自由、人格尊严产生的其他人格权益，这实际明确了基于人身自由、人格尊严产生的人格利益均为人格权的权利客体。由于缺乏明确的界定标准，基于人身自由、人格尊严产生的人格权益体系乃是一个开放体系。本案虚拟形象所涉及的众多人格利益即可援引该条款加以完整保护。

2.《民法典》第九百九十三条：以明确的财产属性应对人格要素的日益商品化

学者们主张新设“形象权”这一财产性权利对商品化的人格要素加以保护的主要原因，是《民法通则》、《侵权责任法》以及《民法总则》对于人格权的保护偏向于对精神利益的保护，而忽略了对财产利益的保护。人格要素商品化场景下，自然人所受的财产损失相较于精神损失更为显著，若仅对精神损失加以救济，则该救济并不完全，本案虚拟形象的使用即属商业化使用。《民法典》第九百九十三条规定则以许可使用之权能，明确了部分人格权所具有的财产属性，并与《民法典》第一千一百八十二条共

① 参见吴汉东：《形象的商品化与商品化的形象权》，载《法学》2004 年第 10 期。

② 参见王泽鉴：《人格权法：法释义学、比较法、案例研究》，北京大学出版社 2012 年版，第 291～292 页。

同构成了侵害人格权财产利益的损害赔偿请求权基础。

（二）人格权作为请求权基础的适用规则

1. 逻辑基础：人格权对虚拟形象的保护是对其涉及的人格要素的保护

尽管根据前述论证，虚拟形象可援引人格权作出请求权基础加以保护，但是此处的虚拟形象应被分解为各构成该虚拟形象的人格要素，不管其具体与否，构成该虚拟形象的各人格要素才是人格权的实质权利客体，这与“形象权”有所不同，后者的权利客体即为自然人的人物形象。因为人格权权利体系中并不存在以自然人的整体虚拟形象为客体的权利，故人格权对虚拟形象的保护是对其涉及的人格要素的保护。

2. 规制路径：一般人格权和具体人格权的共同适用

（1）一般人格权与具体人格权的结构自洽。解构虚拟形象所包含的人格要素后，依照各要素的相关权利进行保护时，即可能面临一般人格权和具体人格权能否共同适用的问题，而这首先需要厘清一般人格权和具体人格权的关系（静态）。当前，针对一般人格权和具体人格权的关系存在两种主要的观点：一种观点认为，一般人格权是包含了具体人格权的上位概念①（见图 1）；另一种观点则认为，二者彼此独立、互不隶属，共同构成了人格权体系②（见图 2）。

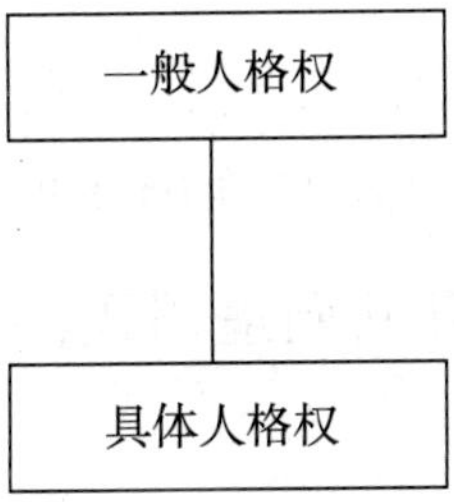

图 1　隶属结构

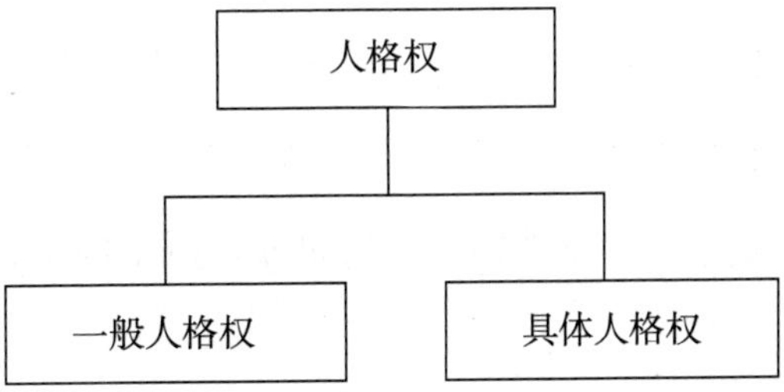

图 2　树状结构

---

① 参见最高人民法院民法典贯彻实施工作领导小组主编：《中华人民共和国民法典人格权编理解和适用》，人民法院出版社 2020 年版，第 25 页。

② 参见许可、梅夏英：《一般人格权：观念转型与制度重构》，载《法制与社会发展》2014 年第 4 期；杨立新、刘召成：《论作为抽象人格权的一般人格权》，载《广东社会科学》2010 年第 6 期。

笔者认为，《民法典》第九百八十九条规定更适宜被理解为树状结构，理由如下。

从概念使用的必要性角度来看，《民法典》第九百八十九条、第九百九十一条、第九百九十二条等条文明确了我国人格权利体系中存在人格权的概念，第九百九十条第一款、第一千零二条、第一千零三条等条文明确了我国人格权利体系中存在生命权、身体权等具体人格权。由于《民法典》第九百九十条第二款所规定的权利具有高度的抽象性与开放性，因此无论是在理论研究还是司法适用中，均具有设定法律概念的必要性，但隶属结构实际上将“一般人格权”概念等同于“人格权”，将其作为了涵盖所有人格利益的概括性权利。如果采用此结构，那么将以何种权利概指第九百九十条第二款所规定的权利？

从规范解释的角度来看，《民法典》人格权编的体例安排明确了人格权是本编所涉及权利的上位概念。《民法典》第九百九十条第一款列举了人格权所包含的具体人格权，第二款则规定，除了第一款列举的具体人格权外，自然人享有基于人身自由、人格尊严产生的其他人格权益。对“其他”作字面解释可知，第二款规定的权利客体与第一款不同，两款所规定的权利客体均是基于人身自由、人格尊严产生的人格利益，第一款所涉人格利益已经形成了明确类型，而第二款是排除第一款所涉利益而剩余的权益束。同时，对“除前款规定的人格权外”作体系解释，可得第一款列举的具体人格权与第二款规定的权利应处于同一位次。因此，《民法典》第九百九十条实际上构建了人格权权利体系的树状结构。树状结构使得一般人格权与具体人格权成为彼此分明的不同权利，为其共同适用提供了可能性。

（2）具体人格权与一般人格权的适用路径。基于前述分析，笔者认为一般人格权和具体人格权在以下情形中得以共同适用。

其一为人格利益多样化场景。当一项侵权行为同时侵害了具体人格利益和一般人格利益时，二者可以用以规制同时涉及的不同人格利益。反对一般人格权与具体人格权同时适用的主要理由是：共同适用时，一般人格权的高度抽象性将吸收具体人格要素，排除具体人格权规则的适用。但在树状权利体系结构中，具体人格权的权利客体为法律所类型化的具体人格要素，如姓名、名誉等；一般人格权的权利客体则是未被法律所类型化的人格要素，即一般人格利益。一般人格权和具体人格权在权利客体上的区分使得二者存在同时适用的基础。

其二为侵权行为方式多样化场景。当对某具体人格利益的侵犯，既采取了受具体人格权规制的方式，又采取了不受具体人格权所规制的方式时，具体人格权和一般人格权亦可以同时适用。具体人格权作为法定权利，其内涵、外延、权能均为法定，具有相当的封闭性。然而，为应对社会现实和新技术的发展，仅仅是保持权利客体体系的开放仍有不足，权利的权能内容亦应保持适当的开放，这也是《民法典》增加了部分人格权许可他人使用的权能的主要原因。笔者认为，一般人格权不仅是剩余人格权益束，为了平衡现实发展和权利法定主义，一般人格权同时也是剩余人格权能束，当一项侵权行为方式不能被具体人格权规制时，那么可以通过一般人格权加以规制。但遗憾的是，《民法典》的规定并不明确，甚至于《民法典》中的一般人格权是否如具体人格权具备商业化许可使用的权能，从其规定中亦不可得知。同时，在一般人格权与具体人格权的相长中，二者形成了具体人格利益和一般人格利益的动态关系（见图3）。

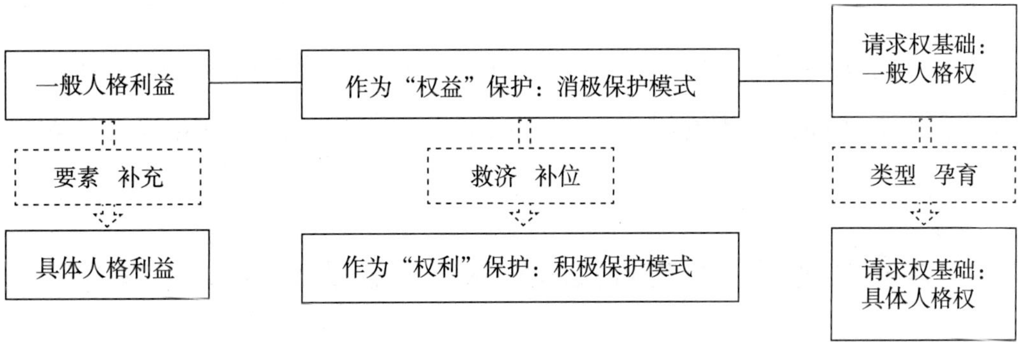

图3　具体人格利益和一般人格利益的动态关系

如前述两种场景，一般人格权作为框架性权利，对于人格要素的保护具有要素补充和救济补位的作用。值得注意的是，目前普遍认可具体人格权和一般人格权对于人格利益的保护方式存在差异，前者为权利确认后的积极保护，后者为权益确认后的消极保护。同时，一般人格权还是过渡性的权利，[①] 具有孕育具体人格权和促进具体人权发展的作用。随着社会现实和新技术的发展，新生人格利益如果在一般人格权的保护规则下，具备了被类型化为具体人格权的条件时，那么该人格利益应被剥离出一般人格利益，而进入具体人格利益的范畴，形成具体人格权对其加以保护。

三、侵权行为的新特点：新技术应用对侵权行为人认定的影响

（一）以算法为代表的新技术对技术中立原则的突破

随着以算法为代表的新技术日臻成熟，其非中立性逐渐显现。尽管究其本质而言，以算法为代表的新技术依然建构于计算机指令代码等互联网基础技术原理之上，但算法等新技术在设计的过程中嵌入了设计者的主观价值和主观目的，即具有了主观性而不再客观中立，由此设计的算法开始运行后，实际上是在贯彻和执行设计者的主观价值和主观目的。

笔者认为对算法进行评价的核心即在于，设计者在算法中嵌套的主观价值和主观目的是否合法。如果设计者的目的并非单纯提供一种技术，而是通过算法实施侵权行为或者鼓励、组织他人实施侵权行为，其算法不具有技术中立属性，应当通过设计者仅仅提供算法的行为，将算法设计者视作侵权行为人。

（二）技术深度应用对技术服务与内容服务界限的突破

技术的深入应用使得技术开始深入参与内容的创作提供，从表面上看技术服务提供者仅提供了技术支持，但是借由技术的深入应用，其实际上

---

① 参见刘召成：《民法一般人格权的创设技术与规范构造》，载《法学》2019年第10期。

是提供内容的网络服务者。

本案中，尽管自古红蓝公司在侵权素材的提供和虚拟形象的生成中主要提供技术服务，但是侵权素材的分类升级以及虚拟形象的最终形成离不开被告基于该目的而不断优化的技术供给。因此，自古红蓝公司所提供的技术即带有参与创设虚拟形象的明显目的，技术服务和内容服务的界限被突破，自古红蓝公司应被视为内容服务提供者。

四、结语

“生活的圆满丰腴，务须使个人权利得到周延的保护。”① 今后，虚拟现实等新技术不断发展，利用自然人人格要素的互联网应用将日益增多。因此，司法实践中的人格权保护必须是全面而完整的保护，这既是司法对现实发展的回应，也是对“以人民为中心”的发展理念的贯彻。

① 参见张红：《一般人格权：新生人格利益之保护机制》，载《人大法律评论》2018年第2辑。

罗某诉中央电视台名誉权纠纷案

——新闻舆论监督的正当性分析与名誉权保护的边界确立

◇编写人：北京市海淀区人民法院 马千里 林 挚

【获奖评语】

本案系乘客罗某因央视报道其在高铁“霸铺”而引发的名誉权纠纷案件，曾引发社会广泛关注，入选2021年《最高人民法院工作报告》。本案的焦点问题是中央电视台（以下简称央视）报道和评论是否构成侵犯罗某名誉权，如何精准划定新闻舆论监督权与名誉权保护的边界。新闻舆论监督既可以做正面典型宣传，也可以从反面“以案说法”。当从反面“以案说法”时，则容易出现新闻舆论监督与公民名誉权保护的冲突。因此，通过典型案例厘清新闻舆论监督正当性基础，明确二者边界至关重要。本案立足公共利益为先的价值判断，以最小损害原则为根本，从新闻舆论监督内容是否以维护公共利益为目的，报道是否遵循真实性、客观性原则，评论是否符合正当性、合理性要求三个方面设立权利保护边界，以践行将德治与法治结合的裁判立场，正确引领社会风尚，培养良善公共道德，弘扬社会主义核心价值观目标。

【关键词】

侵权之诉　新闻舆论监督　名誉权　正当性　保护边界

【裁判要旨】

判断新闻舆论监督是否侵犯个人名誉权需围绕监督内容是否维护公共利益，报道是否真实、客观，评论是否正当、合理进行综合分析；其中，评论是否正当、合理需进一步以是否契合国家政策、法律规范、社会主义核心价值观和社会公共道德进行讨论。

【相关法条】

《民法典》（2020 年 5 月 28 日公布）

第一千零二十五条　行为人为公共利益实施新闻报道、舆论监督等行为，影响他人名誉的不承担民事责任，但是有下列情形之一的除外：

（一）捏造、歪曲事实；

（二）对他人提供的严重失实内容未尽到合理核实义务；

（三）使用侮辱性言辞等贬损他人名誉。

【案件索引】

一审：北京市海淀区人民法院（2019）京 0108 民初 43398 号（2020 年 1 月 8 日）

二审：北京市第一中级人民法院（2020）京 01 民终 3819 号（2021 年 12 月 6 日）

【基本案情】

原告罗某诉请：2018 年 12 月 8 日晚，其乘坐 Z25 次车从武昌站至上海南站。罗某购买武昌站至鄂州站的卧铺车票，意欲上车后补票到上海南站。后在车上与列车员就购票时间发生纠纷。罗某认为列车员拍照侵犯其隐私，因此，其制止时稍有过激，被武汉铁路公安处违法处以行政处罚。当月 12 日后，央视将其他媒体侵犯罗某名誉权报道的视频及文字加工后在 CCTV-4、CCTV13、CCTV-2 频道转发并报道。其报道有“霸铺”等不实、夸张内容八处，且加以评论，给罗某和家人名誉造成极大损害，严重侵犯罗某名誉权。故罗某诉至法院，请求判令央视：第一，赔偿精神损失费 3 万元；第二，立即采取相应措施停止在网络等载体上对其的侵害，消除影响、恢复名誉，在中央级媒体赔礼道歉；第三，赔偿经济损失 3 万元；第四，承担本案诉讼费。

被告央视辩称：央视播放涉案节目是引导文明乘车，杜绝“霸座”乱象，维护公共秩序，新闻“以案说法”，警示社会，无侵犯罗某名誉权主观过错。新闻报道、导语、编后语仅客观描述其行为，无故意贬低或诋毁。罗某诉请于法无据，请求法院依法驳回。

法院经审理查明：2018 年 12 月 8 日 22 时 06 分，罗某乘坐由武昌站始发至终点为上海南站的 Z25 次列车。罗某当日购票区间为武昌站到鄂州站。到站后罗某未下车，从其车票所示 4 车 4 号上铺移至 5 车。后乘务员要求其补票，罗某要求等会儿，列车长要求查看身份证，罗某未理会。乘警要求罗某出示身份证，罗某当场拒绝，情绪激动。乘警告知其勿扰乱乘车秩序，乘务员携设备记录现场情况。罗某做出抢夺设备动作，并伴有不文明语言，双方发生争执。列车在黄石站停靠期间，当地派出所作出行政处罚决定书，对罗某行政拘留五日。

12 月 11 日，CCTV-4 中文国际频道“中国新闻”栏目、CCTV-2 财经频道“第一时间”栏目分别以《男子嚣张“霸铺”拒补票 扰乱秩序被行拘》《“霸座”“霸铺”再现 两人均被拘》为题报道该事件。

庭审中，罗某表示央视侵犯名誉权内容包括 CCTV-4 中文国际频道新闻标题《男子嚣张“霸铺”拒补票 扰乱秩序被行拘》中的“嚣张‘霸铺’”描述、新闻播报员提到“霸在卧铺车厢”“到站后拒不下车也拒不补票，还大声辱骂工作人员”、新闻评论语“大快人心”等六处内容，均对其构成诽谤。央视对播放的新闻内容真实性、合法性、关联性均无异议，并不认可罗某证明目的。

【裁判结果】

北京市海淀区人民法院于 2020 年 1 月 8 日作出（2019）京 0108 民初 43398 号民事判决：驳回原告罗某的全部诉讼请求。宣判后，罗某向北京市第一中级人民法院提起上诉。北京市第一中级人民法院于 2021 年 12 月 6 日作出（2020）京 01 民终 3819 号民事判决：驳回上诉，维持原判。

【裁判理由】

法院生效裁判认为：本案的争议焦点在于 CCTV-2 财经频道、CCTV-4 中文国际频道报道和评论是否侵犯罗某名誉权。侵权行为构成要件包括违法行为、损害事实、二者因果关系和过错。本案侵权行为可从报道和评论两个行为进行评述。

关于央视报道行为。新闻一直以来是国家进行意识传播的主要工具，也是国家和人民的纽带。央视是我国重要的新闻舆论机构，承担着传播新闻、社会教育等多种功能，是公众获取信息的重要渠道，也是国家进行舆论监督的重要媒介。对于扰乱社会公共秩序等行为，央视作为舆论监督部门，有权进行报道、评论。任何人都可能成为监督、报道的对象。其监督、报道形式既包括正面宣传，释放正能量，也包含批评错误、不当行为，督促良好秩序形成。央视报道“罗某列车霸铺被拘”一事源于罗某在列车上发生扰乱社会公共秩序的行为并被行政处罚，该违法行为需要提示、警戒，引导社会公众养成良好乘车习惯、维护稳定秩序。央视报道该事件，是在充分履行国家赋予的舆论监督职责。

央视报道遵守新闻报道的基本原则。从真实性来看，事件真实可查，当事人无异议。罗某虽表示不认可处罚决定书内容真实，但未提供相反证据。在没有相反证据推翻处罚决定书合法性情况下，央视依照处罚决定书及执法记录仪内容进行新闻播报，遵循了报道真实性基本要求。从客观性来看，从执法记录仪内容可见，罗某以其行为作出拒绝补票的意思表示，且影响列车运行秩序。具体而言，其一，旅客当持有效客票乘运，不交付票款，承运人可以拒绝运输。罗某所持武昌站到鄂州站车票，在列车到达鄂州站时合同义务已经履行完毕，罗某继续乘车但未补票时，铁路公司不负有载运义务。罗某在列车上与乘警、列车员发生较为激烈的争论，其“我为什么要给你看身份证”等言辞实为以个人行为拒绝补票的意思表示。其二，乘务员为履行维持铁路运输秩序职责，在旅客不及时补票情况下，要求补票；乘警为查明乘客身份，要求罗某出示身份证，并对现场情况进行执法记录，行为合法有据。罗某并未遭受可以正当防卫抵御的不法侵害。罗某表示其并非不愿意补票的陈述于法无据，继续乘坐列车行为不具备合法性。央视的报道，主持人陈述“到站后拒不下车也拒不补票，还大声辱骂工作人员”等内容客观、真实。故法院认定央视报道罗某乘车被行拘一事是在正常履行舆论监督职责，且遵守了新闻报道真实性、客观性原则。报道行为合理合法。

关于央视新闻评论行为。央视作为国家媒体，承担着引领社会主流价值的职能，无论正面典型宣传还是反面“以案说法”，评论均需严格遵守正当性、合理性原则，具体而言，要符合国家政策、法律规范、社会主流价值观、社会公共道德四项检验标准。针对罗某认为其未影响其他人乘坐列车，未影响公共秩序的观点，法院提出法律明确规定旅客禁止以“强行登乘或者以拒绝下车等方式强占列车”。罗某在与乘务人员沟通补票过程中，激烈争论、大声呵斥等行为已经扰乱正常列车行驶秩序。且本案中公共秩序应具象为“按购票区间乘车”“超出购票区域坐车补票”等内容，而非简单地体现为打扰他人休息坐车。此外，央视在报道中提出“扰乱社会公共秩序”，实为央视作为国家媒体对“霸铺”行为的危害性阐述，既与“自由、平等、公正、法治”的社会主义核心价值观相符，也符合“遵纪守法”的社会文明规范，同时，完全契合“上车买票”“超区间补票”的社会共识。主持人所使用“大快人心”等评述词，是为武汉铁路公安处惩罚扰乱公共秩序的乘客，为法律惩罚违法行为、倡导良好社会风气形成鼓劲叫好。综合整篇报道内容，评论与央视想要以“负面案例提示遵纪守法”的意图相一致。该评论合理、正当。

据此，法律认定央视将“罗某列车霸铺被拘”一事在CCTV-2财经频道和CCTV-4中文国际频道进行报道，是在充分履行作为国家媒体的监督职责，引领正确价值观确立，报道真实、客观，评论合理、妥当，该行为非侵权违法行为。

【案例注解】

新闻舆论监督是现代传播条件下舆论监督的主要形式，是新闻媒介根据群众意见和建议，运用新闻报道方式，对不合乎道德法纪的行为进行报道，督促相关机构解决问题的监督方式。[①] 其被视为现代民主国家重视并常用的监督方式，是最受关注、影响力最大的一种权力制约形式。[②] 通常，新闻舆论监督针对公权力行使，不轻易涉及对公民个人行为评价。然当公民个人行为影响公共秩序，新闻舆论监督难免涉及对个人行为评价，则易出现名誉权保护与新闻舆论监督冲突。因此，厘清新闻舆论监督正当性基础，明确二者边界颇为重要。

---

① 参见杨明品：《新闻舆论监督》，中国广播电视出版社2001年版，第9页。

② 参见赵煜：《浅谈党媒新闻舆论监督重要性》，载《求贤》2022年第4期。

一、新闻舆论监督的正当性基础

新闻舆论监督作为推动社会主义民主政治建设的重要手段，具有重要的理论价值和现实意义。理论价值体现在尊重公民充分表达自由的权利。现实意义则表现为通过传播社会正能量，惩恶扬善，推动建立健全社会主义法治。其正当性源于以下两个方面。

1. 源于宪法赋予的自由精神

新闻舆论监督不是权力监督，是一种软监督方式。立法上虽未直接规定新闻舆论监督权，但《宪法》第三十五条、第四十一条规定了“中华人民共和国公民有言论、出版、集会、结社、游行、示威的自由”“对任何国家机关和国家工作人员，有提出批评和建议的权利”，新闻舆论监督作为行使言论自由载体，作为批评、建议权的实现途径，系自由权利的延伸，本质与《宪法》规定的自由精神无异。《宪法》赋予的自由精神是新闻舆论监督正当性的首要来源。

2. 源于社会主义法治建设实践所需

坚持依法治国和以德治国相结合是中国特色社会主义法治的鲜明特点。[①] 以法治体现道德理念，强化法律对道德建设的促进作用，是社会主义法治建设的重要标志。具体表现为，法律法规有鲜明的道德导向，把社会主义核心价值观贯穿司法过程中，使社会主义法治成为良法善治。同时，把实践中广泛认同、较为成熟、操作性强的道德要求上升为法律规范，引导全社会崇德向善。[②] 新闻舆论监督是发现真实、引导正确价值观树立的直接渠道。通过公开新闻报道将被监督者具体情况告知公众，进而在道德教育中培养公众法律信仰、法治观念和规则意识，在法治和德治的相互补充中推进国家治理体系和治理能力现代化，是新闻舆论监督作为法治和德治结合载体作用的重要呈现，也是中国特色社会主义法治建设的实践所需。

---

① 中共中央宣传部、中央全面依法治国委员会办公室：《习近平法治思想学习纲要》，人民出版社、学习出版社 2021 年版，第 40 页。

② 中共中央宣传部、中央全面依法治国委员会办公室：《习近平法治思想学习纲要》，人民出版社、学习出版社 2021 年版，第 42 页。

二、新闻舆论监督与名誉权保护的冲突及平衡

(一) 新闻舆论监督类型

根据监督客体不同，新闻舆论监督有硬性、软性之分。硬性舆论监督指新闻媒体通过舆论对涉国计民生的党政部门或关乎社会公众切身利益事件进行监督并能在一定社会范围内产生一致性公众舆论，从而引导事件朝正确方向健康发展[①]；其中，硬性舆论监督根据素材选取和表达方式不同，可进一步分为普法宣传、警示教育、社会主义核心价值观输出等类型，且不同类型内容互有交叉，但共性都在于维护公共利益。软性舆论监督指新闻媒体通过舆论对部分与公众尚无直接利害关系事件进行监督并在一定社会范围内形成多种主导性社会意见，根本目的在于输出社会主义核心价值观，增加国家建设软实力。无论何种舆论监督，均有选材广泛、导向鲜明、评论深入要求，因此也易引发与名誉权保护冲突。其中，警示教育类所涉评论相对严厉，冲突性最强。

(二) 新闻舆论监督与名誉权保护的冲突

人格尊严是民法保护的核心要素，具有不可克减性。[②]《宪法》《民法典》均强调人格尊严受法律保护。名誉权作为人格权，指自然人和法人就其自身属性和价值所获社会评价，享有保有和维护的具体人格。[③] 保有是指保持自己名誉不降低、不丧失；维护是指任何人都有不得侵害名誉权的法定义务。新闻舆论监督与名誉权保护冲突根源于权利“相互性”，[④] 即“保护一种权利时，实际上必然侵犯另一种权利”。名誉权本质是受尊重的

---

① 参见许文博：《论新闻舆论监督的两种类别》，载《新闻世界》2009 年第 4 期。

② See Gert Bruggemeier, Aurelia Colombi Ciacchi, Patrick O' Callaghan, Personality Rights in European Tort Law, Cambridge University Press, 2010, p. 568.

③ 参见王利明、杨立新、王轶、程啸：《民法学》，法律出版社 2015 年版，第 188 页。

④ 参见［美］罗纳德·哈里·科斯：《论生产的制度解构》，盛洪等译，上海三联书店 1994 年版，第 142 页，转引自尤春媛：《权利相互性之理论探析及问题的解决》，载《政治与法律》2009 年第 9 期。

权利，[①] 具有天然“防御性”，[②] 新闻舆论监督以监督为核心，“进攻性”明显，任何主体都可能成为被监督对象且内容涉及行为评价，不可避免地与主体名誉，尤其易与被评价主体名誉“保有”意愿产生直接冲突，使其产生名誉受影响的主观认识。本案中不可否认的是，罗某的社会评价确实降低了，尤其罗某作为职业律师，其生活压力可能明显增加。罗某也恰是基于此提起诉讼。但社会评价的降低是否源于央视新闻舆论监督则需深入探讨。

（三）社会主义核心价值观浸润下的价值判断

人的尊严在于人与人交往所形成的相互承认，黑格尔总结为，“现代法精髓在于‘做一个人，并尊敬他人为人’”[③]。然新闻舆论监督的“聚光灯”效应，会对被私法所包围的名誉权产生冲击，当二者发生冲突时，需进行审慎的价值判断。

1. 公共利益维护优先

法律旨在“尽力维护共同拥有社会生活的众人共有的生存发展的利益”，司法裁判中表现为公共福祉原则。该原则提倡权利必须为社会发展所需，权利行使要在个人利益和社会利益之间协调，若为公共福祉行使权利，侵犯到其他利益，不必然构成侵权。是否为公共福祉，需从是否为每个阶层群体普遍需求及该需求是否具有绝对重要性、手段与目标之间的不可替代性考虑。[④] 基于此，当新闻舆论监督与名誉权产生冲突时，需要判断监督内容是否关涉大多群体，且该监督是否为实现价值引导目标不可替代的方式，以决定权益考量优先次序。本案中，罗某超区间乘车，不但未自觉补票，反而与工作人员争吵，行为兼有失信和影响公共秩序之嫌，是对全社会诚信乘车价值底线的挑战，有绝对重要性，需用法治手段干预，

① 参见［德］卡尔·拉伦茨：《德国民法通论》，王晓晔等译，法律出版社 2003 年版，第 379 页。
② 参见王利明主编：《人格权立法的中国思考》，中国人民大学出版社 2020 年版，第 195 页。
③ 参见贺麟：《黑格尔哲学讲演集》，上海人民出版社 2011 年版，第 46 页。
④ 参见李泠烨：《城乡规划中“公共福祉”的判定研究》，载《行政法学研究》2012 年第 2 期。

故罗某被处以行政处罚。同时，因影响重大，尚无比新闻舆论监督更直接、有效的监督方式，需从国家级新闻监督渠道进行“以案说法”。此时，维护公共利益的顺位优于个人名誉权保护。

2. 以最小损害原则调和新闻舆论监督与名誉权保护冲突

维护公共利益并不意味着监督可以漫无边际，需以最小损害原则限制，保护所涉个人名誉权。最小损害原则包含三个基本要素：一是选择可能性，即有多个有助于目标实现的手段以供取舍；二是相同有效性，即比较和选定不会违背或削弱目标实现程度的手段；三是选择对相对人权益损害最小的手段。运用于裁判则需考虑如下要素。一是在法教义学层级性中，对较为核心层级命题的损害大于对较外围层级命题的损害。本案中，若不支持罗某诉请，则会损害当时所适用的《侵权责任法》第二条关于“侵害民事权益，应当依照本法承担侵权责任”规定；若支持罗某诉请，则会损害参照一般性社会道德而设想的命题，即不应曝光未及时购票并与列车员争吵的行为，这显然违背基本价值共识。在不考虑其他因素情况下，支持罗某诉请造成损害更大。二是特定损害所带来的潜在影响及波及度。[①] 波及度指可能影响的范围大小。如罗某主张得到支持，将损害社会公众对通过新闻媒体曝光失德行为的正义感和积极性，最终影响良善社会秩序维护；若不支持罗某主张，则可能使其社会评价降低的事实无法得到有效申辩。但相较而言，前者损害影响司法维护社会公共秩序的目的，后者损害具体且不会影响公众对同类行为的社会危害性判断，损害波及度有限。故支持正当新闻舆论监督既维护社会公共利益，也符合最小损害原则。

三、新闻舆论监督的边界厘定与司法认定

最小损害原则从宏观角度为不同法益冲突平衡提供可行性支持。但个案裁判还需进一步细化新闻舆论监督与名誉权保护边界，以真正实现最小损害。结合名誉权保有与维护特点，需从新闻舆论监督内容、报道行为、

---

① 参见陈坤：《法学方法论的困境与出路——论最小损害原则》，载《西南政法大学学报》2012 年第 1 期。

评论行为三个方面进行约束，这三个方面也是司法裁判认定新闻报道监督是否侵犯个人名誉权的关键。

（一）监督内容：以公共利益维护为限

公共利益具有抽象、难以量化的特点，其丰富内容只能在具体情形和个案中得以充分展开。裁判可从实体和程序两个角度判断。实体角度注重考虑适用主体、效果和目的。例如，本案新闻舆论监督内容“按购票区间乘车，到站即下车”适用于任何公众，一旦违反乘车秩序，都可能被新闻曝光，事实也证明除本案被新闻报道之外，其他类似的“霸座”行为也被报道；监督效果是为警示错误的乘车行为，引导良好社会秩序，超购票区间乘车的不利后果对任何人均相同；此外，监督的目的在于维护良好公共秩序。程序角度指只要公共利益主张会引起对私人实体利益的限制克减，就必须通过程序保证限制与克减的正当性、合法性，如赋予起诉权等。本案所涉内容契合公共利益的实体和程序维度要求，是明确新闻舆论监督未僭越名誉权保护边界的要点之一。

（二）新闻报道：以客观性和真实性为要求

客观中立地阐述是尊重事实、尊重人格利益的直接方式。新闻报道作为新闻传播的重要载体，以真实、及时、重要为特点，以概括事实、精选事例、再现场景为主要方法，以真实性、客观性为基本原则。真实性原则指新闻报道中的每一个具体事实需合乎实际，即报道的时间、地点、人物、事情等均有据可查。客观性原则指按照事实本来面目进行报道，其中，内容客观指报道事实是客观存在的事物、人物或事件，形式客观指新闻以客观陈述方式进行报道。

1. 报道行为真实性判断

新闻报道行为是否遵循真实性原则需要查看新闻报道内容是否真实有据。本案中，央视将“罗某列车霸铺被拘”一事进行报道，源于罗某在列车上发生的扰乱社会公共秩序行为并被行政处罚一事。央视报道使用素材真实且有行政处罚决定书、执法记录仪内容为据，符合真实性原则。

2. 报道行为客观性判断

评价新闻报道是否遵循客观性原则要从报道内容和报道形式分别评价。央视报道选自执法记录仪所记录的罗某超区间乘车，与工作人员发生激烈争论内容，其行为影响列车运行秩序。央视新闻报道所述“到站后拒不下车也拒不补票，还大声辱骂工作人员”等内容客观、真实。且报道时，央视对人物面部进行马赛克处理，充分关照了信息保护要求。

（三）新闻评论：以正当性和合理性为标准

1. 四项具体标准

新闻舆论监督的目的决定了评论必要性。由于评论有主观性，故需严格限定边界。新闻评论与维护社会公共利益具有不可分性，需以正当性和合理性为原则。考虑到社会主义法治以维护人民利益为宗旨，以及将法治与德治相结合的要求，正当性和合理性原则可细化为符合国家政策、法律规范、社会主流价值观、社会公共道德四项标准。以国家政策为标准源于国家政策是人民意志的集中体现，具有鲜明的代表性；以法律规范为标准源于“法律是行为的准绳”，需以法为据；社会主流价值观承载着民族品性和传统，是评价公平正义的直接来源；社会公共道德则是调节社会生活的标尺，是公众价值共识的凝结。评论行为需符合四项检验标准，才能客观中立、不偏不倚。

2. 四项标准运用

四项标准中，国家政策和法律规范是显性标准，可直接以现行规定为依据。而社会主流价值观和社会公共道德属于推动社会发展的隐性标准，时代性和流动性明显。当前，社会主流价值观指社会主义核心价值观倡导的内容。社会主义核心价值观经过实践检验，既是凝结社会共识的价值导向，也是推动良法善治的重要坐标。任何对社会主义核心价值观的背弃和挑战行为，均需要严厉纠正教育。罗某行为挑战了诚信的价值内核，新闻评论立足引导崇尚社会诚信，对行政部门所作出的行政处罚表示“大快人心”，借以教育社会公众诚信、规范乘车，契合维护诚信价值观的要求。需强调的是，本案主要涉及诚信这一价值内核，若个案涉及多项核心价值观内容，则需分别评论阐述。此外，当涉及社会主义核心价值观以外的内容的，还需根据该价值内容是否具有最大程度的社会通识意义进行分析。

是否符合社会公共道德的判断最为抽象。社会主义核心价值观已是当下最具普适意义的道德要求提炼，通常社会主义核心价值观足以支持个案中新闻评论是否正当、合法分析。将社会公共道德纳入衡量标准系为进一步补充、完善，以应对时代发展过程中不断变化的道德要求。本案中，贯穿评论过程的诚信价值维护，既是法律中诚信原则的立场再叙，也是社会主义核心价值观诚信内核的体现，因此评论正当、合法。总之，四项检验标准指向一致，新闻评论需要严格遵守，违背任何一项检验标准都将导致评论不正当、不合法的不利后果。

四、结语

法治和德治都是治国理政不可或缺的手段。习近平总书记强调，在新的历史条件下，要把依法治国落实好，把法治中国建设好，必须坚持把法治建设和道德建设紧密结合起来，使法治和德治在国家治理中相互补充。本案即是通过法治阐明鲜明道德导向，通过“以案说法”，把诚实守信的社会主义道德要求嵌入司法裁判，并在处理新闻舆论监督与名誉权保护的冲突过程中，通过约束新闻内容、报道行为、评论行为，将实践广泛认同的为了维护公共利益所进行的新闻舆论监督，在无除外情形下，不构成对名誉权侵犯的裁判立场上升为法律规范，引导全社会崇德向善。

袁米农业科技有限公司诉袁隆平高科技股份有限公司确认不侵害商标权纠纷案

——确认不侵害商标权之诉的制度价值与司法判定标准分析

◇编写人：湖南省高级人民法院　郭正怀　曾志燕

【获奖评语】

知识产权保护制度自17世纪在英国出现以来，其天然具有的两面性就屡遭批驳，但随着立法、司法对知识产权保护的高度关注，其负面效应逐渐显现并放大，带来知识产权滥用的危机。最高人民法院在2009年出台《最高人民法院关于审理侵犯专利权纠纷案件应用法律若干问题的解释》（以下简称《专利纠纷解释》），对确认不侵犯专利权之诉进行规范；之后在2020年又发布《最高人民法院关于知识产权民事诉讼证据的若干规定》（以下简称《知产证据规定》），其第五条明确将相对人提起消极确认之诉的受理范围由专利领域扩大至整个知识产权领域，采取确认不侵害商标权之诉、确认不侵害著作权之诉进行权利救济的行为日渐增多。但因对侵害商标权确认与否之诉等在立法层面并无其他专门的规定予以规范，各地法院在实践中多参考《专利纠纷解释》第十八条规定来判断个案是否符合确认不侵害商标权之诉的受理条件。本案在裁判理念、裁判方法上对这一问题进行了积极有益的探索，对确认不侵害商标权之诉制度价值的挖掘与司法判定标准的统一有较大的贡献价值。

本案参照适用《专利纠纷解释》第十八条规定并作广义解释，在适用法律上并无不当。在体例结构上中规中矩，对相关争议问题驾驭有度，语言表达精准简练，展现了审判团队扎实的审判经验和深厚的理论功底。难能可贵的是，“袁隆平”商标案件极度敏感，社会广泛关注，案件的判决结果传递的司法对社会名人价值普惠性的尊重，在社会价值导向上会有长期影响。

【关键词】

确认不侵害商标权　司法判定标准　侵权警告

【裁判要旨】

侵权人的同一被诉侵权行为对商标权利人构成不正当竞争，并不必然就对商标权利人构成商标侵权。商标权利人对侵权人的该被诉侵权行为发出商标侵权警告后，未在合理期限内撤回警告或提起诉讼，导致双方就该商标的法律关系处于不确定状态时，被诉侵权人向商标权利人提起确认不侵害商标权之诉的，人民法院应予支持。

【相关法条】

《商标法》（2019 年 4 月 23 日修正）

第四十八条　本法所称商标的使用，是指将商标用于商品、商品包装或者容器以及商品交易文书上，或者将商标用于广告宣传、展览以及其他商业活动中，用于识别商品来源的行为。

《专利纠纷解释》（2019 年 12 月 28 日公布）

第十八条　权利人向他人发出侵犯专利权的警告，被警告人或者利害关系人经书面催告权利人行使诉权，自权利人收到该书面催告之日起一个月内或者自书面催告发出之日起二个月内，权利人不撤回警告也不提起诉讼，被警告人或者利害关系人向人民法院提起请求确认其行为不侵犯专利权的诉讼的，人民法院应当受理。

【案件索引】

一审：湖南省长沙市中级人民法院（2020）湘 01 民初 2695 号（2021 年 10 月 25 日）

二审：湖南省高级人民法院（2022）湘知民终 54 号（2022 年 3 月 15 日）

【基本案情】

原告袁米农业科技有限公司（以下简称袁米公司）诉称：2020 年 4 月 28 日，原告收到被告袁隆平高科技股份有限公司（以下简称隆平高科）发送的警示函，认为原告在官方网站、官方微信公众号、淘宝直播平台上使用袁隆平、袁隆平院士等文字信息及相关肖像、图片等宣传行为侵犯其第 6440904 号“袁隆平”商标专用权以及袁隆平院士姓名权和肖像权，构成不正当竞争。同时，被告向原告合作伙伴谦寻（杭州）文化传媒有限公司和央视新闻新媒体部也发送了类似警示函。原告已就该函件进行答复并要求撤回警示函。时至今日，被告对原告复函一直没有进一步沟通，且怠于启动纠纷解决程序，导致原告与其的知识产权问题至今悬而未决，对原告与合作伙伴之间的正常商业往来产生严重的负面影响。袁隆平院士曾系原告关联企业的高管，与原告共同研发创建了“袁米”海水稻，原告在销售、宣传过程中使用袁隆平文字及肖像是对客观事实的描述，属于正当使用行为。原告在销售、宣传过程中使用袁隆平文字及肖像并非商标性使用，不构成对被告商标权的侵犯。为尽早确认原告对袁隆平相关文字及肖像的使用系合法使用，原告特提起确认不侵权之诉。

袁米公司请求：(1) 确认原告对袁隆平文字信息及肖像、图片的使用未侵犯被告第6440904号“袁隆平”商标专用权；(2) 确认原告销售“袁米”品牌大米的行为未侵犯被告第6440904号“袁隆平”商标专用权；(3) 判令被告赔偿原告因维权而支出的合理支出费用9.4万元；(4) 判令被告承担本案诉讼费。

被告隆平高科辩称：原告在本案中仅请求法院确认其行为不构成侵犯被告的商标权而未提及是否构成不正当竞争的做法不符合确认不侵犯商标权之诉的立法目的。原告单独提起确认不侵犯商标权之诉而无视其同一行为涉嫌对被告构成不正当竞争，不排除原告欲利用司法审判谋取侵犯被告就袁隆平院士姓名、肖像享有的商业独占权益的可能。确认不侵犯商标权之诉的受理、审理应从严把握。在本案原告提起的确认之诉被法院正式受理之前，被告已就原告的同一行为向法院提起了侵权诉讼，本案所请求的事项理应被被告提起的侵权诉讼所吸收，不应单独成为一个诉讼。袁米公司商业性使用袁隆平姓名及肖像的行为不具有合法性和正当性，隆平高科已就同一行为在先提起不正当竞争之诉，因此，不具有通过诉讼确认不侵权的必要，且袁米公司基于自身不正当行为而支出的维权费用应当自行承担。

法院经审理查明：第6440904号“袁隆平”商标的注册人为隆平高科，核定使用的商品为第30类的茶、茶饮料、糖、蜂蜜、米、谷类制品、面条、食用淀粉、调味品、食用芳香剂，注册有效期限自2010年9月14日至2020年9月13日，并经续展至2030年9月13日。第22936422号“袁米”商标的注册人为青岛袁策生物科技有限公司，核定使用的商品为第30类的谷类制品、茶、大豆粉、米、以米为主的零食小吃、盒饭、米粉(条状)，注册有效期限自2018年5月21日至2028年5月20日。该商标于 2019 年 12 月 27 日转让给袁米公司。袁米公司在其大米产品上使用的系该“袁米”商标。袁米公司在其网站和微信公众号的相关文章中使用了袁隆平姓名及肖像。

隆平高科发出侵权警告之后未就警示函中所述商标侵权问题提起侵害商标权之诉，但于 2020 年 7 月 29 日就袁米公司在经营过程中使用袁隆平姓名及肖像的行为向湖南省长沙市中级人民法院提起不正当竞争诉讼，湖南省长沙市中级人民法院于 2021 年 7 月 26 日作出（2020）湘 01 民初 1384 号一审民事判决，认定袁米公司构成不正当竞争，判令袁米公司停止侵权行为并赔偿 10 万元。袁米公司不服提起上诉，湖南省高级人民法院经审理于 2022 年 3 月 11 日作出（2021）湘知民终 525 号二审民事判决：驳回上诉，维持原判。

【裁判结果】

湖南省长沙市中级人民法院经审理认为，袁米公司在其网站和微信公众号中对袁隆平文字的使用行为均系对袁隆平院士姓名的使用，并非用于识别商品或服务来源，故该使用行为并非商标性使用，不构成商标侵权；袁米公司在其大米产品中对“袁米”文字的使用行为未超出其第 22936422 号“袁米”注册商标核定使用的商品种类范围，亦不构成对第 6440904 号注册商标的侵害。隆平高科在袁米公司的催告下既不撤回警示函又未提起诉讼，使袁米公司的经营受到影响，袁米公司提出的赔偿因提起本案诉讼而支出的合理费用的请求应予支持。依照《商标法》第四十八条规定，判决确认袁米公司不侵害隆平高科注册商标专用权；隆平高科赔偿袁米公司合理维权费用 1 万元。

隆平高科对判决不服，向湖南省高级人民法院提起上诉。湖南省高级人民法院经审理认为，袁米公司收到了隆平高科的侵权警告之后，隆平高科未在合理期限内撤回警告或提起侵害商标权诉讼，导致袁米公司是否对隆平高科构成商标侵权的问题处于不确定状态，袁米公司具备提起确认不侵害商标权之诉的适格条件。本案为确认不侵害商标权纠纷，与隆平高科就袁米公司的同一被诉使用行为提起的不正当竞争之讼系不同法律关系，所保护的法益并不一样，不能相互替代，因此，袁米公司提起本案确认不侵害商标权之诉仍然具有合理性和必要性。商标性使用只是众多商业性使用形式的一种，袁米公司的同一被诉使用行为不侵害隆平高科的商标权不代表其使用行为不构成不正当竞争，本案并不存在将导致对同一争议行为的合法性评价与不正当竞争纠纷案件出现相反认定的情形。袁米公司基于确认不侵害商标权之诉讼目的而提起本案诉讼所支出的合理费用亦为客观存在，一审法院对于袁米公司在本案中所主张的维权支出的合理部分予以酌情支持，并无不当，判决驳回上诉，维持原判。

【裁判理由】

湖南省高级人民法院经审理认为：

第一，关于袁米公司是否具备提起确认不侵害商标权之诉的适格条件。参照《专利权纠纷解释》第十八条规定，相对方收到权利人的侵权警告，书面催告权利人行使诉讼权利，但权利人未在合理期限内撤回警告或提起诉讼，从而导致双方之间的权利义务处于不确定状态，是提起确认不侵害知识产权之诉的构成要件。涉案相对方袁米公司于 2020 年 4 月 23 日收到商标权利人隆平高科发出的警示函，称袁米公司侵犯了隆平高科的商标专用权和袁隆平院士的姓名权和肖像权，要求其立即停止侵权行为，袁米公司涉案产品因此被暂停直播售卖。袁米公司之后分别于 2020 年 5 月 14 日、2020 年 6 月 22 日向隆平高科进行书面催告，但权利人隆平高科未在合理期限内撤回警告或提起侵害商标权诉讼，导致袁米公司是否对隆平高科构成商标侵权的问题处于不确定状态，袁米公司由此具备了提起确认不侵害商标权之诉的适格条件，其在隆平高科发出书面警示函两个多月之后，于 2020 年 7 月 2 日向法院提出本案确认不侵害商标权之诉，具有事实依据和法律依据，并无不当。

第二，关于袁米公司是否具备提起确认不侵害商标权之诉的合理性和必要性。确认不侵害知识产权之诉的目的在于厘清双方当事人在知识产权保护方面相应的法律关系，规范经营活动中的知识产权使用行为，消除相应法律关系的不确定状态，确保市场经营活动的稳定有序。本案系不侵害商标权之诉，隆平高科于2020年7月29日向湖南省长沙市中级人民法院提起的系不正当竞争之诉，虽两案诉争涉及袁米公司的相同使用行为，但两案系不同法律关系，两案所保护的法益并不一样，两者不能相互替代。因此，即便不正当竞争之诉已经在先认定袁米公司的相同使用行为构成不正当竞争且应停止使用，袁米公司提起本案确认不侵害商标权之诉仍然具有合理性和必要性。

第三，关于本案是否会与关联的不正当竞争纠纷案件相冲突。商标性使用只是众多商业性使用形式的一种，袁米公司的同一被诉使用行为不侵害隆平高科的商标权，不代表其使用行为不构成不正当竞争。即袁米公司涉案被诉使用行为虽然不会受到《商标法》的规制，但是仍然可能受到《反不正当竞争法》的规制。此外，针对同一被诉使用行为，湖南省高级人民法院（2021）湘知民终525号民事判决已经在先认定袁米公司对隆平高科构成不正当竞争且应停止使用，袁米公司也并不能因其涉案被诉使用行为被确认不侵害隆平高科相应商标权的事实而得以继续使用。因此，本案并不存在将导致对同一争议行为的合法性评价与不正当竞争纠纷案件出现相反认定的情形，也不会出现同一被诉行为应予停止和得以继续实施的矛盾状态。

第四，关于袁米公司合理维权费用的赔偿问题。隆平高科在未查明袁米公司的涉案使用行为是否侵害了其商标权的情况下向袁米公司发出商标侵权警告，未尽到审慎的注意义务。在袁米公司及时书面催告之后，隆平高科始终未提起侵害商标权之诉，也未撤回其警示函中关于侵害商标权部分的内容，导致袁米公司是否侵害了隆平高科包括涉案第6440904号“袁隆平”商标在内的注册商标专用权的问题处于不确定状态。虽然袁米公司的同一被诉使用行为对隆平高科构成不正当竞争，但是袁米公司基于确认不侵害商标权之诉讼目的而提起本案诉讼所支出的合理费用亦为客观存在。因此，一审法院对于袁米公司在本案中所主张的律师费和差旅费的合理部分予以酌情支持，并无不当。

【案例注解】

我国目前对于确认不侵害商标权的认定并无明确的法律规定，本案参照《专利纠纷解释》的相关规定，对提起确认不侵害商标权之诉的前提条件、制度目的、构成要件等问题进行系统分析，明确了相关司法判定标准，对于规范市场经营活动中各类商业主体的知识产权使用行为具有重要意义。结合本案的办理，笔者试对确认不侵害商标权之诉的制度价值与司法判定标准作如下分析。

一、制度目的：对抗商标专用权之滥用

确认不侵害商标权之诉是与商标侵权之诉相对应而言的，指利益受到特定注册商标专用权影响的行为人，以该注册商标专用权权利人为被告提起的，请求确认其行为不侵害该注册商标专用权的诉讼。具体而言，商标权作为一种具有排他性质的权利，权利人对其商标享有专有使用权，若出现非法制造、销售等侵权情形，权利人可以提起商标侵权之诉要求侵权人承担法律责任；确认不侵害商标权之诉是涉嫌侵害商标权的相对人在收到侵权警告之后，为了明确法律关系、消除自己不稳定的权利状态而向法院提起的确认之诉。

随着知识产权制度的不断普及和发展，在知识产权越来越受重视的同时，滥用知识产权的行为屡有发生。作为知识产权的一种，商标权具有合法的垄断性，能够为权利人带来丰厚的经济利益。在知识产权贸易竞争愈发激烈的背景下，一些权利人为了妨碍他人竞争，滥用其商标权的垄断地位，在无证据或者无明确证据证明他人行为构成侵权的情况下，向其他经营者发出侵害其商标权的侵权警告，使得其他经营者的经营活动受到限制，

声誉受到影响。于是，一些收到侵权警告的相对人诉至法院，主张确认自己行为的合法性，从而将自身从这种不正当制约的环境中挣脱出来，这是确认不侵害商标权之诉产生的背景。

确认不侵害知识产权之诉首先在司法实践中得以确立。2002 年 7 月，最高人民法院作出的《最高人民法院关于苏州龙宝生物工程实业公司与苏州朗力福保健品有限公司请求确认不侵犯专利权纠纷案的批复》表明我国从司法层面正式确立了知识产权确认不侵权制度；2003 年，中国社会科学出版社以费德里克·沃恩（英国）有限公司为被告提起的请求确认不侵犯商标权之诉，是我国法院受理的首例请求确认不侵犯商标权案件；2008 年，最高人民法院颁布《民事案件案由规定》，将确认不侵权纠纷纳入民事案由规定，列举了确认不侵犯专利权纠纷、确认不侵犯著作权纠纷、确认不侵犯注册商标权纠纷三个具体案由。

在司法实践的基础上，司法机关对确认不侵害知识产权之诉进一步作出了规范。2009 年，《专利纠纷解释》第十八条规定："权利人向他人发出侵犯专利权的警告，被警告人或利害关系人经书面催告权利人行使诉权，自权利人收到该书面催告之日起一个月内或者自书面催告发出之日起二个月内，权利人不撤回警告也不提起诉讼，被警告人或利害关系人向人民法院提起请求确认其行为不侵犯专利权的诉讼的，人民法院应当受理。"这是首次在专利领域内明确规定确认不侵权之诉，并且规定了确认不侵害专利权之诉的受理条件，在之后的司法实践中，著作权和商标权领域内提起的确认不侵权之诉也以此为参照；2020 年，《知产证据规定》第五条规定："提起确认不侵害知识产权之诉的原告应当举证证明下列事实：（一）被告向原告发出侵权警告或者对原告进行侵权投诉；（二）原告向被告发出诉权行使催告及催告时间、送达时间；（三）被告未在合理期限内提起诉讼。"明确将相对人提起消极确认之诉的范围及要件由专利法领域正式扩大至整个知识产权领域。

根据确认不侵害商标权之诉产生的背景和原因，可以得知确立确认不侵害商标权之诉制度的目的就是规制知识产权的滥用行为，消除涉嫌侵权人的不安状态，保障涉嫌侵权人的诉权，从而平衡市场各方主体的利益，稳定市场秩序，保障经济健康有序发展。按照诉权平等和诚信原则，被诉侵权人确认其不是侵权者，维护良好社会声誉，恢复正常的生产生活，其有权提起诉讼，这也就契合了诉权平等的本质。[①] 针对确认不侵害知识产权这一类诉讼，最高人民法院曾明确指出：原告向人民法院提起诉讼目的，只是针对被告发函指控其侵权的行为请求人民法院确认不侵权，并不是主张被告发函、发布声明的行为侵权并追究其法律责任。[②] 本案中，商标权利人隆平高科向被诉侵权人袁米公司发出侵害商标权及不正当竞争警示函之后，只针对警示函中载明的不正当竞争内容提起了诉讼，在袁米公司的多次书面催告之后仍未撤回商标侵权警告或者提起商标侵权诉讼，并且在审理过程中承认袁米公司的被诉行为并未侵害其商标权，显然是滥用了其所享有的“袁隆平”商标专用权。袁米公司对此提起不侵害商标权之诉，使得其是否侵害隆平高科商标权的问题得以确定，有利于其恢复正常的生产经营活动。

二、前提条件：确认利益的必要性判断

诉的利益在大陆法系民事诉讼理论中是一个极为重要的概念，具有诉的利益是法院受理诉讼案件的前提条件。在我国程序法语境中，一般认为法院在立案前就应当对诉的利益进行判断，诉的利益有无作为是否进入诉讼系属状态的前提条件，即将诉的利益定位为起诉要件。[③] 那么对于确认不侵害商标权之诉，具有确认利益是进入诉讼程序的前提条件。最高人民法院（2020）最高法民申 1481 号民事裁定认为，原告提起确认之诉除应符合起诉的一般条件之外，还应具备确认之诉的特别要件，即原告的权利或权利状况面临现存的不确定风险，具有提起讼诉消除风险的必要性。知识产权确认不侵权之诉就其诉讼类型来看本质属于确认之诉且为消极确认

---

① 参见李祥敏：《不侵权确认之诉研究》，山东大学 2017 年硕士学位论文。

② 参见《最高人民法院关于苏州龙宝生物工程实业公司与苏州朗力福保健品有限公司请求确认不侵犯专利权纠纷案的批复》（〔2001〕民三他字第 4 号，已于 2013 年 4 月 8 日废止）。

③ 参见李凌：《立案登记制下诉的利益判断》，载《国家检察官学院学报》2017 年第 4 期。

之诉，确认之诉的诉的利益被称为确认利益，主要是指为了消除原告权利或者法律地位上存在的危险、不安，对原告与被告之间权利关系作出有既判力效果判决的必要。[①] 消极确认之诉的诉讼利益在理论上有三种判断标准：一是纷争成熟性说，该学说认为纷争达到一定成熟度时，才能提起消极确认之诉；二是确认利益的严格化说，该学说认为应该严格在确认利益范围内进行处理，以此可以以欠缺确认利益对权利人先发制人的恶意诉讼予以驳回；三是纷争实态提示说，该学说认为消极确认之诉中确认利益的基础是“纷争实态”。知识产权确认不侵权之诉中，要求原告起诉时的纠纷必须现实解决，已经发生或将来一定会发生损害。

确认不侵害商标权之诉的确认利益来自商标权利人的侵权警告所导致相对人法律地位的现实不稳定性，法院对相对人确认不侵害商标权的诉讼请求有作出判决的必要性和实效性，才能提起确认不侵权之诉。由此可知，确认不侵害商标权之诉的确认利益的来源有以下两点：其一，权利人实施了向涉嫌侵权人发送侵权警告但未及时将该侵权事由诉诸法院裁判，也未撤回该警告，导致涉嫌侵权人的权益处于一种不安定状态；其二，涉嫌侵权人向法院提起确认不侵权之诉对于去除这种不安是有效的和合理的。

本案中，隆平高科主张本案争议行为已被另案判决确认应予停止，因此并不存在合法状态不明或行为能否持续的确认价值，本案不具有通过诉讼确认不侵权的必要性。经审查，虽然隆平高科于 2020 年 7 月 29 日提起的不正当竞争之诉已经在先认定袁米公司的相同使用行为构成不正当竞争且应停止使用，但与本案系不同法律关系，两案所保护的法益并不一样，两者不能相互替代。不正当竞争之诉保护的是权利人的竞争优势，而确认不侵害商标权之诉涉及的是权利人的商标专用权，虽然商标可以成为市场竞争优势，但也只是竞争优势的一种，构成不正当竞争行为不一定构成商标侵权行为。袁米公司的涉案争议行为违背了诚信原则构成不正当竞争，但是并非商标性使用，并未侵犯隆平高科的商标权。因此，隆平高科发出

① ［日］兼子一、竹下守夫：《民事诉讼法》，白绿铉译，法律出版社 1995 年版，第 51~56 页。

的侵权警告对袁米公司造成了商标侵权与否的不确定风险，袁米公司具有提起确认不侵害商标权之诉消除风险的必要性，并且通过法院的裁判能够有效地厘清双方当事人在知识产权保护方面的相应法律关系，规范经营活动中的知识产权使用行为，消除相应法律关系的不确定状态，确保市场经营活动的稳定有序。

三、构成要件：参照确认不侵害专利权之诉

知识产权确认不侵权之诉的构成要件在法律上并无明确的规定，《专利纠纷解释》第十八条是现行司法实践中受理确认不侵害专利权的依据。对于著作权、商标权等其他知识产权案件的受理在立法层面并无其他专门的条文予以解释，为进一步强化相对人对抗知识产权人滥用侵权警告行为的手段，《知产证据规定》第五条明确将相对人提起消极确认之诉的受理范围由专利法领域正式扩大至整个知识产权领域。[①] 因此，在实践当中各法院会参考和援引《专利纠纷解释》第十八条来判断个案是否符合确认不侵害商标权之诉的受理条件。根据其规定，受理确认不侵害商标权之诉需要具备三个条件：一是商标权利人向相对方发出了侵权警告；二是相对方否认侵权，向权利人书面催告要求其撤回警告或提起诉讼；三是权利人在合理期限内未撤回警告，也未提起诉讼。根据以上三个条件，结合本案案情具体分析如下。

第一，商标权利人隆平高科向相对方袁米公司发出了商标侵权警告。2020 年 4 月 23 日，隆平高科向袁米公司发出警示函，该函第二项“相关基本事实”部分和第三项“我方的严正立场”部分载明了袁米公司未经授权售卖“袁隆平”大米以及与“袁隆平”品牌捆绑进行销售，侵犯了隆平高科的商标专用权和袁隆平院士的姓名权和肖像权等内容。该警示函要求袁米公司立即停止在网络上及其他各种渠道售卖假冒“袁隆平”大米等销售侵权商品的行为，撤掉相关网页，同日，隆平高科还向谦寻（杭州）文

---

① 参见黎弘博：《“规范说”视角下确认不侵害知识产权之诉的证明责任分配》，载《证据科学》2021 年第 6 期。

化传媒有限公司发出警示函，要求该公司立即停止在网络直播平台及其他各种渠道售卖假冒“袁隆平”大米等销售侵权商品的行为，取消直播售卖等，袁米公司涉案产品因此被暂停直播售卖。笔者认为，向他人发送律师函、警告函是确认不侵害商标权之诉中权利人向相对方进行侵权警告的主要方式，但是在司法实践中，应当对侵权警告的形式和判定标准做广义的解释。比如，权利人申请海关、知识产权主管行政机关以及申请仲裁机构仲裁，这些行为都使涉嫌侵权人遭到了侵权警告威胁，且提起的诉讼符合知识产权确认不侵权诉讼制度的立法本意，法院理应受理涉嫌侵权人提起的确认不侵权之诉。①

第二，相对方袁米公司多次向权利人隆平高科致函催告其撤回警告或者行使权利。本案中，袁米公司于2020年4月29日回函称其不存在侵权行为，于2020年5月14日委托山东舜翔律师事务所向隆平高科发函，于2020年6月22日委托北京市中里通律师事务所向隆平高科发函，要求隆平高科撤回向其合作方发出的警示函或尽快向人民法院提起诉讼，通过司法程序判定袁米公司相关行为的合法性。《专利纠纷解释》第十八条明确规定了书面催告是提起不侵害专利权之诉的前置条件。笔者认为，鉴于知识产权确认不侵权之诉制度所保护的权利类型和设计目的具有一致性，有必要在确认不侵害商标权案件中对《专利纠纷解释》第十八条规定进行参照适用，但此种参照适用并不意味着对上述规定进行机械适用。特别是对于“书面催告程序”，应当结合确认不侵权之诉的立法目的和个案具体情况，妥当地进行理解和适用，以恰当平衡双方当事人的利益。如果确有证据证明权利人怠于行使权利且被警告人确实处于不安状态，从平衡双方地位和权益考虑，可不受限于《专利纠纷解释》规定的书面催告程序的限制。② 比如，在上海和汇安全用品有限公司（以下简称和汇公司）诉王某某确认不侵害商标权纠纷一案中，商标权利人王某某以和汇公司没有书面

---

① 参见邹雯、温家兴：《知识产权确认不侵权之诉的相关问题分析》，载微信公众号“知产力”，2018年6月22日上传。

② 参见王彦杰：《确认不侵害商标权之诉中“书面催告”要件的理解与适用》，载《中华商标》2020年第11期。

催告王某某行使诉权为由主张和汇公司不具备启动不侵权之诉法定条件，法院围绕确认不侵权之诉受理条件规定的立法本意，即在权利人发出侵权警告之后怠于行使权利使被警告人的权利状态一直处于不确定状态时为被警告人提供的救济途径，综合被警告人的经营状态受到长期严重影响、权利人无撤回警告的意思表示等因素，认定该案中被警告人未履行书面催告义务不影响该案的成立。

第三，权利人隆平高科在合理期限内既未撤回警告，亦未提起商标侵权之诉。在袁米公司催告期间，隆平高科未与袁米公司协商沟通，也未通过法定程序提起侵害商标权之诉来解决其警示函中所述商标侵权问题，于是袁米公司在隆平高科发出书面警示函两个多月之后，向法院提出本案确认不侵害商标权之诉。《专利纠纷解释》第十八条明确规定了要给予权利人“书面催告之日起一个月内或者自书面催告发出之日起二个月内”的合理期限，《最高人民法院关于当前经济形势下知识产权审判服务大局若干问题的意见》第十三条规定给予权利人行使权力的时间限定为“合理期限”。在审理确认不侵害商标权之诉时固然应参照《专利纠纷解释》第十八条对合理期限进行判断，但对于具体个案也应当根据行业的特点和具体个案的情节综合考量是否达到了合理期限的要求，尽可能地为被警告侵权人提供及时有效的救济。

四、判定标准：与不正当竞争之诉的关联与区分

知识产权法与反不正当竞争法的关系一直以来都是学术研究的热点问题，有人主张平行保护说，也有人主张补充保护说。司法实践中关于知识产权侵权之诉和不正当竞争之诉的适用问题也存在不同的观点，比如，知识产权侵权之诉和不正当竞争之诉是否可以同时构成，著作权、商标权、专利权之类的专门的知识产权侵权之诉是否优先于不正当竞争之诉适用等问题。关于确认不侵害商标权之诉与不正当竞争之诉的关系，司法实践中目前存在两个问题：一是确认不侵害商标权之诉中的侵权警告与不正当竞争之诉中商业诋毁的界定；二是确认不侵害商标权之诉与不正当竞争之诉

各自独立存在的问题。

首先，确认不侵害商标权之诉中的侵权警告存在构成不正当竞争之诉中商业诋毁的可能性，这里要界定的是符合权利行使正当性的侵权警告与商业诋毁行为，两者的区别在于侵权警告所针对的行为是否真实，以及采取的维权手段是否合理。侵权警告指权利人自行实施的以非法定纠纷解决方式对相对人主张侵权，致使相对人长期处于侵权事实不明的不稳定状态的维权行为；[①] 商业诋毁是指经营者自己或利用他人，通过捏造、散布虚伪事实等不正当手段，对竞争对手的商业信誉、商品信誉进行恶意的诋毁、贬低，以削弱其市场竞争能力，并为自己谋取不正当利益的行为。权利人发出侵权警告，是基于正当合理维权的考量，在发出侵权警告时要尽到审慎的注意义务，确认侵权警告所针对的涉嫌侵权行为是真实发生的，并且以合理的手段发出侵权警告；若权利人以明显的恶意捏造事实构陷他人侵权，或者采取超出合理维权范围的行为手段，给对方的生产、销售等正常经营活动及名誉权造成了一定损害，则将构成商业诋毁。

其次，确认不侵害商标权之诉与不正当竞争之诉是各自独立的，针对同一争议行为提起的两种诉讼不必然构成重复诉讼，两者保护不同的法益，并且无法通过确认不侵害商标权之诉得到只有不正当竞争之诉才能支持的给付判决。[②] 一方面，在权利人同时发出商标侵权警告和不正当竞争警告，但只提起了不正当竞争诉讼，对商标侵权警告既不撤回也不提起诉讼的情况下，被警告人仍然可以针对商标侵权警告提起确认不侵害商标权之诉。本案隆平高科向袁米公司发出的警示函中涉及商标侵权和不正当竞争，但只提起诉讼确认了袁米公司的争议行为构成不正当竞争，使袁米公司是否构成商标侵权处于不确定状态，此时袁米公司不因在先的不正当竞争之诉而丧失提起确认不侵害商标权之诉的权利。另一方面，不正当竞争之诉与确认不侵权之诉并不当然构成重复诉讼，当权利人的侵权警告构成商业诋

① 参见殷爱民：《知识产权确认不侵权之诉受理条件的反思与调整》，载《西安石油大学学报（社会科学版）》2021 年第 3 期。

② 参见占善刚、张一诺：《试论知识产权确认不侵权之诉与不正当竞争之诉的关系》，载《电子知识产权》2020 年第 1 期。

毁时，被警告人可以同时就该侵权警告提起确认不侵权之诉和不正当竞争之诉。两者的诉讼标的和诉讼请求不同，不构成重复起诉，司法实践中，针对侵权警告的行为，有大量的在先案例支持相关主体分别提起不正当竞争之诉和确认不侵权之诉。[①] 此外，笔者认为，确认不侵害商标权之诉作为消极的确认之诉，仅能够通过确认判决的效力恢复被警告人法律地位的安定状态，但无法进一步审理该侵权警告是否构成商业诋毁等侵权行为而使被警告人遭受的损失获得相应的损害赔偿救济，即若权利人发出的侵权警告可能构成商业诋毁，应当另行提起不正当竞争之诉请求赔偿，而不能通过确认不侵害商标权之诉请求赔偿，确认不侵害商标权之诉能够支持的给付请求范围应当只限于被警告人为维权所支出的合理费用。

五、结语

与传统的商标侵权诉讼相比，确认不侵害商标权之诉是比较新颖的诉讼类型，随着知识产权贸易的发展，国家越发重视知识产权的竞争力，权利在充分受到保护和行使的同时必然伴随着权利滥用，知识产权确认不侵权之诉具有必然性。在法院审理确认不侵害商标权之诉时，应借鉴确认不侵害专利权之诉的标准但不应机械适用，要结合对抗商标权滥用、平衡市场主体利益的制度目的和商标权的特性，具体判断个案的诉讼必要性，坚持确认不侵害商标权之诉独立于不正当竞争之诉的立场，尽力为商标权的有效行使提供一种全面的、平衡的保障，为市场主体提供一个公平、开放、规范、有序的商业环境。

---

① 参见陈志兴：《商业诋毁不正当竞争之诉与确认不侵权之诉并不当然构成重复诉讼》，载微信公众号“知产力”，2022 年 7 月 4 日上传。

邹某某诉湖南省妇幼保健院医疗服务合同纠纷案

——人工辅助生殖技术医疗服务合同订立后丧偶妇女提起履行之诉的审查考量因素

◇编写人：湖南省长沙市开福区人民法院　唐　春　吴　宏

湖南省长沙市中级人民法院　刘　青　张　明

【获奖评语】

生育权关涉民族繁荣与社会进步，关涉公民家庭幸福。本案通过对人工辅助生殖技术医疗服务合同的法律性质分析，对《人类辅助生殖技术规范》规定的单身妇女进行立法目的解释和限缩文义解释，排除了对丧偶单身妇女的禁止性适用，并直接以公序良俗原则作为裁判说理依据，明确合同订立后丧偶妇女提起履行之诉在我国现行法律体系下的请求权的路径，为合同订立后的丧偶妇女此类特殊群体实施人类辅助生殖技术提供了司法上的肯定及帮助，体现了司法对《人口与计划生育法》规定的放宽计划生育政策与时俱进的落实与呼应，也为今后特定主体生育权的实现提供了启发和创新思考。

本案例的撰写体例规范、结构严谨、论证充分、语言精确，从人工辅助生殖技术医疗服务合同的特征及本案审查的出发点、原告诉请的障碍及对被告抗辩理由的三重驳斥、延伸探讨特定主体生育权的实现及特殊合同继续履行的考量因素，层层推进，分析入情、入理、入法，将三者统一为有机整体，既让本案创新裁判结论水到渠成，也为相关领域规范性文件的修订提供参考。正如案例撰稿人所述，“本案的深远意义不仅在于为本案的原告邹某某提供了司法上的支持，更激发了社会包括学界对特定主体生育权的探讨”。

【关键词】

丧偶妇女　生育权　意思表示　继续履行　公序良俗

【裁判要旨】

医疗服务合同订立之后履行过程中丧偶的妇女与《人类辅助生殖技术规范》中的单身妇女具有本质区别，在医疗服务合同满足民事法律行为的有效要件，且继续履行合同符合公序良俗和伦理道德的情况下，丧偶妇女主张继续实施人类辅助生殖技术具有正当性，医疗机构不能以“禁止给单身妇女实施人类辅助生殖技术”为由拒绝为丧偶妇女继续履行人工辅助生殖技术医疗服务合同，实施胚胎移植手术。

【相关法条】

《民法典》（2020 年 5 月 28 日公布）

第三条　民事主体的人身权利、财产权利以及其他合法权益受法律保护，任何组织或者个人不得侵犯。

第八条　民事主体从事民事活动，不得违反法律，不得违背公序良俗。

第一百四十三条　具备下列条件的民事法律行为有效：

（一）行为人具有相应的民事行为能力；

（二）意思表示真实；

（三）不违反法律、行政法规的强制性规定，不违背公序良俗。

《妇女权益保障法》（2019 年 10 月 26 日修正）

第五十一条　妇女有按照国家有关规定生育子女的权利，也有不生育的自由。

育龄夫妻双方按照国家有关规定计划生育，有关部门应当提供安全、有效的避孕药具和技术，保障实施节育手术的妇女的健康和安全。

国家实行婚前保健、孕产期保健制度，发展母婴保健事业。各级人民政府应当采取措施，保障妇女享有计划生育技术服务，提高妇女的生殖健康水平。

【案件索引】

一审：湖南省长沙市开福区人民法院（2022）湘 0105 民初 799 号（2022 年 4 月 6 日）

【基本案情】

原告邹某某诉称：因生育障碍，其与丈夫陈某某一起到被告处实施试管婴儿辅助生育手术。2020 年 11 月 24 日，其与丈夫陈某某与被告签订了冷冻胚胎协议。协议签订后，被告利用其的卵子与丈夫的精子制作了四个胚胎并冷冻保管等候移植孕育。2021 年 5 月 29 日，原告丈夫陈某某在工作中身故。丈夫身故后，邹某某独自前往被告处要求将胚胎植入体内孕育，但被告以不能为单身妇女实施辅助生殖技术为由拒绝

原告认为：要求继续移植胚胎生育小孩的主张，能够了却丈夫遗愿、延续丈夫血脉、寄托对丈夫的哀思，也是其与长辈的共同心愿，符合公序良俗，不为法律所禁止，与单身妇女通过人工辅助生育来逃避婚姻家庭有

着本质的不同，被告应当继续为其实施胚胎移植手术。为维护其合法权益，特起诉至法院。其诉请：（1）判决被告继续履行与原告之间的人工辅助生殖技术医疗服务合同，为原告实施胚胎移植手术；（2）诉讼费由被告承担。

被告湖南省妇幼保健院辩称：本案系法律和伦理问题，目前无法律规定，只有卫生部的规章，因为受伦理限制，被告无法为单身女性执行胚胎植入。被告认为本案不宜调解，需要以法院判决为准。

法院经审理查明：2020 年，原告邹某某因生育障碍与丈夫陈某某到被告湖南省妇幼保健院实施试管婴儿辅助生育技术。2020 年 11 月 24 日，邹某某夫妇与医院签订了冷冻胚胎协议。协议签订后，医院利用邹某某的卵子和陈某某的精子制作了四个胚胎并冷冻保存，等待邹某某孕育条件成熟进行移植。2021 年 5 月 29 日，陈某某在工作中不幸身故，邹某某为了却丈夫遗愿，延续夫妻共同血脉，取得公婆的同意和支持，前往被告湖南省妇幼保健院要求将胚胎植入体内孕育，被告以不能为单身妇女实施辅助生育技术为由拒绝。

【裁判结果】

湖南省长沙市开福区人民法院于 2022 年 4 月 6 日作出（2022）湘 0105 民初 799 号民事判决：被告湖南省妇幼保健院于本判决生效之日起继续履行与原告邹某某之间的医疗服务合同，为原告邹某某实施胚胎移植手术。一审宣判后，被告未上诉，判决已生效。

【裁判理由】

湖南省长沙市开福区人民法院经审理认为：根据原告邹某某与被告湖南省妇幼保健院向本院提供的证据，充分有效证明原告邹某某及其丈夫陈某某与被告之间成立合法的医疗服务合同法律关系，该合同系双方当事人的真实意思表示。而本案的争议焦点在于：第一，被告为原告继续实施胚胎移植手术是否违反卫生部的《人类辅助生殖技术规范》第三条（实施技术人员的行为准则）第十三项的规定和《人类辅助生殖技术和人类精子库伦理原则》“社会公益原则”第一项关于禁止给单身妇女实施人类辅助生殖技术的规定；第二，原告要求被告继续履行与原告之间的实施人工辅助生殖技术医疗服务合同，为原告实施胚胎移植手术是否符合公序良俗。

一、关于被告为原告继续实施胚胎移植手术是否违反卫生部的《人类辅助生殖技术规范》第三条第十三项和《人类辅助生殖技术和人类精子库伦理原则》“社会公益原则”第一项关于禁止给单身妇女实施人类辅助生殖技术的规定

被告湖南省妇幼保健院为经卫生行政部门批准并登记开展人类辅助生殖技术的妇幼保健院，作为实施试管婴儿手术与订立医疗服务合同的主体需要尽到审慎审查义务，必须符合法律及卫生行政部门关于人类辅助生殖技术规范。具体就本案而言，被告认为实施胚胎移植手续并非仅原告一人的事情，原告与其丈夫共同签署了辅助生育的文件，现原告丈夫去世之后，其单方申请可能违反卫生部的《人类辅助生殖技术规范》第三条第十三项和《人类辅助生殖技术和人类精子库伦理原则》“社会公益原则”第一项关于禁止给单身妇女实施人类辅助生殖技术的规定。因此，本案的关键在于如何认定及解释禁止给单身妇女实施人类辅助生殖技术。

而禁止给单身妇女实施人类辅助生殖技术的立法目的应该是防止单身妇女通过实施辅助生殖技术躲避婚姻和家庭的责任以及保障我国正常的家庭伦理秩序及风俗。但原告是否属于条文中的单身妇女需要结合立法目的及本案的案情综合来看待：第一，实施人类辅助生殖技术并不是一个单一的医疗活动，其包括前期的检查、中期的培育胚胎以及胚胎移植等流程。本案中，检查与培育胚胎均为原告邹某某与其丈夫陈某某一起实施的，最终移入原告体内的胚胎也为原告的卵子与其丈夫的精子结合的胚胎，而规定中的单身妇女应当指的是未有配偶者到医院实施人类辅助生殖技术，包括检查、培育胚胎、胚胎移植等均为单身妇女个人，而不存在任一环节与

配偶一起的情形，因此，原告邹某某在丧偶后与上述规定中所指实施胚胎移植手术的单身妇女有本质区别。第二，《妇女权益保障法》（2018 年 10 月 26 日修正）第五十一条第一款规定："妇女有按照国家有关规定生育子女的权利，也有不生育的自由。"而目前丧偶单身妇女要求继续移植与丈夫已受精完成的胚胎进行生育并无法律禁止性规定，已实施完胚胎培育的丧偶妇女与单身妇女有本质的区别，因此，本案被告为原告继续实施胚胎移植手术并不违反卫生部的《人类辅助生殖技术规范》第三条第十三项和《人类辅助生殖技术和人类精子库伦理原则》"社会公益原则"第一项关于禁止给单身妇女实施人类辅助生殖技术的规定。

二、关于原告要求被告继续履行与原告之间的人工辅助生殖技术医疗服务合同，为原告实施胚胎移植手术是否符合公序良俗

《民法典》第八条规定："民事主体从事民事活动，不得违反法律，不得违背公序良俗。"在本案中，原告要求被告继续履行与原告之间的人工辅助生殖技术医疗服务合同是否符合公序良俗需要从以下两个方面去判断。第一，被告从保护后代成长角度辩称，保护后代是良好风俗，减少孩子在单亲家庭中成长的机会，是对社会秩序的维护，符合公序良俗，因此其拒绝为原告继续履行合同。本院认为，被告没有提供证据证明或者有科学论断单亲家庭的小孩不能健康地成长，在当今社会中，单亲家庭的成长环境并不意味着必然会对孩子生理、心理、性格等方面产生严重影响，且目前并没有证据证明实施人类辅助生殖技术在医学上、亲权上或其他方面存在于后代不利的情形；另通过人类辅助生殖技术出生的后代亦没有证据证明受到歧视等不利影响，其与自然分娩的后代享有同样的法律权利和义务，包括家庭伦理、道德义务等，原告要求继续实施人类辅助生殖技术的愿望亦得到了其公婆的同意和支持，且原告也具备抚养第二名小孩的条件，故本院对于被告的该抗辩意见不予采信。第二，就社会整体风俗习惯而言，原告邹某某欲要求继续履行合同的目的是了却丈夫的遗愿、延续丈夫血脉、寄托对丈夫的哀思，这符合我国的人之常情，也符合社会公众的一般认知。

故法院认为原告邹某某在丈夫去世后，为了却丈夫遗愿、延续丈夫血脉、寄托对丈夫的哀思，在丧偶后的生活中仍然坚持要将两人爱的结晶延续下去，这不仅仅体现了原告邹某某为人妻的对丈夫的爱，也体现了邹某某为人母的责任与担当，更体现了原告对中华民族精神、中华民族传统美德以及社会主义核心价值观的传承与弘扬。故原告的诉讼请求应当予以支持。

【案例注解】

人工辅助生殖技术又称为试管婴儿手术，根据卫生部规范性文件的规定及对医疗机构的要求，医疗机构仅为符合计划生育条件的夫妻实施试管婴儿手术。因实践中僵化理解卫生部的规范性文件，使得医疗服务合同订立之后履行过程中丧偶的妇女被认定为禁止实施人类辅助生殖技术的单身妇女，进而认定不符合医疗机构要求的夫妻双方这一主体对象要求。这样的认定不符合人工辅助医疗服务合同本身具有的特殊性。本案通过对相关规范进行解释，明确人工辅助生殖技术医疗服务合同履行过程中丧偶妇女与单身妇女在主体、履行上的本质区别，为医疗服务合同订立后合同履行过程中丧偶妇女这一特殊主体在丈夫去世后继续实施试管婴儿手术明确了方向，依法保护了女性的生育权。

一、人工辅助生殖技术医疗服务合同的特征及本案审查的出发点

人工辅助生殖技术医疗服务合同不同于一般的医疗服务合同（见表1），厘清二者区别，有利于准确把握人工辅助生殖技术医疗服务合同的特征，进而判断本案原告邹某某的诉请是否具有正当性，这是本案审查的出发点。

表1 人工辅助生殖技术医疗服务合同与一般的医疗服务合同的区别

<table>
<tr><th colspan="2">合同种类
区别</th><th>人工辅助生殖技术
医疗服务合同</th><th>一般的医疗服务合同</th></tr>
<tr><td colspan="2">订立主体</td><td>符合计划生育的已婚夫妇</td><td>一般主体</td></tr>
<tr><td rowspan="2">合同履行</td><td>履行阶段</td><td>女方参与全过程，男方参与部分（胚胎培育及移植前的签字）</td><td>合同当事人全程参与</td></tr>
<tr><td>意思表示</td><td>女方的明示参与一般视为男方的默示追认</td><td>当事人明示</td></tr>
</table>

（一）合同订立主体的特定性

根据卫生部的规定，[①] 符合计划生育的已婚夫妇携带结婚证、身份证及不能自然怀孕的证明文件即可到有医疗执业许可证的综合性医院或者专科医院，通过订立人工辅助生殖技术医疗服务合同，实施试管婴儿手术。由此可见，在我国实施人工辅助生殖技术医疗服务合同的主体并不同于一般的医疗服务合同，其主体具有特殊性，仅限于已婚的夫妇。不符合计划生育的夫妇、单身妇女等主体均不符合我国关于订立人工辅助生殖技术医疗服务合同的资格。

（二）合同履行的阶段性及意思表示默认性

已婚夫妇与医疗机构订立人工辅助生殖技术医疗服务合同之后，其合同履行具有步骤和周期性，包括胚胎移植前的夫妻双方的身体检查，中期的胚胎培育以及后期的胚胎移植等流程。实践中，多为女性参与，男性一般仅需在胚胎培育环节参与取精及移植前的签字即可。因此，在人工辅助生殖技术医疗服务合同履行过程中，在配偶双方或者男方未明确作出解除或者终止履行的意思表示的情况下，女方参与的合同履行内容视为男方的默示同意，否则在漫长的合同履行期中，对于实施试管婴儿的参与者是巨

① 卫生部于2003年修订的《人类辅助生殖技术规范》第三条第十三项规定："禁止给不符合国家人口和计划生育法规和条例规定的夫妇和单身妇女实施人类辅助生殖技术。"

大的人力、财力的浪费及意思表示的过度要求。

故本案诉争合同是否应当继续履行首要应当考量此类合同的特征，基于特殊性判断原告邹某某诉请继续履行合同是否应当予以支持。

二、否定之否定：原告邹某某诉请的障碍及对被告抗辩理由的三重驳斥

（一）原告诉请的障碍：法律与伦理道德的冲突

原告邹某某在人工辅助生殖技术医疗服务合同订立后且已经完成胚胎培育后主张继续履行医疗服务合同，实施胚胎移植手术面临法律与伦理的冲突，而被告予以拒绝具体存在以下理由。

1. 卫生部规范性文件对单身妇女履行合同的禁止性规定

卫生部于2003年修订的《人类辅助生殖技术规范》第三条第十三与《人类辅助生殖技术和人类精子库伦理原则》“社会公益原则”第一项明确规定禁止给不符合国家人口和计划生育法规和条例规定的夫妇和单身妇女实施人类辅助生殖技术，被告认为原告邹某某在丧偶之后即为上述规定中的单身妇女，原告邹某某要求继续履行合同有违法律规范的禁止性规定，故被告有理由拒绝继续履行双方签订的合同。

2. 继续进行胚胎移植手术缺少配偶的共同签字

本案中，被告拒绝为原告邹某某实施人类辅助生殖手术的另一理由是，被告认为实施人类生殖辅助技术的合同是与原告邹某某及其丈夫陈某某共同签订的，现陈某某已经死亡，无法确信陈某某是否同意继续实施试管婴儿手术，故不同意为邹某某单方面实施人类生殖辅助生殖手术。

3. 欠缺公序良俗的支持

被告认为原告要求履行医疗服务合同，实施胚胎移植手术后导致小孩在单亲家庭长大，而单亲家庭的成长环境会对孩子生理、心理、性格等方面产生不利影响，因此，原告的诉求违背公序良俗不应获得支持。

（二）对被告抗辩理由的三重驳斥

1. 规范角度：符合民事法律行为继续履行的要件

行为人在意思表示真实情况下实施的不违反法律、行政法规的禁止性规定、公序良俗的民事法律行为有效。[①] 在本案中，不论卫生部的规范性文件是否对邹某某是单身妇女又或丧偶妇女实施人类辅助生殖技术有禁止性规定，但其并非法律、行政法规，系规范性法律文件，而根据《民法典》第十条的规定，规范性法律文件并非人民法院裁判应当考量的因素。[②] 因此，卫生部的规范性文件不能成为原告邹某某要求被告湖南省妇幼保健院继续履行依法订立的医疗服务合同的阻碍。

同样地，在意思表示方面，原告邹某某本人的意思表示真实明确，其在丈夫陈某某已经死亡的情况下，仍然以明示的方式要求继续履行与被告签订的医疗服务合同，这足以成为法院支持原告诉求的理由之一。而在合同履行过程中，邹某某的丈夫陈某某的意思表示，在被告无证据证明陈某某作出了中止或解除与被告订立的医疗服务合同的意思表示的情况下，应当按照法律规定，以其订立合同时的意思表示为准。

因此，就本案而言，原告邹某某要求被告履行签订的人工辅助生殖技术医疗服务合同，为其继续实施胚胎移植手术符合法律规定，法院理应支持。

2. 解释学角度：合同订立后履行过程中的丧偶妇女与卫生部规范性文件中的单身妇女存在本质区别

现行法律中并未对单身妇女进行定义，但就单身妇女而言，从文义解释的角度看，未有配偶者，如未婚者、结婚已离异者、丧偶者等皆可以认定为单身妇女，那么，判断本案的原告邹某某是否属于卫生部于2003年修订的《人类辅助生殖技术规范》第三条第十三项与《人类辅助生殖技术和

---

① 参见《民法典》第一百四十三条规定："具备下列条件的民事法律行为有效：（一）行为人具有相应的民事行为能力；（二）意思表示真实；（三）不违反法律、行政法规的强制性规定，不违背公序良俗。"

② 参见《民法典》第十条规定："处理民事纠纷，应当依照法律；法律没有规定的，可以适用习惯，但是不得违背公序良俗。"

人类精子库伦理原则》"社会公益原则"第一项规定的禁止给不符合国家人口和计划生育法规和条例规定的夫妇和单身妇女实施人类辅助生殖技术中的单身妇女，就必须准确理解原告邹某某在合同订立后要求继续履行医疗服务合同与上述规范性文件的本质区别。

本案支持原告诉请的原因在于，禁止给不符合国家人口和计划生育法规和条例规定的夫妇和单身妇女实施人类辅助生殖技术的情况与本案有本质区别，本案判决意图通过立法目的解释与文义解释来分析单身妇女与原告邹某某这种已婚丧偶妇女的本质区别，进而排除禁止性适用规定从而支持原告的诉求。[①] 若人工辅助生殖技术医疗服务合同订立的主体及履行均为单身妇女，则不符合卫生部门对实施试管婴儿手术的政策要求，而本案中订立合同的主体完全符合相关规定，即夫妻双方共同与被告订立了该合同。而合同履行的必备阶段，即符合法律规定及伦理道德要求的胚胎培育也系邹某与其丈夫陈某某共同完成，因此，本案原告邹某某诉请继续履行人工辅助生殖技术医疗服务合同并不适用禁止给单身妇女实施人类辅助生殖技术的规定。

3. 伦理角度：符合公序良俗的要求

公序良俗，是公共秩序和善良风俗的合称，[②] 也是我国民法的基本原则之一。在本案中，原告邹某某要求被告继续履行人工辅助生殖技术医疗服务合同是善良风俗的体现。首先，其不违反现有法律规范且符合《妇女权益保障法》对妇女生育权的规定；其次，其符合道德风尚要求且高于一般人的道德标准；最后，其符合社会公众的一般认知。而本案判决向社会公布以后，社会公众对原告邹某某要求继续实施人工辅助生殖技术医疗服务合同是高度认可及赞扬，足以可见本案邹某某的诉请是符合公序良俗的。

同时，后代成长一直以来是全世界关注的对象，也是本案应当考量的因素之一。但在没有提供证据证明或者有科学论断单亲家庭的小孩不能健康地成长，且目前并没有证据证明实施人类辅助生殖技术在医学上、亲权

① 参见湖南省长沙市开福区人民法院于（2022）湘0105民初799号民事判决书。

② 参见王利明：《民法》，中国人民大学出版社2020年版，第4页。

上或其他方面存在对后代不利的情形，因此，应当本着禁止歧视的原则，在伦理上对本案原告邹某某的诉求予以支持。

三、延伸探讨：特定主体生育权的实现及特殊合同继续履行的考量因素

本案支持了原告邹某某的诉请，明确合同订立后丧偶妇女提起履行之诉在我国现行法律体系下的请求权的路径，通过对人工辅助生殖技术医疗服务合同的法律性质分析，对卫生部规定的单身妇女进行立法目的解释及限缩文义解释排除了其对邹某某的禁止性适用以及直接通过公序良俗原则说理，为合同订立后的丧偶妇女此类特殊群体实施人类辅助生殖技术提供了司法上的肯定及帮助，也为特定主体生育权的实现提供了启发和思考来源。

（一）特定主体生育权的实现

本案的深远意义不仅在于为本案的原告邹某某提供了司法上的支持，更激发了社会包括学界对特定主体生育权的探讨。[①] 在此以单身女性的生育权为例，生育权是人格权，是法律明确规定的与生俱有的权利，但此种权利并不是无边界的，应当结合国情伦理及历史等因素进行合理限制。而单身女性实施人类辅助生殖技术生育子女的问题最早是在2002年《吉林省人口与计划生育条例》中被首次认可。[②] 该条例后经历次修改，也并未删除单身妇女采取医学辅助技术生育子女的条款。但立法的应然状态与实然状态存在一定的差距，符合条件的单身女性在吉林省的医疗机构主张借助合法的人工辅助生殖技术生育子女亦断然被拒绝，这凸显了立法与法律实施的矛盾与冲突，也更加明确表明特定主体生育权的实现不纯粹是一个私法问题。

---

① 详见2022年5月27日生命伦理法前沿微信公众号发布的会议预告：《“单身女性生育权：争议与进展”研讨会》及5月29日发布的会议实录。

② 《吉林省人口与计划生育条例》（2022年9月27日公布）第三十条第二款规定：“达到法定婚龄决定不再结婚并无子女的妇女，可以采取合法的医疗辅助生殖技术生育一个子女。”

因此，特定主体的生育权实现应当从多方面出发，从源头对有关禁止性的规定进行修改，明确将丧偶妇女或者符合公序良俗的其他主体排除在禁止性规定外，有利于实现特定主体生育权的保护；未来，譬如前文提到的单身女性的生育权的实现，需要在解决伦理与道德的冲突之后，通过国家层面的立法及政策去肯定，否则生育权的实现势必一直处于“进行时”，而不是“完成时”。

（二）特殊合同继续履行的考量因素

特殊合同并不是一个学术概念，也不是一个法律概念，有名合同、无名合同中均存在各类特殊合同。但就合同能否继续履行应当考量该类合同的特性，不应当片面、狭隘地理解适用。其一，合同订立之特殊性，如合同订立之主体、目的与继续履行之间是否具有一致性；其二，合同履行之特殊性，合同履行出现了新情况，是否完成了合同履行的必备阶段及继续履行与原履行是否相违背、相冲突；其三，是否符合民事法律行为履行的法律规定，如法律行政法规的禁止性规定、意思表示等方面。正如本案，人工辅助生殖技术医疗服务合同的履行需要充分考虑订立合同主体的特殊性、合同履行的特殊性，以及原告要求继续履行是否符合继续履行的要件，综合判断是否支持原告提起的继续履行合同之诉。

索某某诉徐某产品销售者责任纠纷案

——社区团购团长承担销售者责任的认定

◇编写人：江苏省南京市中级人民法院　洪　霞　周温涛

【获奖评语】

面对网络世界日新月异的新业态，面对千奇百怪的新矛盾，司法要看透本质保持定力，既要有互联网思维看到其新特点，又要不拘泥于互联网思维回得到线下世界，回到“利益”这一社会活动的本质。本案例对于社区团购中团长法律责任的分析说理，让人眼前一亮。整个案例分析思路清晰、结构合理、语言文字平实，弘扬了健康的社区团购价值观，即明确有利益就有责任，鼓励无利型社区互助。本案判决对争议问题分析简明扼要，判决结果符合人们的普遍预期；本案例的分析展开深入浅出，展现了判案法官厚实的法学理论功底和文书驾驭技巧，对社区团购的运营模式及团长类型、销售者的法律特征、团购团长承担销售者责任的审查路径等分析说理接地气，无缥缈朦胧之感。网络不是虚拟而是现实，面对虚拟互联网世界的矛盾纠纷，如何入“实”去“虚”，是本案例留给我们的思考和启示。

【关键词】

产品责任　销售者责任　社区团购　帮卖团长

【裁判要旨】

社区微信群团购的帮卖团长以推广商品链接方式赚取佣金，具有销售行为长期性、销售货源不固定性、直接向群成员销售、以营利为目的等特点。在帮卖团长不能证明其已经通过足以使消费者辨别的方式标明其并非销售者并标明实际销售者时，消费者主张帮卖团长承担销售者责任的，人民法院应予支持。

【相关法条】

《消费者权益保护法》（2013 年 10 月 25 日修正）

第三条　经营者为消费者提供其生产、销售的商品或者提供服务，应当遵守本法；本法未作规定的，应当遵守其他有关法律、法规。

第五十五条第一款　经营者提供商品或者服务有欺诈行为的，应当按照消费者的要求增加赔偿其受到的损失，增加赔偿的金额为消费者购买商品的价款或者接受服务的费用的三倍；增加赔偿的金额不足五百元的，为五百元。法律另有规定的，依照其规定。

《电子商务法》（2018 年 8 月 31 日公布）

第九条　本法所称电子商务经营者，是指通过互联网等信息网络从事销售商品或者提供服务的经营活动的自然人、法人和非法人组织，包括电子商务平台经营者、平台内经营者以及通过自建网站、其他网络服务销售商品或者提供服务的电子商务经营者。

本法所称电子商务平台经营者，是指在电子商务中为交易双方或者多方提供网络经营场所、交易撮合、信息发布等服务，供交易双方或者多方独立开展交易活动的法人或者非法人组织。

本法所称平台内经营者，是指通过电子商务平台销售商品或者提供服务的电子商务经营者。

【案件索引】

一审：江苏省南京市建邺区人民法院（2020）苏 0105 民初 7375 号（2021 年 4 月 14 日）

二审：江苏省南京市中级人民法院（2021）苏 01 民终 8133 号（2021 年 10 月 27 日）

【基本案情】

原告索某某诉称：2020 年 6 月 29 日，其在团购团长徐某处购买了无印良品床上四件套，价格为 169 元。购买前，徐某承诺案涉商品是正品，因新冠疫情无法出口，优惠出卖。收货后，其到无印良品门店扫码验证，店员扫不出此商品。于是索某某要求退货，徐某将其踢出微信群。随后索某某到市场监管局查询商品真假，再次确认案涉商品是假货。在索某某投诉的两个月时间里，徐某一直未提供商品的质检证明，且仍在销售其他假货，涉及多个品牌，现徐某已经将相关链接删除。索某某请求法院判令：（1）被告徐某退一赔三，即退还 169 元，赔偿 507 元；（2）被告徐某承担本案诉讼费。

被告徐某辩称：（1）其不是案涉商品的销售者，并非本案适格被告。本案所涉群接龙微信小程序系新型线上销售商品平台。平台用户可以参与帮卖成为商品的销售推广团长，商品推广信息系小程序自动生成。每增加一位通过团长的推广链接成功购买商品的消费者，团长可以取得相应佣金。

帮卖商品的价款接收、发货、售后均与团长无关。其向索某某退款以及参与市场监管局的调解活动系经发布邀请推广商品信息者同意后，为缓解矛盾、及时息事宁人所为，不能证明其销售者地位。其成为帮卖团长后，全程与货款、商品无接触，仅在促成订单后获得佣金。（2）索某某并非因为生活消费购入案涉商品，而是为了污蔑徐某信誉，逼迫徐某退出竞争关系而进行的购买，不属于《消费者权益保护法》所保护的“消费者”。（3）索某某购买时明知案涉商品并非官方出售商品，徐某不存在欺诈行为，不应当承担三倍赔偿责任。案涉商品详情信息页明确标注该商品为“代工厂长期直供出口日本”产品。徐某在索某某购买前询问是否为正品时明确答复为“代工产品”。结合案涉商品价格明显低于国内无印良品商店所售价格，索某某在购买时应当已明确知晓案涉商品与国内官方商品销售商品并不相同。（4）案涉商品并未以无印良品正品名义进行销售，一直宣传的都是代工产品。案涉商品不属于假冒商品，索某某也未举证证明案涉商品属于假冒商品。

法院经审理查明：2020 年 6 月 29 日，索某某在社区团购微信群中向徐某购买了无印良品床上四件套，并通过微信转账方式向徐某指定的账户转款 169 元。到货后，索某某发现案涉商品并非无印良品的产品，并向徐某指出。徐某表示可以退货，并于 2020 年 7 月 8 日向索某某微信转款 169 元，索某某未接收退款。2020 年 9 月 9 日，索某某向江苏省南京市建邺区市场监督管理局沙洲分局投诉，要求退货并提出退一赔三的要求。江苏省南京市建邺区市场监督管理局沙洲分局组织双方调解，徐某同意退货，但不接受索某某退一赔三的方案，导致调解不成。

法院另查明：本案交易发生在群接龙微信小程序，该平台的开发者为广西尚食科技有限公司。案涉商品系徐某购买使用过后认为物超所值而从“TX”商家处申请的帮卖，售价为 169 元一套，每卖出一套，其可获得佣金 30 元，双方之间无电子协议。商品帮卖链接会自行产生宣传文字、图片，可以进行修改、删减，案涉商品是直接以“TX”商家的图片和文字进行推广宣传的。在“朗诗~宋都 商家业主群”中，徐某曾明确表述“四件套是代工的”“这个是国内正品授权”，群接龙小程序也标明“MUJI 无印良品全棉色织水洗棉四件套……爆款来袭原代工厂长期直供出口日本因疫情滞留，现抄底价……”等推荐语。

【裁判结果】

江苏省南京市建邺区人民法院于 2021 年 4 月 14 日作出（2020）苏 0105 民初 7375 号民事判决：徐某于判决生效之日起十日内退还索某某货款 169 元，并支付三倍赔偿款 507 元；索某某同时将货品退还徐某。宣判后，徐某提出上诉。江苏省南京市中级人民法院于 2021 年 10 月 27 日作出（2021）苏 01 民终 8133 号民事判决：驳回上诉，维持原判。

【裁判理由】

法院生效裁判认为：关于徐某是否为案涉商品销售者的问题，《消费者权益保护法》第三条规定：“经营者为消费者提供其生产、销售的商品或者提供服务，应当遵守本法……”《电子商务法》第九条规定：“本法所称电子商务经营者，是指通过互联网等信息网络从事销售商品或者提供服务的经营活动的自然人、法人和非法人组织……”本案所涉群接龙微信小程序中的帮卖作为一种新兴的线上销售模式，其本质仍是以营利为目的利用信息网络进行商品交易，消费者与销售者之间成立网络购物合同关系。徐某作为案涉商品的帮卖团长，通过编辑、转发商品具体信息、图片至微信群的方式推广商品，并以营利为目的持续性对外销售商品，属于上述法律规定的销售者。索某某直接向徐某购买案涉商品，徐某是否直接接触货款、商品不影响其销售者身份的认定。因此，徐某是案涉商品的销售者，应当承担相应的法律责任。

关于是否存在欺诈行为以及应否承担三倍赔偿责任，应当综合考量案涉商品品牌、材质、性能等是否与宣传内容相符，销售者是否存在主观故意，以及是否导致消费者陷于错误认识而作出购买决定等因素。本案中，徐某在销售案涉商品时，以"MUJI 无印良品全棉色织水洗棉四件套"进行宣传推广，并声称系"国内正品授权"。在推广信息中使用"因疫情滞留""抄底价""活动开团价"等表述，容易使消费者误认为能够以较低的价格购买到因新冠疫情而未能正常交付的"无印良品"正品。在索某某购买案涉商品询问是否为正品时，徐某虽答复称是"代工产品"，并截图百度百科"代工现象"解释代工的含义，但并未进行正面答复，而且实际交付消费者的案涉商品亦挂有"无印良品"标牌。综合上述交易过程，法院认定徐某构成消费欺诈，应当承担三倍赔偿责任。徐某主张索某某系有预谋地恶意竞争而购买案涉商品，目的是污蔑其信誉，逼迫其退出朗诗小区群接龙活动，但未提供证据予以证明，法院不予采信。

【案例注解】

受新冠疫情影响，以往随需任购的供应模式出现梗阻缓滞的状态，而更具效率的"集采集供"式社区团购迎来了爆发式增长。社区团购是以社区社群关系为核心，以数据和技术为驱动，深度融合商品生产、流通与销售的零售新模式。[①] 本案所涉团购模式是群成员通过群接龙微信小程序进入帮卖团长分享的商品链接下单，商家根据团长的订单信息直接向个人进行供货和配送。社区团购打破传统销售模式时空壁垒的同时，也模糊了销售过程中各主体间的既有界限。当消费者（团员）权益受到侵害时，团购团长的法律身份如何认定及其是否应承担销售者责任，成为司法实践中亟待解决的问题。

① 参见段蔚：《互联网背景下社区团购的经济法规制》，载《法商研究》2022 年第 2 期。

一、社区团购的运营模式及团长类型

(一)社区团购的运营模式

社区团购以团购团长连接供给侧与需求侧，以高频刚需的生鲜食品和日用品作为主打商品，通过预售、集采、自提构建了一条高效的商品流通渠道。[①] 团购团长发布商品信息，消费者（团员）通过微信群、小程序、App 或者其他链接下单，团长依据平台系统的订单以销定采，向供应商下单，供应商将商品配送至团长处由团员自提，或者直接配送至团员个人（见图 1）。

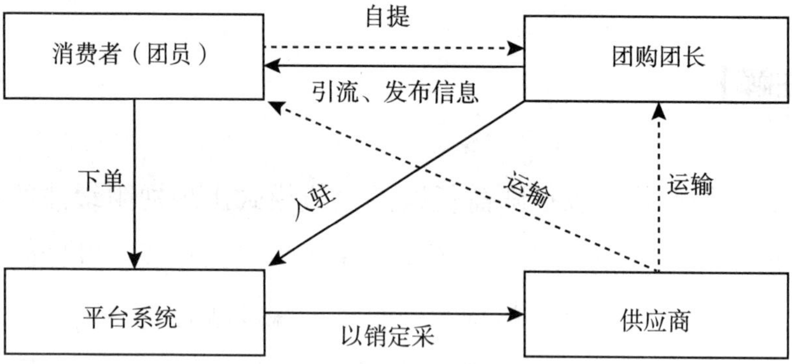

图 1　社区团购的运营模式

(二)团购团长的类型划分

团购团长作为社区团购供销链条上的中间人，对于促成消费者与团购平台或平台内经营者的交易关系具有重要作用。一方面，团长将经过编辑的商品图片、文字等信息或链接发布在微信群开团，其间可能存在自身对商品的荐证性描述；另一方面，在必要的情况下，团长需要承担商品的接

① 参见张侠丹：《社区团购业务模式探究》，载《新经济》2021 年第 11 期。

收、保管甚至配送的责任。依据团购团长是否获利，团购团长可以分为以下两类。

一是好意施惠型团长。该类团长通常是将电商平台的商品信息直接转发至社区团购微信群中并发起拼团，对于相关商品有购买意愿的群成员在接龙中下单后自动成团，商品运费由团员平摊，团购团长不赚取任何费用。团长的货源信息来自供应商的对外广告，其主要的行为是向团员告知商品或物流信息、代表团员与供应商沟通等。该类团长系为采购自身生活必需品而牵头开团，其开团行为系基于良好的道德风尚实施的、使参与团购的消费者受益的行为，[①] 目的并非营利，而是服务社群的无偿奉献行为，其本质上属于志愿者。

二是有偿帮卖型团长。该类团长通过编辑、转发商品信息至社区团购群，积极向群成员荐购相关商品并发起拼团，群成员通过拼团程序下单并将货款支付给团长或指定账户，团长将商品信息汇总后发送给供应商，供应商将商品配送至团长的自提点或者直接向个人发货。该类团长从供应商处收取佣金以获得利益，因此负有更高的注意义务。该类团长分为两种：一是其本身就是商超业主或者商品供应链的经营者；二是依靠社区团购获利的帮卖者，即本案所涉情形。[②]

二、销售者的法律特征

所谓销售者，即从事销售行为的主体。销售行为是直接或者间接沟通生产者与消费者从而获取利益的媒介行为，从这一角度而言，只要客观上存在产品交付和对价支付，就可以认定一方主体为销售者。现行立法中未见“销售者”的明确定义，取而代之的是“经营者”的概念。《消费者权益保护法》中规定“经营者为消费者提供其生产、销售的商品或者提供服务”，可见经营者包括了生产者、销售者以及服务提供者等；《电子商务

① 参见杨扬、宋春明：《社区团购中团长与团员民事法律关系研究》，载微信公众号“民商法评论”，2022年4月21日上传。

② 参见刘安：《“团长”不可不知的团购法律问题》，载微信公众号“上海律协”，2022年4月19日上传。

法》将提供商品或服务的渠道限定为信息网络，其将电子商务经营者界定为“通过互联网等信息网络从事销售商品或者提供服务的经营活动的自然人、法人和非法人组织”。由此，销售者作为经营者的下位概念，同时又区别于生产者和服务提供者，强调的是在具体产销过程中的销售行为，至少具备以下三个法律特征。

一是主体不特定，包括自然人、法人和非法人组织，但不以持有营业执照或资质文件为必要。营业执照或者资质文件作为行政确认，仅是对经营权是否合法取得的认可，但无法限制销售者的行为能力，亦不影响合同的效力。只要存在事实销售行为，无论是否合规，均应认可其销售者身份。至于无照经营，则应从公法上给予否定评价。

二是主观上以营利为目的。营利并非盈利，不要求在经营结果上有盈余，也不要求从商品或服务本身获利，只要其目的是追求利益，无论是否最终盈利，均属于以营利为目的。至于交易是否有偿，系消费行为层面的问题，而非销售者认定层面的问题。即便是无偿交易，最终也可能是以营利为目的，如商品试吃。

三是客观上直接向消费者提供商品或服务。销售行为具备专业性、经常性和必要性等特点，强调的是对交易关系的控制力，而不要求销售者直接接触具体的商品、货款等。在社区新零售业态下，各主体的既有边界模糊，是否负责商品发货、货款接受或售后等，并不妨碍销售者身份的认定。

三、团购团长承担销售者责任的审查路径

在认定团购团长是否承担销售者责任时，应综合考虑其身份、职能、目的、行为等因素。[①] 同时，还要审查团购团长与供应商的合作模式或者相关约定、交易外观及交易过程、消费者的认知水平等可能影响责任认定的其他因素。

---

① 参见孙伯龙：《社区团购的经济法规制迷思》，载《检察风云》2022 年第 13 期。

(一) 好意施惠型团长：不承担销售者责任

好意施惠型团长无意与团员之间设定法律上的权利义务关系，其发起团购本质上属于情谊行为，对于消费者并不承担法定或者约定的义务，[①]因此不承担销售者责任。但是，不承担销售者责任并不等同于不承担责任。好意施惠型团长在团购过程中应尽到一般理性人的注意义务。若团购商品存在质量问题，团长在没有故意或者重大过失的情形下，无须承担损害赔偿责任，否则应承担相应的法律责任。

一是拼团未成功时，若团员提前向团长支付了货款，则团长应退还该款项，否则团员可基于不当得利请求权主张团长返还。

二是商品存在问题时，团员应直接向生产者或销售者主张其消费者权利，团长在必要时具有配合义务。若商品问题系因团长故意或重大过失导致，例如，商品订购错误、因长时间未通知取货或商品保存不当导致出现质量问题等，则团长应承担相应的赔偿责任。

三是对于团员在团购活动中提供的个人信息，团长应当予以保密，不得泄露或者向他人非法提供，否则应承担相应的法律责任。

(二) 有偿帮卖型团长：区分情形的责任承担

对于本身就是商超业主或者商品供应链经营者的有偿帮卖型团长，社区团购作为其销售商品的渠道，只是在展示和销售商品的方式上发生变化，其与团员直接构成买卖关系，与普通销售者并无不同，其承担销售者责任没有争议，本文不作讨论。

对于仅是以此获取佣金的有偿帮卖型团长，存在两种观点：一种观点认为，消费者通常是基于对帮卖团长的信任而拼团下单其荐购的商品，难以辨别实际的销售者，帮卖团长收取佣金的行为可以认定与供应商构成共同经营，应当承担销售者责任。另一种观点则认为，商品的付款、发货、

① 参见林操场：《施惠人非因故意或重大过失无需对好意施惠过程中发生的损害承担赔偿责任》，载《人民司法·案例》2016 年第 35 期。

退换等均发生在消费者与供应商之间，帮卖团长仅是提供荐购服务，并未实质参与经营，不宜承担销售者责任。笔者认为，帮卖团长主观上有营利目的，客观上直接向消费者提供商品，参照《最高人民法院关于审理网络消费纠纷案件适用法律若干问题的规定（一）》关于网络直播间运营者民事责任的规定，[①] 在其发起拼团时，未能通过足以使团员辨别的方式标明其并非销售者并标明实际销售者时，帮卖团长应当承担销售者责任。基于消费者对于交易商品信息的不对称地位，在消费者提供初步证据证明商品存在问题并请求帮卖团长承担销售者责任时，帮卖团长应提供证据证明其并非销售者且已经履行标明义务。

对于能够举证证明已经尽到标明义务的帮卖团长，区分下单方式，法院应作如下审查。

1. 以团员名义下单

从交易外观看，帮卖团长并未介入买卖关系之中，仅是向潜在消费者报告订立团购买卖合同的机会并在平台系统中统计订单，实际成立买卖关系的是团员与供应商。此时，应对团长在交易中的身份、作用作进一步审查。(1) 团长与供应商系合作经营关系，应共同承担销售者责任。如果团长为逃避责任而在拼团时虚假标明销售者，或者虽然标明其并非销售者，但实际上与供应商签订了经销协议或者合作经营协议，或者其与供应商已经形成事实上的共同经营关系，应承担销售者责任，并可能承担虚假陈述的法律责任。(2) 团长与供应商无合作经营关系，仅是在社区团购群发布广告或链接推荐介绍商品，并未实质性介入买卖关系中，参照适用中介关系的法律规定，不承担销售者责任。但是，若团购团长故意隐瞒与订立合同有关的重要事实或者提供虚假情况，损害团员利益的，其应当承担赔偿责任，并可能被认定为销售者而需要承担惩罚性赔偿责任。(3) 团长系供应商的聘用人员，其推销商品系职务行为，在无故意或重大过失的情况下不承担赔偿责任，由供应商承担销售者责任。

---

① 参见郑学林、刘敏、高燕竹：《〈最高人民法院关于审理网络消费纠纷案件适用法律若干问题的规定（一）〉的理解与适用》，载《中国应用法学》2022 年第 3 期。

2. 以自己名义下单

若团购团长在拼团成功后以自己名义向供应商下单，则其参与了交易的过程，此时应对交易过程作实质性审查，即审查团长与团员间是否存在代收款项、退换货等实质交易行为。(1) 如果团长持续性对外销售货源不固定的商品，自行收款、提供退换货等售后服务，则应认定其实质参与了交易过程。此时，团长相当于各家供应商的下级销售商，应承担销售者责任。(2) 如果团长以自己名义下单仅是为了方便商品代收，并无实质交易行为，则可参照适用有偿委托关系的法律规定，承担受托人责任。团长除了妥善办理各项团购事务、如实报告团购进展及结果、及时交付团购商品外，还应负有专业的勤勉与注意义务。若在团购过程中存在过失行为，导致拼团失败或者出现商品问题，团长应承担相应的赔偿责任；若其与供应商恶意串通损害团员利益，应承担连带责任，亦可能被认定为销售者而承担相应的惩罚性赔偿责任。

具体到本案，徐某作为帮卖团长，以推广商品链接方式赚取佣金，具有销售行为长期性、销售货源不固定性、直接面向群成员销售、以营利为目的等特点，符合销售者的法律特征。同时，徐某在微信群中直接发布商品链接让群成员接龙购买和负责协调售后服务，虽然其主张仅是参与帮卖的销售推广者而不是销售者，但其并未向索某某明示，索某某足以认为其交易的对象就是徐某。在徐某不能证明其已经通过足以使消费者辨别的方式标明其并非销售者的情况下，索某某主张徐某承担销售者责任的，应予支持。徐某作为销售者，在向团员推销商品时，应当真实全面地提供有关商品的品牌、质量等信息，不得作虚假或者引人误解的宣传。现索某某基于徐某的虚假宣传陷于错误认识并作出购买决定，徐某构成消费欺诈，应当承担三倍价款的惩罚性赔偿责任。

江苏省宿迁市人民检察院诉宿迁市众享酒店管理有限公司未成年人保护民事公益诉讼案

——向不特定未成年人提供互联网上网服务行为的司法认定

◇编写人：江苏省宿迁市中级人民法院　赵迎娣

【获奖评语】

本案系未成年人保护民事公益诉讼案件，涉及的主要法律问题是：面向未成年人开放的电竞酒店是否属于互联网上网服务营业场所。本案判决提炼出互联网上网服务营业场所的“三要素”，进而运用文义解释、体系解释、目的解释等多种法律解释方法论证电竞酒店符合前述“三要素”，属于互联网上网服务营业场所范畴。本案判决还紧扣电竞酒店面向不特定的未成年人提供互联网上网服务的特征，进行细致分析后认定案涉酒店所侵害的权益具有社会公共利益的性质，详细论证了本案提起检察民事公益诉讼的必要性与合理性。更可贵的是，本案判决还明确表示并非所有损害社会公共利益的民事行为都可以提起检察民事公益诉讼，而是要从被侵害的社会公共利益的性质、程度、修复成本等因素考量是否可以提起检察民事公益诉讼，为检察公益诉讼的范围划定提供了参考。

本案判决及案例分析格式规范，层次分明，事实叙写明确具体，焦点揭示简明准确，理由阐释翔实有力，法律适用正确，论证深入，逻辑周延，说理充分，为同类型案件的裁判提供了新思路、新方法，对统一法律适用具有较高的参考价值。未成年人健康成长关系家庭幸福安宁、社会和谐稳定、国家发展进步和民族伟大复兴。本案价值导向正确，有利于引导形成家庭保护、学校保护、社会保护、网络保护、政府保护、司法保护“六位一体”的未成年人保护工作格局，切实保护未成年人的合法权益。该案判决得到社会广泛关注，社会反响好。

【关键词】

检察民事公益诉讼　未成年人保护　互联网上网服务营业场所　公共利益

【裁判要旨】

网吧、电竞酒店等互联网上网服务营业场所的经营者，在经营活动中应当充分考虑未成年人利益，不得向未成年人提供互联网上网服务。经营者向不特定未成年人提供互联网上网服务，违反了《未成年人保护法》的规定，侵犯了不特定未成年人健康权、发展权和受教育权等合法权益，也损害了社会公共利益。检察机关依法提起公益诉讼，请求经营者承担停止侵害、赔礼道歉等民事责任，人民法院应予支持。

【相关法条】

《未成年人保护法》（2020 年 10 月 17 日修订）

第三条　国家保障未成年人的生存权、发展权、受保护权、参与权等权利。

第四条　保护未成年人，应当坚持最有利于未成年人的原则。处理涉及未成年人事项，应当符合下列要求：

（一）给予未成年人特殊、优先保护；

（二）尊重未成年人人格尊严；

（三）保护未成年人隐私权和个人信息；

（四）适应未成年人身心健康发展的规律和特点；

（五）听取未成年人的意见；

（六）保护与教育相结合。

第五十八条　学校、幼儿园周边不得设置营业性娱乐场所、酒吧、互联网上网服务营业场所等不适宜未成年人活动的场所。营业性歌舞娱乐场所、酒吧、互联网上网服务营业场所等不适宜未成年人活动场所的经营者，不得允许未成年人进入；游艺娱乐场所设置的电子游戏设备，除国家法定节假日外，不得向未成年人提供。经营者应当在显著位置设置未成年人禁入、限入标志；对难以判明是否是未成年人的，应当要求其出示身份证件。

第一百零六条　未成年人合法权益受到侵犯，相关组织和个人未代为提起诉讼的，人民检察院可以督促、支持其提起诉讼；涉及公共利益的，人民检察院有权提起公益诉讼。

《民法典》（2020 年 5 月 28 日公布）

第一千条　行为人因侵害人格权承担消除影响、恢复名誉、赔礼道歉等民事责任的，应当与行为的具体方式和造成的影响范围相当。

行为人拒不承担前款规定的民事责任的，人民法院可以采取在报刊、网络等媒体上发布公告或者公布生效裁判文书等方式执行，产生的费用由行为人负担。

第一千零四条　自然人享有健康权。自然人的身心健康受法律保护。任何组织或者个人不得侵害他人的健康权。

《互联网上网服务营业场所管理条例》（2022 年 3 月 29 日修订）

第二条　本条例所称互联网上网服务营业场所，是指通过计算机等装置向公众提供互联网上网服务的网吧、电脑休闲室等营业性场所。

学校、图书馆等单位内部附设的为特定对象获取资料、信息提供上网服务的场所，应当遵守有关法律、法规，不适用本条例。

【案件索引】

一审：江苏省宿迁市中级人民法院（2022）苏 13 民初 342 号（2022 年 5 月 22 日）

【基本案情】

公益诉讼起诉人江苏省宿迁市人民检察院诉称：自 2021 年 3 月 27 日起，被告宿迁市众享酒店管理有限公司（以下简称众享酒店）在未取得互联网上网服务经营许可的情况下，在其经营的“乐享电竞主题酒店”内接待未成年人并提供互联网上网服务；截至 2021 年 6 月 24 日，该酒店住宿登记系统可查的未成年人入住记录多达 387 人次。同时被告众享酒店为躲避检查，采取未成年人入住不予登记等手段违规接待未成年人入住。被告众享酒店的行为损害了不特定多数未成年人的健康权，也给不特定未成年人的学业、社交等权益造成了较大影响，侵害了众多未成年人的身心健康，与最有利于未成年人的精神相悖，侵害了社会公共利益。

江苏省宿迁市人民检察院诉请：（1）判令被告众享酒店禁止向未成年人提供互联网上网服务；（2）判令被告众享酒店在国家级媒体上公开赔礼道歉。

被告众享酒店辩称：江苏省宿迁市人民检察院不具备诉讼主体资格，众享酒店的行为并未侵害社会公共利益，目前众享酒店在逐步完善中，且已加强管理，请求驳回公益诉讼起诉人的起诉。

法院经审理查明：众享酒店于2020年9月7日经江苏省宿迁市宿城区市场监督管理局核准注册登记为有限责任公司，法定代表人张某。经营范围为：住宿服务、餐饮服务和日用百货销售。2021年3月27日，众享酒店开始从事“乐享电竞主题酒店”经营，接待未成年人入住。众享酒店共有20个房间，全部设置为电竞房间。每个房间均配备2台至5台电脑，电竞设备无缝衔接互联网。电脑提供互联网上网服务（主要为电竞游戏服务），电脑的软硬件配置、功能与网吧基本相同。根据房间电脑等设施配备不同，分别收取数十元至数百元不等的费用。截至2021年6月24日，该酒店住宿系统显示未成年人入住记录387人次。

2021年4月23日，众享酒店因接待王某某、邓某某住宿不登记，被宿迁市公安局宿城分局作出罚款2000元的行政处罚。2021年5月20日，众享酒店因接待未满16周岁未成年人苏某某住宿，被江苏省宿迁市公安局宿城分局作出罚款3000元的行政处罚。2022年3月4日，江苏省宿迁市公安局宿城分局富康路派出所、江苏省宿迁市人民检察院联合对众享酒店进行检查，发现该酒店存在接待未成年人住宿情况。

【裁判结果】

江苏省宿迁市中级人民法院于2022年5月22日作出（2022）苏13民初342号民事判决：（1）众享酒店立即停止向未成年人提供互联网上网服务；（2）众享酒店于判决生效之日起十日内在国家级公开媒体向社会公众书面赔礼道歉。案件受理费80元，由被告众享酒店负担。

判决后，双方当事人均未提出上诉，本案判决已发生法律效力。

【裁判理由】

法院生效判决认为：众享酒店兼具提供互联网上网服务和住宿餐饮服务的功能，实质上以提供互联网上网服务作为主营业务和主要招揽手段，其性质属于互联网上网服务营业场所。根据《未成年人保护法》的规定，互联网上网服务场所的经营者不得允许未成年人进入场所消费，并有义务核实消费者是否为未成年人。众享酒店没有履行相应的身份核实义务，为未成年人提供互联网上网服务，违反了法律规定。互联网基于其特点，具有较强的吸引力，尤其是对于未成年人。而久坐、通宵上网必然会损害未成年人的身心健康。众享酒店为未成年人提供互联网上网服务的行为侵害了未成年人健康权、发展权和受教育权等合法权益。众享酒店作为经营场所，向社会公众开放，其在经营过程中，面向的是不特定的消费者，包括大量的不特定的未成年人都可能成为其潜在的客户和消费者，其经营行为还涉及不特定的群体和众多的家庭，众多未成年人、群体和家庭的合法权益存在被侵害的风险，其侵害的权益具有社会公共利益的性质。未成年人的发展与民族和国家命运紧密关联，未成年人的未来决定国家和民族的未来，未成年人的健康成长是至关重要的国家利益和社会公共利益。众享酒店向未成年人提供互联网上网服务的行为侵害了未成年人合法权益，损害了未成年人的健康成长，即损害了国家和社会公共利益。众享酒店应承担停止侵害并向社会公众赔礼道歉的民事责任。

【案例注解】

未成年人保护日益成为社会关注的重点，2020年修订的《未成年人保护法》扩大了未成年人利益保护的覆盖面，对未成年人的保护力度显著增强。《未成年人保护法》明确了未成年人合法权益受到侵犯且涉及公共利益情况下的公益诉讼保护机制，未成年人保护成为公益诉讼的重要领域。

本案系全国首例电竞酒店向未成年人提供互联网上网服务民事公益诉讼案，对于电竞酒店性质的认定具有开创意义，大幅拓展了未成年人公益诉讼案件司法保护的空间，对未成年人保护司法实践和立法完善提供了有价值的参考。

一、检察机关提起本案公益诉讼符合法律规定

（一）检察机关提起本案公益诉讼符合程序要求

《民事诉讼法》第五十八条确立了民事公益诉讼制度，明确了检察机关在民事公益诉讼中的诉讼主体地位。《未成年人保护法》第一百零六条确立了未成年人保护民事公益诉讼制度，明确了检察机关在未成年人保护民事公益诉讼中的诉讼主体地位。对于侵害未成年人合法权益并损害社会公共利益的行为，检察机关依法提起公益诉讼，能够有效制止侵害行为，防止损害后果的扩大，维护未成年人群体的合法权益，提升未成年人权益保护的及时性、有效性和权威性。

《未成年人保护法》规定，未成年人保护民事公益诉讼针对的行为是侵犯未成年合法权益且涉及公共利益的行为。从覆盖面角度而言，该行为的对象应当是不特定多数的未成年人。检察机关在办理涉未成年人犯罪案件中发现，众享酒店提供的互联网上网服务经营行为面向不特定的人，且主要对象是未成年人，经立案调查和公告程序后，就众享酒店的行为提起公益诉讼，在诉讼主体、诉讼程序方面符合有关法律、法规的程序要求，符合公益诉讼的起诉条件。

（二）检察机关提起本案民事公益诉讼具有必要性

作为公益诉讼，其核心是公共利益受到了损害，请求司法救济。公共利益是由不特定多数主体享有，具有基本性、整体性和重大性的基本利

益。[①] 现代社会中，以国家、社会和个人为主体的三元利益格局逐渐确立起来，公共利益就是基于上述分类衍生的概念。[②] 而公共利益在不同的领域有不同的认定标准和范围。因此，并非所有损害公共利益的民事行为，检察机关都可提起民事公益诉讼，而是要从被侵害的公共利益的性质、程度、修复成本等因素予以综合考量。检察机关提起民事公益诉讼需要具有必要性与合理性。

本案作为民事公益诉讼，其目的在于维护不特定未成年人合法利益进而维护公共利益。本案侵害的对象是未成年人，关乎千家万户，而未成年人是国家与民族的未来，也是父母、家庭的未来与希望。对不特定未成年人权益的侵害，不但违法，也有违公序良俗。众享酒店是以放任甚至引诱未成年人上网玩游戏方式侵害未成年人健康权、发展权等权利，其危害程度具有严重性、广泛性、不可控性和不可预测性，如对该类行为不加以规制，危害将愈加扩大。此外，由于相关法律、法规对此类酒店性质无明确界定，对相关执法监督造成一定困难与困扰，由检察机关提起民事公益诉讼，由司法判决予以明确，亦有其必要性。

二、电竞酒店的性质认定

电竞酒店，是一种随着经济和社会发展而出现的新型业态，是一种依托于电竞游戏的新型酒店，不仅为消费者提供网吧等同配置的电竞游戏，也提供住宿服务。[③] 但电竞酒店到底属于住宿场所还是互联网上网服务营业场所，法律上没有明确的规定，社会上争论也较多。如果将电竞酒店仅认定为住宿场所，根据法律规定，经营者在履行查验、报告等义务后，可以允许未成年人进入。如果将电竞酒店认定为互联网上网服务营业场所，则必须取得互联网文化经营许可证，并且严禁未成年人入住。[④]

---

① 参见付勋：《检察公益诉讼三个环节标准探究》，载《检察日报》2021 年 3 月 25 日。

② 参见苗生明：《新时代检察权的定位、特征与发展趋向》，载《中国法学》2019 年第 6 期。

③ 参见李首阳：《电竞酒店纳入互联网上网服务场所管理的可行性研究》，载微信公众号“网舆勘策院”，2020 年 5 月 9 日上传。

④ 参见李潇潇：《“网吧”还是“旅馆”，尽快对电竞旅馆法律定性》，载《新京报》2022 年 1 月 4 日。

国务院颁布的《互联网上网服务营业场所管理条例》（以下简称《条例》）和文化和旅游部发布的《文化和旅游部关于进一步优化营商环境推动互联网上网服务行业规范发展的通知》（以下简称《通知》），是对互联网上网服务营业活动进行规制的主要依据。《条例》第二条规定："本条例所称互联网上网服务营业场所，是指通过计算机等装置向公众提供互联网上网服务的网吧、电脑休闲室等营业性场所。学校、图书馆等单位内部附设的为特定对象获取资料、信息提供上网服务的场所，应当遵循有关法律、法规，不适用本条例。"《通知》规定："……以提供互联网上网服务为主营业务或主要招揽手段的综合性上网服务场所，应当依照《互联网上网服务营业场所管理条例》申请取得《网络文化经营许可证》，实施经营管理技术措施和未成年人保护措施……"判断电竞酒店是否属于互联网上网服务营业场所，就要从上述法规、规章关于互联网上网服务营业场所的规定出发。

首先，从文义解释的角度看，以营利为目的，通过计算机等上网专用工具、设备向社会公众提供互联网上网服务的场所，即属于互联网上网服务营业场所。也就是互联网上网服务营业场所应具备三个要素：社会公众、以营利为目的和上网服务活动的场所。社会公众，也就是不特定的公众，是指服务的提供对象是不特定的，所有人都可以成为服务对象。以营利为目的，即该场所的主要收入来自提供上网服务，提供上网服务获得收益目的是利润的分配。上网服务活动的场所，就是经营者提供的服务内容是接入网络的服务，而且经营者经营的内容主要就是提供上网服务。电竞酒店通常以高端配置电脑、畅游网络游戏为宣传要点，住宿多以高低床配置，虽按房间收取住宿费用，但实际以网络服务为主要营利手段，上网费隐含在住宿费中，且消费者为不特定的人群，具有向社会公众普遍开放的特点，符合互联网上网服务营业场所的特征。

其次，从体系解释的角度看，具备《条例》第二条第二款规定的要素的，不属于互联网上网服务营业场所。一是这些主体适用于学校、图书馆等非营利性的机构，二是仅为单位内部附设，三是面向特定对象，四是为了获取资料、信息提供上网服务。电竞酒店作为向不特定群体开放，提供电脑设备主要用于电竞游戏的营业性场所，显然不符合这四个要素，不应当排除在互联网上网服务营业场所范围之外。

最后，从目的解释的角度看，《条例》的出台是为了规范经营者的经营行为，维护公众和经营者的合法权益，保障互联网上网服务经营活动健康发展，促进社会主义精神文明建设。当经营者的利益和社会公众利益产生冲突时，应对二者进行价值的衡量，确定更需要保护的利益。从权利位阶理论和利益衡量的角度分析，权利之间存在着效力及价值上的强弱关系，作为法律世界的客观现象，权利位阶被认为是最高效、最便捷的冲突化解办法。① 不同权利之间形成阶梯式的排序，排序靠后权利的效力低于排位靠前的权利。当两项权利相互冲突时，应保护高位阶的权利。人格权益应当优先于财产权益受到保护。社会公众的利益包括人格权和财产权，而经营者的合法权益主要是财产权益，故从权利位阶理论分析，社会公众的利益应当优先于经营者的权益。从利益衡量的角度看，社会公众的利益是社会不特定群体的多数人的利益，而经营者的利益仅是特定群体的利益，当对两者进行衡量和取舍时，社会公众的利益优先于经营者的利益更具合理性。实践中，绝大多数的电竞酒店按照住宿场所的规定报批、经营并接受监管，这就导致大量不能进入网吧的未成年人进入电竞酒店上网玩游戏，严重侵害了未成年人的合法权益。而未成年人利益作为社会公共利益的范畴应当优先于经营者的利益。将电竞酒店认定为互联网上网服务场所，更有利于保护未成年人的合法权益，呵护未成年人的健康成长。

本案中，判断众享酒店是否属于互联网上网服务营业场所，应以是否符合上述三个实质要素作为标准。众享酒店是营利性酒店，向社会公众开放，故其符合营利性和服务对象的不特定性特征。众享酒店的名称虽然是酒店，提供互联网上网服务和住宿、餐饮服务，但其与普通的以提供住宿和餐饮服务为目的的酒店存在明显的不同。从酒店提供的配备设施、消费

① 参见张平华：《权利位阶论》，载《法律科学》2007 年第 6 期。

模式及招揽手段和收费模式等判断，众享酒店实质上以提供互联网上网服务作为主营业务和主要招揽手段，故其性质属于互联网上网服务营业场所，应当遵守《条例》的规定。

三、向未成年人提供互联网上网服务行为，侵犯未成年人合法权益，损害社会公共利益，应当承担民事责任

（一）向未成年人提供互联网上网服务侵害未成年人利益，违反《未成年人保护法》《民法典》等规定

1. 向未成年人提供互联网上网服务，违反《未成年人保护法》规定

《未成年人保护法》第五十八条规定："……营业性歌舞娱乐场所、酒吧、互联网上网服务营业场所等不适宜未成年人活动场所的经营者，不得允许未成年人进入……"众享酒店为达到营利目的，没有履行身份核实义务，为未成年人提供互联网上网服务，违反了上述法律规定。同时，为未成年人提供互联网上网服务的行为也违反了《未成年人保护法》第四条规定的"保护未成年人，应当坚持最有利于未成年人的原则"以及"给予未成年人特殊、优先保护"的规则，侵害了未成年人的发展权、受保护权等权利。

2. 向未成年人提供互联网上网服务违反《民法典》相关规定

"法律行为既具有私法自治的属性，同时兼具国家干预的属性。国家干预主要指立法者通过制定法律强行性规范的方式对民事主体的法律行为进行一定程度的限制。"[①]《民法典》规定自然人享有健康权，自然人的身心健康受法律保护。任何组织或者个人不得侵害他人的健康权。互联网基于其信息量大、内容丰富生动等特点，具有较强的吸引力，尤其对于未成年人而言。而久坐、通宵上网必然损害未成年人的身体健康。网络世界信息量大、内容复杂，有正面信息，也有负面信息，未成年人由于心智尚不

① 汪渊智：《民法总论疑难问题研究》，商务印书馆2014年版，第208页。

成熟，辨别能力和控制能力较弱，容易受不良、负面信息侵蚀，对其世界观、人生观和价值观产生负面影响，甚至误入歧途而走上违法犯罪道路。因此，向未成年人提供互联网上网服务侵害了未成年人的健康权。

（二）提供互联网上网服务行为侵害不特定未成年人利益，构成对公共利益的损害

1. 未成年人利益具有公共利益特征

未成年人利益具有公共利益属性的核心要素应在于发展利益，未成年人发展权的实现，决定了社会发展的可持续性。《未成年人保护法》第三条第一款规定："国家保障未成年人的生存权、发展权、受保护权、参与权等权利。"发展权与生存权同属基本人权，人是发展的主体，未成年人是发展权的最重要主体。《未成年人保护法》第一条也体现未成年人的发展利益是该法的立法之本。未成年人是社会代际传承中的新生一代，"代际的划分和更替是一个客观现象和自然过程，它是基于人口学的自然现象。但是当它与重大的社会历史现象相关联时，构成这一代人的共同经验和文化价值"[①]。从社会发展的可持续性角度，未成年人群体利益被赋予了公共利益的属性。

2. 涉案互联网上网服务的经营行为侵害不特定未成年人利益，损害公共利益

众享酒店向社会公众开放，其在经营过程中，面向的是不特定的消费者，包括大量的不特定的未成年人都可能成为其潜在的客户和消费者，提供互联网上网服务情形可能在任意未成年人中随时、随机出现，其侵害的未成年人对象具有不特定性。使损害后果附加于不特定未成年人，妨碍其成长与发展，损害社会发展的有序与稳定。这些未成年人又关乎家庭，涉及千家万户，故其经营行为还涉及不特定的群体和众多的家庭，众多未成年人、群体和家庭的合法权益存在被侵害的风险。

---

① 沈汝发：《我国"代际关系"研究述评》，载《青年研究》2002年第2期。

（三）涉案互联网上网服务损害公共利益，应当承担民事责任

向未成年人提供互联网上网服务的行为，本质上属于侵权行为，应当按照侵权行为的责任承担方式确定民事责任。

1. 停止侵害的责任符合公益诉讼的制度目的

公益诉讼的首要目的是防止损害的持续发生，本案作为维护公共利益而提出的民事公益诉讼案件，直接裁判效果应当是制止侵害公共利益和公共秩序的行为，防止损害的持续与反复，使损害结果和范围不再继续扩大。众享酒店的经营行为仍在持续，经营行为中损害不特定未成年权益的因素始终持续存在，应当予以制止，同时警示其他类似行业经营者，不得向未成年人提供互联网上网服务。故被告应当承担停止侵害的民事责任。

2. 众享酒店的行为损害公共利益，应当向社会公众赔礼道歉

赔礼道歉是一种用于弥补精神性伤害的责任承担方式，众享酒店的行为损害的公共利益，主要是社会公众共同享有的健康发展利益，是一种非物质型利益。未成年人的利益受损，必然造成家庭成员的精神痛苦，给所有关心未成年人成长的亲属、师长带来精神伤害。社会的合理进步是公众的共同期待，向未成年人提供互联网上网服务的行为损害社会公众对下一代健康成长、社会持续发展的合理期盼和精神寄托，因此，互联网上网服务营业场所的经营者应当向社会公众承担赔礼道歉的民事责任。

常某诉长春市创享物流有限公司等公路货物运输合同纠纷案

——层层转手有网络虚拟主体参与的运输合同的行为性质认定

◇编写人：吉林省高级人民法院　季伟明
长春铁路运输法院　梁佳驹

【获奖评语】

随着物资交流的发展，运输合同纠纷特别是货运合同纠纷越来越多。尤其是近年来，随着互联网经济的蓬勃发展，运输合同交易方式更多地由线下转移到线上，其法律关系更加复杂。某些交易主体是自然人操作下的微信、QQ 形式等虚拟主体，且层层转手业务赚取差价。运输链条中各方之间究竟是运输合同关系、委托合同关系还是中介合同关系；一旦虚拟主体消失出现欺诈情形，运输费用应由哪方承担；等等。这些均是司法实践中迫切需要解决的问题。本案中，托运人吉林省孚鸿建筑安装工程有限公司（以下简称孚鸿公司）委托微信名为“平平淡淡的人”的自然人运输货物，该人将业务转手给长春市创享物流有限公司（以下简称创享物流），创享物流又通过正规平台订单将业务转手给自然人常某，形成了层层转手链条。“平平淡淡的人”取得孚鸿公司运费后消失，常某索要运费，将孚鸿公司、创享物流诉至法院。审理中，孚鸿公司主张其与常某无合同关系，创享物流主张其仅系中介人。法院经审理，以合同相对性为基本依据，并从价值导向方面否定了创享物流关于其有权从事中介业务的主张，裁判认定创享物流与常某形成运输合同关系，应承担付款责任。审理法院厘清了各方之间的法律关系，其裁判符合风险负担和交易安全原则，有利于规范市场行为和行业秩序，彰显了正向社会价值导向和司法价值取向。

【关键词】

虚拟主体　运输合同　层层转手　合同相对性

【裁判要旨】

在货运合同中，物流企业承接托运人为网络虚拟主体的运输业务后，又将货物转手交由第三人实际承运。发生运费纠纷后，应审查转手物流企业的经营资质、经营范围、合同中的地位及作用。在合同的内容、性质不明确的情况下，宜根据合同相对性原则，认定层层转手的上一手与下一手形成独立运输合同，而非中介合同、委托合同等其他法律关系。以此体现当事人的原始真意，符合风险负担和交易安全原则，并有利于规范市场行为和行业秩序，彰显正向社会价值导向和司法价值取向。

【相关法条】

《民法典》（2020 年 5 月 28 日公布）

第八百零九条　运输合同是承运人将旅客或者货物从起运地点运输到

约定地点，旅客、托运人或者收货人支付票款或者运输费用的合同。

第八百三十六条　托运人或者收货人不支付运费、保管费或者其他费用的，承运人对相应的运输货物享有留置权，但是当事人另有约定的除外。

第九百一十九条　委托合同是委托人和受托人约定，由受托人处理委托人事务的合同。

第九百二十六条　受托人以自己的名义与第三人订立合同时，第三人不知道受托人与委托人之间的代理关系的，受托人因第三人的原因对委托人不履行义务，受托人应当向委托人披露第三人，委托人因此可以行使受托人对第三人的权利。但是，第三人与受托人订立合同时如果知道该委托人就不会订立合同的除外。

受托人因委托人的原因对第三人不履行义务，受托人应当向第三人披露委托人，第三人因此可以选择受托人或者委托人作为相对人主张其权利，但是第三人不得变更选定的相对人。

委托人行使受托人对第三人的权利的，第三人可以向委托人主张其对受托人的抗辩。第三人选定委托人作为其相对人的，委托人可以向第三人主张其对受托人的抗辩以及受托人对第三人的抗辩。

第九百五十一条　行纪合同是行纪人以自己的名义为委托人从事贸易活动，委托人支付报酬的合同。

第九百五十八条　行纪人与第三人订立合同的，行纪人对该合同直接享有权利、承担义务。

第三人不履行义务致使委托人受到损害的，行纪人应当承担赔偿责任，但是行纪人与委托人另有约定的除外。

第九百六十条　本章没有规定的，参照适用委托合同的有关规定。

第九百六十一条　中介合同是中介人向委托人报告订立合同的机会或者提供订立合同的媒介服务，委托人支付报酬的合同。

【案件索引】

一审：长春铁路运输法院（2022）吉7101民初10号（2022年5月28日）

【基本案情】

常某诉称：2021年11月9日，常某在网上通过创享物流介绍承揽了孚鸿公司运送钻杆的业务，约定运费为17600元，货到付运费。常某依约履行，索要运费时，孚鸿公司、创享物流均拒绝给付。常某诉请：（1）孚鸿公司给付常某运费17600元；（2）创享物流承担连带给付责任；（3）诉讼费由孚鸿公司、创享物流负担。

孚鸿公司辩称：其未委托常某运输货物，常某与其不存在合同关系。公司系委托微信名为“平平淡淡的人”为承运人，并向其支付了运费。应驳回常某对其诉请。

创享物流辩称：其与常某不存在运输合同关系。微信名为“平平淡淡的人”与创享物流约定由创享物流负责为其找车运输。创享物流虽通过货车帮App发布了运输需求信息，但其只是中介人，仅收取信息费，常某应向孚鸿公司主张运费。

法院经审理查明：2021年11月8日，孚鸿公司的工作人员赵某某与微信名为“平平淡淡的人”的自然人通过微信文字约定：由该人为孚鸿公司运送货物，运费11500元，货到后由孚鸿公司先行给付该人运费8000元，尾款后补齐。

同日，“平平淡淡的人”与创享物流的法定代表人赵某1通过微信联系，该人以自身名义委托运输，并告知赵某1案涉货物运输信息。此后，赵某1在“货车帮”App上发布了需求信息。2021年11月9日，常某获知该信息后与赵某1取得联系，双方约定由常某运输，总运费为17600元，除订金700元外，常某净得运费16900元，运费支付方式为货到支付。700

元订金中有200元付给创享物流，剩余500元待货到后由创享物流支付给货主。

其后，赵某1在微信中向“平平淡淡的人”发送了常某的驾驶证、行驶证照片，但该人未在微信中回复。双方在微信中共有过四次语音连线，内容不详。微信截图中未体现常某是创享物流自有司机还是委托的其他司机；“平平淡淡的人”随即又将以上证件照片微信发送至孚鸿公司，微信截图中未体现孚鸿公司知晓常某身份。

2021年11月10日，常某与“平平淡淡的人”联系确认装货地点，对方将孚鸿公司电话告知常某，常某取得联系后装运货物并运输。孚鸿公司已接收货物并向常某出具了收货证明。孚鸿公司因在送达当天已经按“平平淡淡的人”指示将1万元运费汇至案外人账户，故未再向常某支付运费。常某因主张运费无果，诉至法院。

另查明：本案的各方当事人均不知晓“平平淡淡的人”的真实姓名及身份，在微信搜索其微信号及其电话号码，显示用户不存在，电话号码现为空号。关于该人肇始如何与孚鸿公司、创享物流取得的联系，孚鸿公司称，孚鸿公司在网上发布了本次运输需求信息，该人通过电话联系，并添加了工作人员微信；创享物流称，该人通过百度宣传广告取得了创享物流的联系电话及微信。

再查明：根据创享物流工商营业证照显示，其经营范围为“普通货运，货物搬运、装卸服务，机械租赁（依法须经批准的项目，经相关部门批准后方可开展经营活动）”，并不包括运输中介等内容。

【裁判结果】

长春铁路运输法院于2022年5月28日作出（2022）吉7101民初10号民事判决：支持常某对创享物流的诉讼请求，驳回其对孚鸿公司的诉讼请求。宣判后，各方当事人均未上诉，判决已发生法律效力。当事人均息诉服判，常某与创享物流达成执行和解，已实际执行完毕。

【裁判理由】

生效判决认为：案涉钻杆的运输需求信息先后经历了孚鸿公司、“平平淡淡的人”、创享物流三者对外发布，该信息最终被常某接收，且其实际承运。常某系基于运输合同关系提起本案诉讼，故基于其诉讼请求权基础，本案的争议焦点为：如何认定常某的合同相对方。

（一）关于孚鸿公司是否系常某合同相对方的问题

常某主张孚鸿公司应给付运费的核心理由系其为货主，但本案中存在多次不同的托运行为，常某主张运费的主要依据为其运输合同，其又未行使留置权，故不能仅因货物所有权人为孚鸿公司，即直接推导出其应向常某给付运费的结论，而仍应根据合同相对性原则具体分析。经查明，各方当事人提供的证据均不能证明孚鸿公司与常某及创享物流有过订立运输合同的意思表示，亦无法证明孚鸿公司知道“平平淡淡的人”将钻杆转委托他人运输，且同意与第三方直接进行结算。相反，孚鸿公司委托“平平淡淡的人”运输钻杆，又在收到钻杆时依照约定支付了运费，故应认定孚鸿公司与该人订立了运输合同，并已依约履行己方义务。因此，孚鸿公司与常某并非同一运输合同内的合同相对方，孚鸿公司并不负有直接向常某给付运输费用的义务。

（二）关于创享物流是否系常某合同相对方的问题

法院基于以下理由，认定创享物流是常某合同相对方，双方形成了运输合同，创享物流应承担给付运费的法律责任。

首先，创享物流并不具备法定中介资质。根据创享物流工商注册的经营范围，其以自身名义从事物流运输，并无从事专业物流中介的经营业务和经营资质。创享物流作为物流公司，本应恪守行业规范，提高经营自律，自觉维护社会经济秩序，但其主张以物流中介作为经营常业，将导致摒弃实体经营管理，扰乱正常市场秩序的不良后果，并不符合相关规定和行业惯例，亦应对该种行为在社会价值导向上予以明确否定。

其次，“平平淡淡的人”、创享物流、常某三者未形成中介合同的法定要件。依据《民法典》第九百六十一条的规定，中介人是一种在交易双方当事人之间起着介绍、协助作用的中间人，旨在通过报告订约机会或者充当订约媒介而促成委托人与相对人订立合同，其并不能以自身名义作为签约主体作出订立诸如本案运输合同的意思表示，亦不会实际参与到合同的实际履行中。本案中，创享物流的法律地位应综合考虑其在运输活动中起到的作用来确定。创享物流主张其仅是中介人，但未能向法院提供证据证实其促成了常某与他人直接订立运输合同。相反，创享物流通过货车帮App以自身名义发布的运输需求，其中包含了运输货物的种类、装货地及卸货地信息；双方协商并最终确定了本次运输的运费、订金等具体内容；在常某支付700元订金后双方达成了订单。特别是该订单系常某主张运费的最直接和关键的依据，亦是运输合同的具体化。创享物流订立了运输合同，向常某发送了装货、卸货的具体位置，在运输中与“平平淡淡的人”电话联系，其已实际参与运输活动，符合合同托运人的身份，应承担支付报酬的合同义务。另外，运输订单截图显示为“订金”700元，该款项实质是为了保证运输合同成立及履行而收取的费用，不能直接认定为中介人报酬。

最后，运输合同中报酬无法实现的风险应由创享物流承担。本案的一个特殊之处，在于“平平淡淡的人”始终仅以自然人操作下的微信主体形式存在，其身份信息、行踪各方当事人均不掌握，随时可能消失。此种情况下，与其交易，特别是获取合同对价具有极大的不确定性和风险性。作为以物流运输为主业的创享物流，具有行业专业知识和经历，熟稔行业交易惯例和漏洞可能，其本应切实提高风险防范意识，履行基本防诈职责，在核实上一手真实身份，确定可靠性后才进行交易。但是，创想物流怠于履行该职责，以自身名义径行确定上一手和下一手交易，特别是通过正式货车帮App平台发布足以使常某信任的可靠信息，签订有效订单，其后又试图以中介法律关系将该风险转嫁给不具备专业知识的自然人常某，其主张理应不能得到支持。

【案例注解】

近年来，随着互联网经济的蓬勃发展，交易方式更多地由线下转移到线上，运输合同同样如此。某些交易主体是自然人操作下的微信、QQ 形式等虚拟主体，面具后真实身份信息、行踪，相对人均不掌握，与其交易具有极大的不确定性和风险性，存在民事欺诈甚或刑事诈骗的可能性。一旦这些主体消失，不利后果是由上一手托运人承担，还是由下一手物流企业承担，抑或是由最终实际承运的个人承担？这给法院准确判断法律关系、认定法律责任带来了困难。

一、运输合同转手的具体情形和法律识别路径难点

运输行业可能存在诸多不规范的情形，特别是在不发达地区，人力资源价格较为低廉，低价无序竞争较为普遍。某些物流企业在承揽业务时处于谈判的劣势地位，对托运主体的选择能力、议价能力较差，因而不作筛选甄别，盲目承接业务占领市场。其后，为了最大限度获取利润，某些物流企业并不自行运输，而是直接将合同标的再次转手给一般运输资质和能力的社会个体司机，从中赚取差价。转手大多是通过口头商谈、电话沟通、微信或 QQ 沟通等，很少签订书面合同或是通过较正规的网络人力资源平台（如案中所涉货车帮 App）。合同内容也较粗略，特别是关于运费，有的是物流企业付运费，有的是货主或收货人付运费，但基本特点是内容不规范，权利义务本身不明确，且少有违约责任条款。

之所以称为“转手”而不另行选择法律术语，主要是考虑到尚无专门的司法解释对该行为作出明确法律定义和定性。譬如，在建设工程施工合同领域，有“违法转包”“违法分包”“借用资质”等概念，已经在明确的建设工程施工合同司法解释中予以规定，且该解释先后修订多次，先后

适用的三个版本司法解释均明确对上述三种行为作出具体情形的认定和法律后果无效的规定。但是，《民法典》合同编运输合同章节则没有类似的专门规定。因此，物流企业转手给下一手自然人时，在约定模糊的情况下，到底是另行签订了独立的运输合同（即物流企业成为新合同的托运人，与上一手合同无关），还是成立了委托合同下的代理特殊情形（即自然人明知货主与物流企业系代理关系，合同直接约束货主与自然人①或物流企业披露时自然人选择一方主张权利）②、中介合同，甚至行纪合同、劳务关系，莫衷一是。这就给案件审理带来了极大的困难，也很容易出现裁判尺度不统一、同案不同判的窘境。

二、运输合同转手法律识别路径

需要说明的是，如果前述转手合同的形式较为规范，内容较为明确，能够归类为具体合同类别，则可能容易判断。而下述识别路径分析主要是针对不规范、难明确的合同，譬如本案诉讼。具体识别路径的分析如下。

第一，独立运输合同路径：该路径是认为转手合同是独立的运输合同，脱离于上一手运输合同。在该路径下，法院可以简单依照运输合同有关规定裁判，即自然人完成运输，有权径行向物流企业索要运费，物流企业不得以其与上一手的合同抗辩。至于物流企业与自然人之间是否可以裂变为承揽合同或者雇佣关系，属于二者内部关系，不影响自然人与物流企业之间法律关系的存在，以及与上一手之间属于割裂状态的总体方向。这种路径优点在于清晰明了，实际上是按照合同相对性的总体原则，一环一环往前倒推，特别是在转手合同内容模糊时，该路径符合一般社会常情，尤其是符合不具备完善法律意识的自然人司机的预期；问题在于很多时候物流企业可能已注意到要将自身法律风险排除在外，刻意约定了运费由上一手

---

① 《民法典》第九百二十五条规定："受托人以自己的名义，在委托人的授权范围内与第三人订立的合同，第三人在订立合同时知道受托人与委托人之间的代理关系的，该合同直接约束委托人和第三人；但是，有确切证据证明该合同只约束受托人和第三人的除外。"这是关于隐名代理的规定，突破了合同相对性。

② 《民法典》第九百二十六条第二款规定："受托人因委托人的原因对第三人不履行义务，受托人应当向第三人披露委托人，第三人因此可以选择受托人或者委托人作为相对人主张其权利，但是第三人不得变更选定的相对人。"这是关于间接代理的特殊情形，赋予了第三人选择权，且选择恒定。

承担，因而需要在裁判时解释该约定何以不能成为委托合同的一部分，以及为何不按照约定方式排除物流企业的付款责任。

第二，委托合同（隐名代理或间接代理）① 路径：该路径是将上一手托运人与物流企业的合同视为委托合同，将转手合同视为委托事项，即托运人为委托人，物流企业为受托人，自然人为第三人。在约定由自然人向托运人索要运费的情况下，或构成委托合同中的隐名代理，② 或构成间接代理③。该种路径从表面上看有形式上的合理性，但问题在于实践中转手物流企业并不积极主动核实托运人真实身份，甚至货物是否为托运人货物，还是托运人本身即为再上一手运输合同的承运人，都不得而知。自然人接受订单，物流企业仅告知其货物并非自有，不告知货主状况，不担保运费，将已身给付运费义务和风险预先排除，却从中获取差价，很难说符合公平原则。另外，物流企业赚取的也不是上一手的委托报酬，而是两个合同的价格差价，与委托合同的表面形式也不能完全吻合。

第三，中介合同路径：该路径是认为物流企业是中介人，只负责提供订立合同的机会和媒介服务，不承担责任。该路径可能是不规范经营的物流企业最希望认定的关系，无成本获取信息不对称利益，除非引用《民法典》第九百六十二条规定请求其承担赔偿责任，④ 否则托运人、自然人均无法追究其责任。但是，物流企业一般并不具备法定中介资质，如认定其以物流中介作为经营常业，并不符合相关规定，在社会价值导向上将纵容脱实向虚、无序经营。并且，中介人并不能以自身名义签约，亦不会实际参与到合同的实际履行中，例如，本案托运人与自然人并不直接签订合同，并不符合中介合同的基本特征。

---

① 至于委托合同的一般情形，在此不予讨论，因一般委托合同中，受托人与第三人签订合同，合同后果亦在受托人与第三人之间，并不涉及委托人，此种效果与第一种独立运输合同路径并无差别。

② 关于隐名代理的分析，参见最高人民法院民法典贯彻实施工作领导小组主编：《中华人民共和国民法典合同编理解与适用》，人民法院出版社 2020 年版，第 2495 ~ 2497 页。

③ 关于间接代理的分析，参见最高人民法院民法典贯彻实施工作领导小组主编：《中华人民共和国民法典合同编理解与适用》，人民法院出版社 2020 年版，第 2504 页。

④ 《民法典》第九百六十二条第二款规定："中介人故意隐瞒与订立合同有关的重要事实或者提供虚假情况，损害委托人利益的，不得请求支付报酬并应当承担赔偿责任。"

第四，行纪合同路径：该路径是将物流企业认定为行纪人，其以自身名义与作为第三人的自然人订立合同。行纪合同本身即是从委托合同中分离出来的产物，区别在于行纪人以自身名义对外承担后果，在该路径下，自然人可以直接向物流企业主张运费。问题是行纪行为具有特殊要求，一般要求行纪人有从事行纪行为的特定资质，经有关部门的审批或者登记，且主要适用于贸易行为而非劳务。也有人认为，从市场经济发展的角度考虑，只要是法律不禁止的贸易行为，均应允许开展行纪业务，[①] 但这并不意味着开展行纪业务本身不需要资质。

根据上述分析，似乎转手情形下的多种法律识别选择路径均有各自缺陷。但是，站在尽可能统一裁判尺度、有效解决纠纷、体现价值导向的高度，对于此类纠纷，仍有必要从价值位阶角度作出取舍，确定最合理的路径方向。经以下分析判断，笔者建议采取独立运输合同路径。

第一，符合当事人原始真意的内核。尊重当事人的意思表示是法律和司法应有的态度。法律思维方式和法律判断模式是法律人的基本素质，但普通民众对此可能欠缺。譬如，本案中，双方通过正规平台订约，实际承运人不知晓托运人真实身份，其潜意识里必然有物流企业发单，运费“有抓手”的合理预期。该预期虽然未能于书面体现，也不能在法律上认定为保证，但却符合社会常情、常理、经验法则。这种由转手方托底的真意内核，与物流企业承担责任的结果相符。法律是国法、天理、人情三者的结合体，[②] 群众普遍不具备专业法律素养，而司法判断终究仍是属于事后判断，不宜忽视朴素的群众理解，创设纷繁复杂的法律关系，而是应当尽量做到大道至简，回归本意，最大程度“接地气”，考虑社情民意。

另外，托运人与物流企业的合同，一般也应是运输合同而非中介合同等。托运人希望物流企业亲自运输，对于其来说，其他合同类型均有不确定性因素，包括运输能力、运输效果，也包括追责实现可能性，以企业为

---

① 参见王利明：《合同法研究》，中国人民大学出版社 2015 年版，第 737 页。

② 《最高人民法院关于完善统一法律适用标准工作机制的意见》（法发〔2020〕35 号）第 2 条规定：“……坚持依法治国和以德治国相结合，兼顾国法天理人情，发挥裁判规范引领作用，弘扬社会主义核心价值观，不断增强人民群众对公平正义的获得感……”

义务人效果明显要好于自然人。因此，托运人的真意也应该是直接指向物流企业。可见，无论是托运人还是实际承运人，其均是要求物流企业直接承担责任，这才是当事人的真意。

第二，有利于规范市场行为和行业秩序。司法要树立正向社会价值导向。交易秩序是法律所要维护的价值之一，法律法规对其作出了很多规定，大的原则如诚信原则、公序良俗原则，具体的如行政法规等。交易中，市场竞争主体经常试图突破束缚，攫取更大的利益，该种行为违反了强制性规定，还是仅违反了管理规定，历来是民事案件裁判的难点之一。[①] 但无论如何，物流企业并不具备法定中介或行纪的资质，仅因具备运输资质，掌握需求信息，即转手运输合同，实质上以物流中介为经营常业，靠贩卖信息获利，将导致正常市场秩序受到严重扰乱，如不在法律评判上进行否定性评价，而是机械用法，从技术层面帮助其逃脱责任，将对市场的无序起到推波助澜的作用。因此，在符合基本法理的基础上，应在判决结果上倾斜考虑，以增加其违法成本，加大打压力度，配合行政机关强化对市场的管理和规范。

第三，交易安全的被迫选择。交易安全亦是司法所要保护的价值之一，其中对于交易风险的负担需要特别关注。不同于《民法典》第六百零四条至第六百一十一条规定的物理性灭失等风险，此处所说风险主要是交易主体违约的救济途径风险。层层转手，最大的风险在于中间一环当事人违约、违法，拒绝或事实上难以履行义务，将引起连锁反应，链条上其他各当事人的利益将因缺失一环而难以平衡。特别是在网络时代，如前所述，对虚拟交易主体的追责实现性很小，在此种情况下，损失应当由谁承担，确实难以抉择。之所以说由转手物流企业承担后果是被迫的选择，在于其他各方譬如最初托运人、最终承运人也并非无过错，其亦忽视了核实工作，但是，风险的负担应当“就近不就远”，转手物流企业作为直接交易方，是第一责任人，如其能切实提高防范意识，履行基本防诈职责，核实虚拟主

① 对此，《全国法院民商事审判工作会议纪要》第30条“强制性规定的识别”部分作出了原则性的指引。

体真实情况，即能掐断风险链条，防止层层受损，避免将该风险转嫁给下一手。这种法律倾向实则在《民法典》第九百二十六条关于"但是，第三人与受托人订立合同时如果知道该委托人就不会订立合同的除外"的类似条文中有所表露。因此，由转手的物流企业承担交易风险，是符合立法总体倾向的。

三、关于运输合同层层转手后实际承运人留置权的问题

在转手合同中，实际承运人未能取得运费可能留置货物，甚至在诉讼中主张留置权。这时，一些难题出现，譬如，该自然人是否有留置权？物权人是否为合格的被诉对象？自然人的诉讼主张应如何处理？

关于承运人是否有留置权。承运人有留置权，这在《民法典》第八百三十六条[①]有明确规定。并且，根据最高人民法院的观点，承运人留置权有其特殊性，[②] 其中包括：不区分运费支付义务人是谁、留置物的权属状况不影响留置权行使。因此，只要能认定实际承运人身份，基于留置权的对世效力，其当然可以留置，而不受与谁签订合同的限制。

关于物权人是否为合格的被诉对象，实际涉及留置权的实现方式问题。依照《民法典》的规定，留置权的实现方式是折价或拍卖、变卖，并未要求必须通过法院判决。因此，如对方无异议，并无必要由法院审查留置权或执行；但如果有异议，则可能产生能否行使留置权或留置权范围等争议，对于此等争议，当事人是可以诉至法院的。[③] 此时，物权人可以成为被告，但诉讼请求应是基于物权而非基于合同债务。

关于自然人的诉讼主张应如何处理，假使自然人在行使了留置权后，诉讼对象为初始托运人（物权所有人）、转手物流企业，但诉讼请求均为给付运费，诉讼案由均为运输合同纠纷，则法院是否应当释明其诉请应为

---

① 《民法典》第八百三十六条规定："托运人或者收货人不支付运费、保管费或者其他费用的，承运人对相应的运输货物享有留置权，但是当事人另有约定的除外。"

② 参见最高人民法院民法典贯彻实施工作领导小组主编：《中华人民共和国民法典合同编理解与适用》，人民法院出版社2020年版，第2176页。

③ 参见杨立新：《物权法》，中国人民大学出版社2013年版，第249页。

留置权呢？笔者认为，不应当释明，应保持中立原则，防止滥用诉讼指挥权。原因在于《最高人民法院关于民事诉讼证据的若干规定》第五十三条，删除了关于法院应当告知当事人变更诉讼请求的规定，意义在于既不能简单驳回当事人诉请而搞“裁判突袭”，也不能超出当事人诉讼请求裁判，而应当将问题列为争议焦点。法院应就物权所有人对于自然人行使留置权进行询问，而不应直接告知自然人针对物权人的诉请进行变更。因为，物权人和转手物流企业分别是网络虚拟主体的上下手，二者在受损可能性上相同，此消彼长，一方解脱另一方必然受损，这是当事人的选择权事项而不是法院职权事项，法院不应随意指导自然人选择。并且，如果自然人选择以合同主张权利，在执行尚不能清偿时亦未丧失对留置权的权利基础，并不影响其再行主张权利。

重庆市鸿盛电线电缆有限公司诉重庆璟富房地产开发有限公司、融创西南房地产开发（集团）有限公司保证合同纠纷案

——非上市公司为其实际控制、间接持股100%的公司提供担保是否需要决议

◇编写人：重庆市第五中级人民法院　傅　沿　杨　曦
重庆市合川区人民法院　龙玉梅

【获奖评语】

本案例分析主要讨论非上市公司未经决议为间接持股100%的公司提供担保，被担保人不是担保人的全资子公司，担保合同是否对担保人发生效力的问题。根据《最高人民法院关于适用〈中华人民共和国民法典〉有关担保制度的解释》（以下简称《担保制度解释》）第八条规定，非上市公司未经决议为全资子公司开展经营活动提供担保，公司应承担担保责任。本案从规范目的角度对该问题进行了剖析，《担保制度解释》第八条关于非上市公司为全资子公司提供担保无须公司决议的规定，是考虑到该种情形是公司为自己利益提供担保，可以认定符合公司的真实意思表示；公司为间接持股100%公司提供担保也是为自己利益提供担保，虽

未经公司经决议但不违背《公司法》第十六条和《担保制度解释》第八条的规范目的，担保合同对公司发生效力，公司应承担相应担保责任。本案裁判规则对于合理扩张《担保制度解释》第八条规定的适用具有积极意义。

【关键词】

公司担保责任　意思表示　公司决议　间接持股　公司自身利益

【裁判要旨】

担保人系《担保制度解释》第八条规范的非上市公司，担保人未经决议为其间接持股100%的公司担保是为自身利益提供担保，不违背《公司法》第十六条规范目的，可归入《担保制度解释》第八条规定的无须公司决议的情形。担保合同对公司发生效力，公司应承担担保责任。

【相关法条】

《公司法》（2018年10月26日修正）

第十六条第一款　公司向其他企业投资或者为他人提供担保，依照公司章程的规定，由董事会或者股东会、股东大会决议；公司章程对投资或者担保的总额及单项投资或者担保的数额有限额规定的，不得超过规定的限额。

《担保制度解释》（2020年12月31日公布）

第八条　有下列情形之一，公司以其未依照公司法关于公司对外担保的规定作出决议为由主张不承担担保责任的，人民法院不予支持：

（一）金融机构开立保函或者担保公司提供担保；

（二）公司为其全资子公司开展经营活动提供担保；

（三）担保合同系由单独或者共同持有公司三分之二以上对担保事项有表决权的股东签字同意。

上市公司对外提供担保，不适用前款第二项、第三项的规定。

【案件索引】

一审：重庆市江津区人民法院（2022）渝0116民初5555号（2022年5月19日）

二审：重庆市第五中级人民法院（2022）渝05民终5682号（2022年7月27日）

【基本案情】

原告重庆市鸿盛电线电缆有限公司（以下简称鸿盛公司）诉称：鸿盛公司持有重庆璟富房地产开发有限公司（以下简称璟富公司）签发承兑的电子商业承兑汇票，融创西南房地产开发（集团）有限公司（以下简称融创西南公司）为保证人。汇票到期被拒付，三方于2022年3月9日签订《商票兑付延期协议》，约定商票于2022年3月22日前兑付，璟富公司、融创西南公司应支付资金占用损失17054.79元；逾期未完成兑付的，应支付违约金以及鸿盛公司为实现债权而支付的费用。璟富公司、融创西南公司未按时支付款项，鸿盛公司诉至法院。请求判令：（1）璟富公司支付商票兑付款100万元；（2）璟富公司支付资金占用费17054.79元；（3）璟富公司支付违约金（以100万元为基数，自2022年3月23日起，按照每日万分之五的标准计算至款项付清时止）；（4）璟富公司支付律师费5万元；（5）融创西南公司对璟富公司以上债务承担连带清偿责任。

被告璟富公司辩称：对鸿盛公司起诉的第一项、第二项请求予以认可；第三项请求违约金过高；鸿盛公司未证明实际支付律师费且律师费过高。

被告融创西南公司辩称：其与璟富公司辩称意见一致。

法院经审理查明：2021 年 6 月 30 日，璟富公司签发了票据金额为 100 万元的电子商业承兑汇票，票面记载出票人和承兑人为璟富公司，收票人为重庆崇尚明德机电设备安装有限公司，汇票到期日 2021 年 12 月 29 日，承兑人承诺：本汇票已经承兑，到期无条件付款。2021 年 11 月 19 日，重庆崇尚明德机电设备安装有限公司将案涉票据背书转让给鸿盛公司。鸿盛公司于 2022 年 1 月 18 日提示付款，于当日遭到拒付。

2022 年 3 月 9 日，鸿盛公司与璟富公司、融创西南公司达成《商票兑付延期协议》，约定因案涉商票璟富公司拒付，三方一致同意商票的兑付时间延期至 2022 年 3 月 22 日，璟富公司完成线下兑付，同时璟富公司于 2022 年 3 月 22 日向鸿盛公司支付资金占用费为 17054. 79 元；若璟富公司未按约定完成线下兑付商票及支付资金占用费，则自逾期之日起，璟富公司向鸿盛公司支付以应付但未付款金额为基数按日万分之五计算的违约金；鸿盛公司为实现债权而实际支出律师费等全部由璟富公司承担；融创西南公司对协议项下璟富公司支付义务提供连带责任担保。鸿盛公司在甲方处加盖公章，璟富公司在乙方处加盖公章和陶某宏私章，融创西南公司在丙方处加盖公章和商某私章。约定付款期限到期后，璟富公司未按约支付上述款项。

鸿盛公司因与璟富公司、融创西南公司合同纠纷一案，支出律师费 5 万元。

另查明：《商票兑付延期协议》签订时，融创西南公司持有重庆融创融霖房地产经济有限公司（以下简称融创融霖公司）100%股权，融创融霖公司持有重庆融创慕申房产经济有限公司（以下简称融创慕申公司）100%股权，融创慕申公司持有重庆融创昂麒房地产经济公司（以下简称融创昂麒公司）100%股权，融创昂麒公司持有璟富公司 70%股权；融创西南公司持有重庆融创置地有限公司（以下简称融创置地公司）100%股权，融创置地公司持有璟富公司 30%股权。

【裁判结果】

重庆市江津区人民法院于2022年5月19日作出（2022）渝0116民初5555号民事判决：（1）璟富公司向鸿盛公司支付100万元；（2）璟富公司向鸿盛公司支付前期资金占用损失费17054.79元；（3）璟富公司向鸿盛公司支付违约金（以100万元基数，从2022年3月23日起直至清偿完毕之日止，按全国银行间同业拆借中心公布的一年期贷款市场报价利率三倍计付）；（4）璟富公司向鸿盛公司支付律师费5万元；（5）融创西南公司对璟富公司上述支付义务承担连带清偿责任；（6）驳回鸿盛公司的其他诉讼请求。

璟富公司不服一审判决，提起上诉。重庆市第五中级人民法院于2022年7月27日作出（2022）渝05民终5682号民事判决：驳回上诉，维持原判。

【裁判理由】

生效裁判认为：根据《担保制度解释》第七条规定，相对人对公司决议尽到了合理审查义务即可认定为善意，担保合同对公司发生效力。人民法院在审理合同纠纷案件过程中，要依职权审查合同是否存在无效的情形。故法院依职权审查《商票兑付延期协议》是否发生效力。

根据《担保制度解释》第八条第一款第二项规定，非上市公司为全资子公司开展经营活动提供担保，公司以其未依照《公司法》关于公司对外担保的规定作出决议为由主张不承担担保责任的，人民法院不予支持。本案《商票兑付延期协议》签订时，融创西南公司不是璟富公司股东，璟富公司不是融创西南公司的全资子公司，但融创西南公司通过融创置地公司等间接持有璟富公司100%的股权。融创西南公司不是上市公司，前者为后者提供担保，是否需要公司决议需正确理解和适用《公司法》第十六条和《担保制度解释》第八条的规定。

根据《公司法》第十六条规定，公司对外担保需要公司决议。《公司法》如此规定是考虑到，公司对外担保可能会承担相应的责任，对公司和股东利益带来影响，因此，以公司决议作为切入点来规制公司对外担保行为，以确保公司担保符合公司真实意思，防止法定代表人或公司其他人员慷他人之慨而损害公司及股东的合法利益。《公司法》第十六条是以公司决议来证明公司对外担保符合公司的真实意思表示。《担保制度解释》第八条关于非上市公司为全资子公司开展经营活动提供担保无须公司决议的规定，是考虑到公司持有子公司全部股权，相应地，全资子公司利益全部归属于公司，与其他主体无关。公司为全资子公司经营活动提供担保是为自身利益提供担保，也不存在向子公司其他股东不当输送利益的情形，可以认定公司具有对外担保的真实意思表示。从这个角度看，在担保人公司实际控制、间接持有被担保公司100%股权的情况下，虽然公司通过了多层股权架构持股，但在任何一层股权架构中，均不存在其他股东利益，也即公司为其间接持股100%的公司提供担保时，也是为了自己的利益，同样不存在为其他股东输送利益的情形。此种情形下，即使公司对外担保未经公司决议，也不违背《公司法》第十六条规定之法目的和《担保制度解释》第八条规范目的，不能因此认定该担保不对公司发生效力。本案中，融创西南公司未经决议为璟富公司提供担保，《商票兑付延期协议》仍对其发生效力，融创西南公司应承担相应担保责任。

璟富公司认为还应进一步调减违约金，但未能举示证据证明一审认定结果过分高于鸿盛公司损失。故璟富公司的此项上诉请求于法无据，法院不予支持。

【案例注解】

根据《担保制度解释》第八条第一款第二项规定，非上市公司为全资子公司开展经营活动提供担保无须公司决议。案涉情形是，非上市公司未经决议为其实际控制、间接持股100%公司（非全资子公司）经营活动提供担保，担保合同是否对担保人发生效力。此时存在法律适用难题。本案生效裁判认为，案涉情形与非上市公司为全资子公司开展经营活动提供担保的实质相同，不违背《公司法》第十六条规定之法目的和《担保制度解释》第八条规范目的，不能因此认定该担保不对公司发生效力。《担保制度解释》第八条规范的是，非上市公司未经决议为其间接持股100%公司提供担保的，需要承担担保责任。

一、非上市公司为全资子公司提供担保无须决议规则的形成逻辑

（一）公司对外担保需提供决议的规范目的

根据《公司法》第十六条规定，公司对外提供担保应由公司有权决议机关依法定程序作出决议。然而，对于公司法定代表人或公司其他人员未经公司决议擅自实施对外担保行为效力如何认定，《公司法》未予以规定，由此产生了法律适用问题。各地法院对此类公司对外担保纠纷裁判标准不一。一种观点认为，《公司法》第十六条在性质上属于管理性规范，未经公司决议的对外担保合同合法有效；另有观点认为，该条属于效力性规定，违反的后果是担保合同无效。效力性规定和管理性规定是对强制性规定所作的区分，强制性规定属于行为规范范畴，[①] 而《公司法》作为主体法，兼具行为法和组织法、私法和公法特性，将《公司法》第十六条简单归入管理性规定或效力性规定未能准确把握该法条规范意旨。

契约自由在整个私法领域具有重要的核心地位。[②] 合同属于私法领域，担保合同自当强调合同主体的真实意思表示。难点是，如何认定公司对外担保符合公司的真实意思表示。公司对外担保可能导致公司承担担保责任，对公司以及股东利益影响甚大，不是法定代表人或公司其他人员所能单独

① 参见最高人民法院民事审判第二庭编：《全国法院民商事审判工作会议纪要理解与适用》，人民法院出版社2019年版，第181页。

② 参见［德］罗伯特·霍恩、海因·科茨等：《德国民商法导论》，楚建译，中国大百科全书出版社1996年版，第90页。

决定事项。公司是企业组织，其真实意思通常需按照多数决的方式形成，即按照少数服从多数规则形成董事会决议、股东会决议等公司决议。在符合法律规定或公司章程规定的议事方式和表决程序时，多数人意思才上升为公司意思。《公司法》第十六条是以公司决议来证明公司就对外担保行为作出了真实意思表示。

（二）公司为全资子公司提供担保的实质

1. 全资子公司利益归属

全资子公司，指只有一个法人股东的公司，[①] 属于《公司法》第五十七条规制的一人公司。一人公司仍然秉持股东有限责任原则和人格独立的公司法核心理念，具有独立的法律人格。在公司与其全资子公司关系中，公司是全资子公司的投资者，公司以放弃对投入子公司财产的所有权为代价，取得子公司股权和承担有限责任的优惠。公司享有的股权，主要体现为资产收益权及参与子公司重大决策和选择管理者的权利。因公司持有子公司全部股权，相应地，股权对应的子公司利益全部归属于公司。从会计角度来看，会计是对公司经济活动的记录。全资子公司的公司所有者权益全部归属于公司。全资子公司所有者权益来源包括公司投入资本、其他综合收益、留存收益等，能够反映全资子公司所有经济利益全部归属于公司。因此，全资子公司虽具有独立的法律人格，但其利益最终全部归属于公司。

2. 形式上对外担保，实质上自益担保

随着国家企业信用信息公示系统、启信宝 App 等工具的运营，公司的股权信息能够便捷、无经济成本地为市场主体所知悉。《担保制度解释》第八条规范的非上市公司对外担保，可能导致公司承担担保责任，对担保人公司以及股东利益影响甚大。但是，在非上市公司为全资子公司经营活动提供担保的情形中，被担保公司利益全部归属于担保人公司，与其他主体无关。担保人公司为全资子公司经营活动提供担保实质上是为自己利益

① 参见朱锦清：《公司法学》，清华大学出版社 2017 年版，第 21 页。

提供担保，是一种自益性担保，也不存在向被担保人公司其他股东输送利益的情形，不属于《公司法》第十六条规制范围，可以认定符合公司的真实意思表示。换言之，担保人系《担保制度解释》第八条规范的非上市公司，担保人为其全资子公司提供担保是为自己利益担保，可以认定符合担保人的真实意思表示，[①] 无须担保人另行提供公司决议。

二、非上市公司为全资子公司提供担保无须决议规则的由来、演变及启示

（一）规则由来与演变

《公司法》规定公司对外提供担保应由公司有权决议机关依法定程序作出决议，未规定公司对外担保无须决议的例外情形。由于立法规定不明确、司法裁判规则不统一，在我国，公司未经公司决议而径行对外担保的情况普遍存在。如果仅因公司没有作出决议就认定公司不承担担保责任，不仅会扰乱已安定的公司交易秩序，也容易滋长公司恶意逃避担保责任的道德风险。基于以上考虑，《全国法院民商事审判工作会议纪要》（以下简称《九民会纪要》）第19条规定，公司为其直接或者间接控制的公司开展经营活动向债权人提供担保，即便债权人知道或者应当知道没有公司机关决议，也应当认定担保合同符合公司的真实意思表示，合同有效。而《担保制度解释》第八条明确非上市公司为全资子公司开展经营活动向债权人提供担保属于公司决议的例外情形。两者对比，《担保制度解释》进一步限制公司决议的例外情形。

一是将无须公司决议的有效担保原则上限制为非上市公司提供的担保。上市公司系公众公司，涉及众多中小投资者利益，上市公司、上市公司控股子公司以及股票在国务院批准的其他全国性证券交易场所交易的公司对外担保事项属于法律规定的信息披露事项，关涉证券市场的健康、有序发

---

① 参见最高人民法院民事审判第二庭：《最高人民法院民法典担保制度司法解释理解与适用》，人民法院出版社2021年版，第143页。

展。故上市公司对外担保事项属于上市公司公告事项，公司作出决议是上市公司提供合法有效担保的条件。

二是将公司为其直接或者间接控制的公司开展经营活动向债权人提供担保限制为非上市公司为全资子公司开展经营活动提供担保。公司直接或间接控制的公司不仅包含公司的全资子公司情形，还包括公司持有子公司50%以上的股权或者能够决定子公司董事会半数以上成员的当选等能实际控制公司的情形。在担保人公司未持有被担保公司100%股权或担保人公司未实际控制被担保公司100%股权情形中，被担保公司利益未全部归属于担保人公司，还存在其他股东利益。在无公司决议的情形下，担保人公司为被担保公司提供担保难谓符合担保人公司的真实意思表示。

（二）规则形成的启示

法律是最权威的社会规范，人们必须遵守。但是，法律也可能存在局限性，如逻辑上不周延、术语模糊以及滞后于现实生活等。尤其是，市场经济和知识经济的高度发达，使得社会复杂程度超过了人们预期。[①] 司法解释、司法政策性规范就是在对法律规则本身局限性进行反思的基础上作出的有益选择，《九民会纪要》《担保制度解释》规定了公司对外担保无须决议的例外情形。但也要看到，司法解释、司法政策性规范亦可能存在局限性。例如，《担保制度解释》对《九民会纪要》无须公司决议情形的进一步限缩；境外上市公司对外担保是否需要公告或公司决议，《担保制度解释》对此未有定论；国有独资公司对外担保是否需要公司决议也不能一概而论。在此情形下，法院适用司法解释裁判案件，有必要通过法律解释方法准确阐释适用裁判规范，以期公平对待当事人，切实维护其合法权益。

具体到本案，需考虑《担保制度解释》第八条规定的公司为其全资子公司开展经营活动提供担保无须公司决议的表述能否完全体现该条的规范目的。

---

① 参见齐佳：《法律适用中的政策考量》，载《法制与经济》2010年第2期。

三、非上市公司为间接持股100%公司提供担保无须决议具有正当性

(一) 非上市公司为间接持股100%公司提供担保的实质

在间接持股关系中，公司是通过其控制的附属公司拥有了对另一家公司进行控制的股权，公司不是其所控制公司的股东。从法律形式上来讲，非上市公司为间接持股100%公司提供担保不属于非上市公司为全资子公司提供担保的情形。然而，非上市公司为间接持股100%公司提供担保与非上市公司为全资子公司提供担保实质相同。因担保人公司间接持有被担保公司100%股权，相应地，被担保公司的利益通过担保人公司控制的附属公司最终全部归属于担保人公司，该情形可以被认定为担保人公司为自己利益担保，也不存在向被担保人公司其他股东输送利益的情形，不属于《公司法》第十六条规制范围，可以认定符合担保人公司的真实意思表示。

(二) 扩张解释的运用

扩张解释方法是指，某个法律条文所使用的文字、词句的文义过于狭窄，将本应适用该条的案件排除在它的适用范围之外，于是扩张其文义，将符合立法本意的案件纳入其适用范围的法律解释方法。[①] 如前文分析，非上市公司未经决议为全资子公司提供担保应承担担保责任的逻辑在于，非上市公司为全资子公司提供担保是为自己利益提供担保，可以认为符合公司的真实意思表示。而无论是直接持股100%还是间接持股100%，公司为其所控制公司提供担保均是为自己利益提供担保。《担保制度解释》“全资子公司”的文字表述与其规范用意相较过于狭窄，导致“公司间接控股100%公司”的情形排除在应当适用的范围之外。应扩张“全资子公司”文义，将“公司间接控股100%公司”归入其中。

---

① 参见梁慧星：《裁判的方法》，法律出版社2012年版，第143页。

四、本案的处理

融创西南公司不是上市公司、上市公司控股子公司以及股票在国务院批准的其他全国性证券交易场所交易的公司，属于《担保制度解释》第八条规范的非上市公司。融创西南公司间接持有璟富公司100%股权，相应地，璟富公司的利益最终全部归属于融创西南公司。具体情况为：璟富公司的利益30%归属于融创置地公司，融创置地公司的利益全部归属于融创西南公司；璟富公司的利益70%归属于融创昂麒公司，融创昂麒公司利益全部归属于融创慕申公司，融创慕申公司利益全部归属于融创融霖公司，融创融霖公司利益全部归属于融创西南公司。即被担保人璟富公司的利益通过融创置地公司等全部归属于担保人融创西南公司（见图1）。

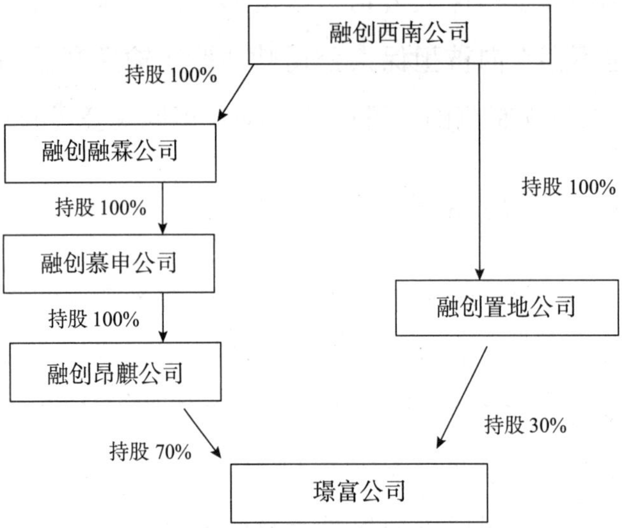

图1　案涉公司股权结构

此种情形下，融创西南公司通过签订《商票兑付延期协议》为璟富公司经营活动提供担保，实质上是为自己的利益提供担保。即便没有公司决议，亦可认定为符合融创西南公司的真实意思表示，不违背《公司法》第十六条规定之法目的和《担保制度解释》第八条第一款第二项之规范目的。《商票兑付延期协议》对融创西南公司发生效力，融创西南公司应承担相应担保责任。

上海为安网络科技有限公司诉上海旭鼎投资管理有限公司、第三人上海瀛东律师事务所其他合同纠纷案

——诉讼投资协议效力的司法认定

◇编写人：上海市第二中级人民法院　李非易　刘子娴

【获奖评语】

本案系全国首例认定诉讼投资协议效力的案件。诉讼投资是投资方以被投资方作为一方当事人的诉讼案件为标的，为被投资方垫付诉讼费用，案件胜诉则投资方从被投资方所得案款中收取一定投资收益，败诉则投资方分文不取且无权要求返还已垫付费用的一种源起于域外的投资方式。诉讼投资于近年引入我国并初具发展规模，配套规制的空白使得诉讼投资协议效力认定成为理论界和实务界的热议话题。本案依据公序良俗原则，综合考量交易模式类型、投资对象性质以及行业发展现状等因素，立足于协议具体条款内容，对合同效力进行了审慎认定。诉讼投资协议约定投资方同诉讼代理人高度捆绑、投资方过度控制诉讼、禁止投资信息披露的，有损诉讼秩序，异化司法的公共属性，背离息讼止争的核心价值，违背公序良俗原则，依法应认定为无效。本案的处理不仅对后续类案审判具有较高的指导意义，还为诉讼投资行

业健康有序发展作出了正确的指引。案件裁判结果正确，说理充分有力，裁判要旨归纳准确，具有新颖性，对于弘扬社会主义核心价值观具有积极意义。

【关键词】

诉讼投资协议　合同效力　公序良俗　诉讼秩序

【裁判要旨】

评判诉讼投资协议效力，应依据公序良俗原则，综合考量交易模式的金融属性和投资对象为司法案件等因素，结合诉讼投资行业尚且起步、配套规范和监管缺失的现状，对合同订立目的、具体条款内容进行事实和价值层面的判断，审慎认定合同效力。诉讼投资协议约定投资方同诉讼代理人高度捆绑、投资方过度控制诉讼、禁止投资信息披露的，有损诉讼秩序，异化司法的公共属性，背离息讼止争的核心价值，违背公序良俗原则，依法应认定为无效。

【相关法条】

《民法总则》（2017 年 3 月 15 日公布）

第一百五十三条第二款　违背公序良俗的民事法律行为无效。

【案件索引】

一审：上海市静安区人民法院（2020）沪 0106 民初 2583 号（2021 年 8 月 6 日）

二审：上海市第二中级人民法院（2021）沪02民终10224号（2022年5月31日）

【基本案情】

原告上海为安网络科技有限公司（以下简称为安公司）诉称：其与上海旭鼎投资管理有限公司（以下简称旭鼎公司）、上海瀛东律师事务所（以下简称瀛东所）订有《诉讼投资合作协议》，约定由为安公司向旭鼎公司提供诉讼投资服务。该协议系各方真实意思表示，亦于法无悖，当属有效。为安公司已经按约在旭鼎公司诉辽宁天士力参茸股份有限公司（以下简称天士力公司）等服务合同纠纷一案（以下简称标的案件）中为旭鼎公司垫付诉讼费用。瀛东所亦按约在标的案件中为旭鼎公司提供法律服务。旭鼎公司应履行支付义务。然而，旭鼎公司不但拒付，还单方解约。故请求旭鼎公司向为安公司支付投资收益、法律服务费和违约金。

被告旭鼎公司辩称：为安公司超越经营权限从事金融业务，且由专职律师担任法定代表人，故《诉讼投资合作协议》违背法律、行政法规强制性规定，当属无效。即使协议有效，为安公司和瀛东所违约，旭鼎公司无须支付投资收益和法律服务费。

第三人瀛东所述称：同意为安公司的请求。

法院经审理查明：

2017年7月20日，上海市崇明区人民法院（以下简称崇明法院）对标的案件作出天士力公司支付旭鼎公司顾问服务费7684950元及违约金的判决。同年11月2日，上海市第二中级人民法院裁定发回重审。2017年12月，旭鼎公司、为安公司、瀛东所签订《诉讼投资合作协议》，主要约定：为安公司是中国首家法律金融公司，为法律服务提供金融解决方案，以诉讼投资、不良资产处置为主要业务范围。为安公司投资旭鼎公司在标的案件中的全部诉讼费用，包括案件受理费、律师费等。旭鼎公司根据生效法律文书，以其最终实际收到的天士力公司支付款项的27%作为为安公司的投资收益。若旭鼎公司败诉或最终无法收到款项，为安公司自担损失，旭鼎公司无须支付任何费用。为安公司关联方瀛东所的律师担任旭鼎公司在标的案件中的代理人。如果发生瀛东所及其代理律师的主体变更，由瀛东所指派律师，并征得旭鼎公司同意。旭鼎公司有权跟进标的案件进展状况，并对案件的调解、和解与诉讼行为，有权最终参与决策制定。为安公司可以参与商讨标的案件的诉讼策略、诉讼节点等问题。鉴于此项业务涉及不可预测的政策风险，缔约三方应尽最大努力做好保密与风控工作。

同日，旭鼎公司和瀛东所签订《委托代理合同》，主要约定：为安公司向瀛东所支付律师费。律师费包括基础律师费 10 万元和天士力公司支付款项金额的 15%（含基础律师费）。2018 年 1 月 3 日，为安公司分别向旭鼎公司和瀛东所转账诉讼费垫资款 65595 元和律师费 10 万元。2018 年 2 月 5 日，标的案件重审，崇明法院判决天士力公司支付旭鼎公司顾问服务费 304.5 万元和违约金。后上海市第二中级人民法院二审判决驳回上诉，维持原判。2019 年 7 月 24 日，天士力公司向崇明法院交付标的案件执行款 5482835.34 元。2019 年 12 月 30 日，上海市高级人民法院裁定驳回旭鼎公司就标的案件提出的再审申请。

【裁判结果】

上海市静安区人民法院于 2021 年 8 月 6 日作出（2020）沪 0106 民初 2583 号民事判决：（1）为安公司与旭鼎公司、瀛东所订立的《诉讼投资合作协议》无效；（2）旭鼎公司应于判决生效之日起十日内返还为安公司 131190 元；（3）为安公司的诉讼请求不予支持。宣判后，为安公司提出上诉。上海市第二中级人民法院于 2022 年 5 月 31 日作出（2021）沪 02 民终 10224 号民事判决：驳回上诉，维持原判。

【裁判理由】

法院生效判决认为：本案的争议焦点为《诉讼投资合作协议》的效力认定问题。

一、案涉协议的交易模式具有指向非实体经济领域的金融属性，应当谨慎认定其效力

首先，案涉协议并非有名合同，涉及投资、委托等多重法律关系，因存在资金融通，具有金融属性。投资对象和融资指向是标的案件和司法行为。此交易将资本投向非实体经济的诉讼领域，有违国家引导金融脱虚向实的价值导向，司法不应当持倡导和鼓励的立场。其次，合同效力评价体现国家对私法行为的干预。因政治、经济、文化、价值观念不同，判定标准在国家间存在差异。当前我国的诉讼投资领域规范和监管均为空白。司法应考量交易特征和行业现状，针对合同目的和条款内容从事实和价值等角度谨慎认定个案合同效力，从而引导新兴行业有序发展，防止资本无序扩张。

二、案涉协议内容有损公共秩序

（一）投资方为安公司与代理人瀛东所高度关联，缺乏利益隔离设置，妨害诉讼代理基本原则的实现

瀛东所不再是独立的法律服务提供者，难以在为安公司同旭鼎公司出现利益冲突时保障旭鼎公司实现权益最大化。通过高度捆绑的利益共同体，为安公司可借瀛东所进入须特许经营的诉讼代理领域，瀛东所亦可借为安公司之名获取法定代理费标准之外的收益，从而规避诉讼代理相关强制性规范，并产生税务合规等衍生问题。

(二) 为安公司过度控制旭鼎公司的诉讼行为，侵害其诉讼自由

案涉协议剥夺了旭鼎公司在标的案件中以下诉讼自由：首先，自行委托律师的自由。旭鼎公司欲更换律师时只能接受瀛东所重新指派的新律师，故旭鼎公司代理人实质上被瀛东所垄断。其次，行使诉讼处分权的自由。针对标的案件，旭鼎公司旨在保障自身权益，为安公司目的在于最大化投资回报，故两者存在利益冲突的可能。案涉协议将旭鼎公司依法当然享有的诉讼决策权以赋予的形式限缩至诉讼决策参与权的同时，还赋予为安公司参与商讨诉讼策略、节点的权利，将其纳入诉讼决策者范围之中。该些约定赋予了为安公司干预和控制诉讼进程的权利，实质性地限制了旭鼎公司的诉讼自由。

(三) 设置保密条款，投资信息不披露，危害诉讼秩序

首先，当标的案件审判组织存在因为安公司而需回避的情形时，保密条款妨碍了回避制度的功能实现。其次，标的案件相对方或因知晓诉讼投资的存在而改变诉讼策略的选择或诉讼权利的处分，保密条款打破了两造对抗结构的平衡。再次，保密条款剥夺了旭鼎公司通过法院介入避免为安公司过度干预诉讼的机会。最后，保密条款为投资方同时投资标的案件双方当事人等危害诉讼秩序的行为提供了空间。

三、案涉协议项下的交易模式有违善良风俗

首先，有违司法活动服务社会公众利益的公共属性。投资标的包含司法活动。同代理人高度关联和过度控制诉讼的权利令为安公司成为司法活动密切利益方，其私利目的或影响司法。其次，有违和谐、友善的核心价值。案涉协议助推或吸引当事人以较低的成本发起诉讼，可能引发随意起诉、滥诉，不利于息诉止争，有架空多元化解纠纷机制的风险，与善良风俗相悖。

【案例注解】

诉讼投资亦被称为第三方资助诉讼（third-party litigation funding），源起于国外的诉讼实践。我国诉讼投资起步于2016年，[①] 尚处于发展初期，缺乏成文规范的规制。司法实践中，诉讼投资协议产生纠纷案件稀少。[②] 诉讼投资通过意思自治将金融资本渗入以国家强制力为后盾、保障民事主体合法权益最后防线的司法领域。对诉讼投资协议的效力评价关涉资本的有序扩张和对诉讼秩序的维护。

一、诉讼投资协议的法律性质

合同类型决定效力评价的法律依据，诉讼投资协议效力认定应当在厘清协议性质的前提下开展。作为新兴行业的衍生产物，应纵观合同目的和权利义务内容，分析交易显著特征从而进行诉讼投资协议的性质判断。

（一）以司法案件为标的的投融资交易

1. 各主体合同目的

诉讼投资协议的合同主体主要为投资方和被投资方。投资方是与投资标的即诉讼案件无任何法律利害关系的第三方，通过测评风险回报率进行投资决策。其合同目的直接且单一，即通过投资获取收益。对于投资方而言，诉讼投资是风险投资的一种。

被投资方为投资标的案件的一方当事人，多为原告。被投资方大体存在以下两种类型：其一，寻求资金支持类。此类被投资方因无力承受高额的诉讼成本而被迫放弃通过司法程序实现合法权益，诉讼投资协议于其而

① 参见多层次资本市场联盟：《多盟诉讼融资白皮书》，http：//www. lawsuitfund. net/index. php/companynews/350. html，2022年7月30日访问。

② 检索与诉讼投资有关的案件，在本案之前，仅见北京市第二中级人民法院（2020）京02民终807号案一例，然而该案未聚焦协议效力问题，故司法领域在本案之前并未正式对诉讼投资协议的效力如何认定的问题作出表态。

言是为了获得公力救济的启动资金。其二，转移诉讼风险类。此类被投资方多为公司主体。对于诉讼费用，其自身虽有能力承担，但诉讼成本转移可以减少诉讼相关支出对账面现金流和正常经营活动开支的影响。[①] 对于败诉风险，因投资方依约对投资款无追索权，被投资方即使在诉请未获支持的情况下仍无任何损失。此类被投资方订立诉讼投资协议是为了实现诉讼风险的转移。不论出于何种目的，诉讼投资对于被投资方是转移诉讼成本的融资行为。诉讼投资因此另称为诉讼融资。本案诉讼投资协议还涉及律所这一特殊主体。然而，律所作为案涉协议的缔约方主要为了明确其与投资人间的关联关系，绑定对标的案件的代理权。故律所并非诉讼投资法律关系的必然主体。

2. 主要权利义务内容

投资方的主要权利义务通常是为被投资方支付诉讼费用，包含受理费、律师费、鉴定费等，标的案件胜诉则取酬，败诉则分文不取，对已支出的投资款无追索权。对被投资方而言，其转移诉讼成本需承受的对价为部分实体权利和程序权利的让渡。让渡的实体权利为具有财产属性的对胜诉收益的期待利益，[②] 即胜诉收益部分归投资方所有。程序权利的让渡为被投资方对标的案件的控制权不同程度地实际由无诉讼地位的投资方行使。故诉讼投资协议以诉讼案件和司法行为为投融资标的，涉及胜诉财产权和程序控制权让渡，具备结合金融和诉讼的多元特征。

（二）诉讼成本转移的平行机制

诉讼投资协议的核心内容是投融资和诉讼费用的承受转移。投融资合同并非典型合同。如果现行可实现诉讼成本转移的机制能与诉讼投资特征相似，则可以类推适用相关的规定。诉讼费缓减免、风险代理和诉讼信托都一定程度上可分担当事人的诉讼成本，然而，诉讼费缓减免的资金来源为国家财政，适用案件类型受法律明确限制，故其与诉讼投资通过意思自

① See Cento Veljanovski, *Third Party Litigation Funding in Europe*, (2012) 8 JL Econ & Pol'y.

② 参见张雅萍：《期待权性质之法理学分析》，载《学术交流》2009 年第 8 期。

治实现市场化资金筹措存在本质上的差异。风险代理虽然也经由合意转移了与律师费用相关的诉讼成本，但风险代理合同中的律师和诉讼投资协议中的投资方在标的案件中的诉讼地位存在明显的不同。最后，诉讼投资中实际用于支付诉讼费用价金的财产权，并未通过明确意思表示产生委托给受托人并以受托人的名义处分和管理的法律效果，[①] 诉讼投资与诉讼信托存在法律内容方面的根本区别。故诉讼成本转移的平行机制均不能成为诉讼投资协议“最相类似合同”。综上，诉讼投资协议同时涉及金融和诉讼领域，属于拥有独立法律特征的无名合同。

二、诉讼投资协议效力评价的章法

由于诉讼投资协议并非典型的有名合同，且协议内容在我国尚属新型交易模式，故在评价其效力时，缺乏可直接或类推适用的特别法规范依据，此时可在一般规范、法律原则乃至法理中寻求法源，并考察和适度借鉴域外经验进行综合判断。

（一）公序良俗原则的适用

缔约方意思自治订立的合同能否按照约定发生法律效果是进行合同效力评价的结果。[②] 作为一种市场行为，合同并非只相对地改变缔约双方的权利义务，还会对社会、不特定第三人产生一定的影响。基于利益衡量，损害社会、不特定第三人利益的所有类型合同均被法律赋予效力否定的评价。故公序良俗构成缔约自由的边界。公序良俗可拆分为公共秩序和善良风俗，内容呈现出不确定性、时间性、地域性等特点。[③] 公序良俗中最为典型的是法律秩序，[④] 即以宪法为中心的现行法律体现的全部价值理念。适用公序良俗判断合同效力，应当着眼于具体合同内容、动机、目的等相

---

① 参见《信托法》第二条。

② 参见韩世远：《合同法总论》，法律出版社 2018 年版，第 194 页。

③ 参见贺小荣：《意思自治与公共秩序——公共秩序对合同效力的影响及其限度》，载《法律适用》2021 年第 2 期。

④ 参见最高人民法院民法典贯彻实施工作领导小组主编：《〈中华人民共和国民法典〉总则编理解与适用》（下），人民法院出版社 2020 年版，第 762 页。

关因素对照相应法律秩序内容进行判断。[①] 本案的诉讼投资协议内容同时涉及金融领域和诉讼领域，依据公序良俗判定其效力的方法为分析具体条款内容是否符合相关现行法规范的金融秩序和诉讼秩序。

（二）域外经验的考察

诉讼投资在典型英美法系国家已经形成较为成熟的规制模式和一定的行业规模，符合要求的诉讼投资协议效力得到了司法的肯定。本案投资方借此认为该类协议在我国亦应当认定为有效。诚然，由于国家间政治、经济、文化、价值观念等存在差异，合同效力评价机制自然有所不同，但毕竟兼听则明，考察并适度借鉴域外经验显然是有所裨益的。

域外诉讼投资配套的法律环境与我国存在诸多不同。首先，诉讼投资的规范体系不同。以英国为例，成文法、判例法和行业规范共同建立起诉讼投资规制体系。成文法规定违背公共政策的诉讼投资协议无效，[②] 判例法确定了投资方对标的案件进行程序控制的合理性判断等规则，[③] 诉讼出资者协会（The Association of Litigation Funders）制定的《诉讼出资者行为准则》（The Code of Conduct for Litigation Funders）系针对投资公司诉讼投资行为的行业规范。其次，诉讼费用转移的制度背景不同。因格外注重程序正义，英国的诉讼费用和时间成本远超我国，并具备较为成熟的诸如诉讼保险等其他诉讼费用转移机制。因此，本案认定诉讼投资协议效力时，应当立足于我国的现实情况与本土实践，以我国公序良俗内容为依据进行认定。对于域外法，可以适度参考判定具体合同效力的裁判思路，发挥司法通过对个案合同效力认定逐步规范诉讼投资行业发展的功能。

三、诉讼投资协议效力评价的路径

诉讼投资协议效力评价的关键，在于判断该协议具体内容是否会严重

---

① 参见黄喆：《合同效力之判定与公序良俗》，载《南京社会科学》2014 年第 4 期。

② See The Criminal Law Act 1967, s14(2).

③ See *Arkin v. Borchard Lines Ltd.* [2005] EWCA Civ 655.; *Excalibur Ventures v. Texas Keystone and others* [2016] EWCA Civ 1144.

影响公共秩序，尤其是诉讼秩序。诉讼秩序是以民事诉讼法为核心的公法体系规范和调整所形成的民事诉讼领域的一种有序状态，[①] 而诉讼投资协议对诉讼秩序最大的影响莫过于投资方的引入。投资方在投资前是与标的案件无利害关系的第三方。但在本案中，以下三种条款或实质上无依据地将投资方的权利扩张至诉讼领域，或影响司法公平的实现，从而伤及诉讼秩序，协议据此归于无效。

（一）投资方与律所的高度关联

规范的诉讼秩序下，律师和当事人间关系受委托法律关系和律师执业道德的规范。律师应当忠实维护当事人权益，勤勉办理受托事项。然而在诉讼投资模式下，一旦投资方与律所存在高度关联，律师还能否一丝不苟地践行前述宗旨不无疑问。投资方旨在实现收益最大化，被投资方的目标则是保障自身权益，两者可能存在诉讼决策方面的利益冲突。例如，投资方为了获取最大利益而坚持诉讼，被投资方因息诉意愿而选择收益相对较少的调解、和解。此时，即使存在诉讼投资，律师仍应保持其独立性和专业性，维护当事人利益。然而，本案诉讼投资协议中明确律所直接由投资方指定，两者间存在股权架构的高度关联和实际控制人的混同，此种捆绑关系明显有碍律师维护委托人权益的基本原则的实现。此外，本案投资方与律所形成的利益共同体可能规避委托代理领域的强制性规范。委托代理属于需要相关机关审批的特许经营行业，投资方可以通过律所实质上参与到其本无资质的领域，破坏行业秩序。同时，代理费用的收取标准和风险代理的范围均有强制性规范予以明确规定。律所可以通过投资方实际获取高于规定的收益，同时带来税务合规等衍生问题。

（二）投资方过度控制诉讼

诉讼权利本质上是请求并获得公力救济的程序性权利，行使即意味着

---

① 参见卓胜渊：《法理学》，法律出版社2000年版，第214页。

享受公共司法资源。故民事诉讼法明确诉讼权利的享有与诉讼主体资格的取得密切相关，获得诉讼主体资格的前提是享有实体权利，从而“实体权利—诉讼权利—诉讼主体资格”相绑定形成了权利资格束，三者互相依存，互为因果，无法割裂。实体权利一旦转让，则诉讼权利和诉讼主体资格一并转移，不应当出现三者中某一项权利或资格转让而其余权利或资格仍归属于出让人的情形。根据比例原则和权责一致原则，投资方能够取得的诉讼权利应被严格限定为对诉讼程序的知情权，目的是确保其投入的资本不被任意处分。该结论被英美法系多个判例所采纳。①

本案中，投资方通过诉讼投资协议取得的实体权利仅限于27%胜诉利益的期待权，标的案件中的实体权利本质上仍归于被投资方。然而，投资方享有了包含选择律师、决定诉讼策略在内的核心诉讼权利，故实体权利和诉讼权利的转让明显不成比例，呈现了两者割裂的态势，造成标的案件出现诉讼程序中名实不一、权责分离的情况。由此可见，本案中投资方以合同的形式取得本应专属于被投资方的核心诉讼权利，属于对标的案件的过度控制，侵蚀了被投资方的诉讼自由，违背了诉讼主体资格制度和诉讼权利处分原则，损害诉讼秩序。

（三）禁止投资信息披露

投资方即使在投资标的案件中并不拥有诉讼主体资格，但是其与案件审理过程和结果均存在利益关联，且投资方的存在和资本的逐利性可能对司法造成影响，故投资方的存在应当在诉讼中向审判组织和对方当事人予以披露，否则会对诉讼秩序产生不利影响。其一，妨碍回避制度的运行。当投资方及其法律团队与标的案件审判组织之间存在可能影响案件公正审理的关系时，如若诉讼投资关系在标的案件审理中不被披露而始终隐于幕后，对方当事人和法院并不知晓投资方的存在，则申请回避或主动回避无

① See *Arkin v. Borchard Lines Ltd.* [2005] EWCA Civ 655.; *Excalibur Ventures v. Texas Keystone and others* [2016] EWCA Civ 1144，判例：*Anglo-Dutch Petroleum Intl, Inc. v. Haskell*, 193 S. W. 3d 87.; *Odell v. Legal Bucks, LLC*, 665 S. E. 2d 767.

从谈起，而应当回避未回避构成民事诉讼法规定的严重违反《反不正当竞争法》法定程序的事项，甚至可能导致标的案件的审理出现不公。其二，打破诉讼两造的平衡。投资方的介入势必增强被投资方的诉讼实力，可能影响诉讼的走向和当事人的判断。而投资信息的不彰则导致对方当事人丧失调整诉讼策略或处分诉讼权利的机会。其三，剥夺了公权力维护诉讼秩序的机会。当法院知晓诉讼投资时，可对诉讼投资协议进行必要审查，以确保诸如“投资方过度控制”“投资方与律所捆绑”“投资方两头下注”等情形得到限制和约束，而保密条款的存在则彻底剥夺此种可能。

本案中，投资方拥有过度控制诉讼进程的权利且与律所高度关联，不排除存在影响公正审理的可能，但诉讼投资协议不但未约定将诉讼投资信息主动披露且实际上也并未披露，反而明确约定缔约各方应当对诉讼投资信息进行保密，该约定明显损害了诉讼秩序。

四、诉讼投资规制体系的展望

诉讼投资将资本注入具有公共属性的司法裁判中，任意的意思自治可为资本私利目的影响诉讼秩序提供渠道。不加规制地转移诉讼成本则会诱发争讼，架空多元解纷机制，与息讼止争的善良风俗相悖。在专门规范缺位的现况下，司法评价诉讼投资协议效力应当以维护诉讼秩序为准则，分析具体条款是否符合公序良俗，对约定了诸如投资方与律所高度利益捆绑、投资方过度控制诉讼、禁止投资信息披露等明显损害诉讼秩序的协议给予无效的效力评价，从而发挥司法指引交易的作用。对于符合公序良俗的诉讼投资仍需建立规制体系以保证该模式的有序运作。对此，司法作个案评判的同时，行业内部和监管机构可以从投资方角度对市场准入标准、投资流程规范等设立规则，立法立足于保障司法公正制定专门的披露要求等规范，从而形成三位一体的规制体系。

北京苏恒世纪装饰工程有限责任公司诉陈某某、刘某等清算责任纠纷案

——未届出资期限的认缴股东转让股权后对公司债务责任的承担

◇编写人：北京市通州区人民法院　吴可加　梁宏耀

【获奖评语】

本案是关于出资期限未届满的股东在公司债务未能清偿的情况下对外转让股权，股东是否应向债权人承担清偿责任的典型案例。现行《公司法》取消了公司注册资本必须实缴的强制性规定，将股东的出资额、出资期限交由股东在公司章程中自主约定，在注册资本认缴制下，股东依法享有出资的期限利益。未届期出资股权转让后，债权人是否可以直接请求原股东对公司未能清偿的债务承担责任，目前实践中尚缺乏清晰的裁判标准。本文通过分析债权人请求股东对公司债务承担责任的法理与请求权基础和梳理相关裁判规则，总结了对于未届出资期限的认缴股东转让股权后对公司债务是否应承担的情形和需要考量的因素，对提炼裁判规则、统一司法标准具有实践意义，亦对推动公司立法完善具有积极的理论价值。案件裁判结果正确，说理充分有力，裁判要旨归纳准确，具有代表性。

【关键词】

出资期限　股权转让　出资义务　加速到期　债务承担

【裁判要旨】

股东明知公司对外负债且无力清偿的情况下以不合理的对价向没有出资能力的受让人转让出资期限尚未届满的股权，属于利用出资期限利益故意逃避债务，损害了公司债权人的利益，转让股东仍应在未出资范围内对公司债务承担连带清偿责任。

公司解散清算期间，股东丧失出资期限利益，股东未届出资期限的认缴出资应加速到期，在公司财产不足以清偿债务时，债权人主张未缴出资股东在未缴出资范围内对公司债务承担连带清偿责任的，人民法院应予支持。

【相关法条】

《公司法》（2018 年 10 月 26 日公布）

第二十八条　股东应当按期足额缴纳公司章程中规定的各自所认缴的出资额。股东以货币出资的，应当将货币出资足额存入有限责任公司在银行开设的账户；以非货币财产出资的，应当依法办理其财产权的转移手续。

股东不按照前款规定缴纳出资的，除应当向公司足额缴纳外，还应当向已按期足额缴纳出资的股东承担违约责任。

《最高人民法院关于适用〈中华人民共和国公司法〉若干问题的规定（二）》（2020 年 12 月 29 日公布）

第二十二条　公司解散时，股东尚未缴纳的出资均应作为清算财产。

股东尚未缴纳的出资，包括到期应缴未缴的出资，以及依照公司法第二十六条和第八十条的规定分期缴纳尚未届满缴纳期限的出资。

公司财产不足以清偿债务时，债权人主张未缴出资股东，以及公司设立时的其他股东或者发起人在未缴出资范围内对公司债务承担连带清偿责任的，人民法院应依法予以支持。

《最高人民法院关于适用〈中华人民共和国公司法〉若干问题的规定（三）》（2020年12月29日公布）

第十三条　股东未履行或者未全面履行出资义务，公司或者其他股东请求其向公司依法全面履行出资义务的，人民法院应予支持。

公司债权人请求未履行或者未全面履行出资义务的股东在未出资本息范围内对公司债务不能清偿的部分承担补充赔偿责任的，人民法院应予支持；未履行或者未全面履行出资义务的股东已经承担上述责任，其他债权人提出相同请求的，人民法院不予支持。

股东在公司设立时未履行或者未全面履行出资义务，依照本条第一款或者第二款提起诉讼的原告，请求公司的发起人与被告股东承担连带责任的，人民法院应予支持；公司的发起人承担责任后，可以向被告股东追偿。

股东在公司增资时未履行或者未全面履行出资义务，依照本条第一款或者第二款提起诉讼的原告，请求未尽公司法第一百四十七条第一款规定的义务而使出资未缴足的董事、高级管理人员承担相应责任的，人民法院应予支持；董事、高级管理人员承担责任后，可以向被告股东追偿。

第十八条　有限责任公司的股东未履行或者未全面履行出资义务即转让股权，受让人对此知道或者应当知道，公司请求该股东履行出资义务、受让人对此承担连带责任的，人民法院应予支持；公司债权人依照本规定第十三条第二款向该股东提起诉讼，同时请求前述受让人对此承担连带责任的，人民法院应予支持。

受让人根据前款规定承担责任后，向该未履行或者未全面履行出资义务的股东追偿的，人民法院应予支持。但是，当事人另有约定的除外。

【案件索引】

一审：北京市通州区人民法院（2020）京 0112 民初 18815 号（2021 年 4 月 30 日）

二审：北京市第三中级人民法院（2020）京 03 民终 15650 号（2021 年 12 月 22 日）

【基本案情】

原告北京苏恒世纪装饰工程有限责任公司（以下简称苏恒世纪公司）诉称：苏恒世纪公司与军创联合（北京）企业管理有限公司（以下简称军创联合公司）装饰装修合同纠纷一案，北京市海淀区人民法院（以下简称海淀法院）于 2019 年 4 月 30 日作出了（2017）京 0108 民初 1359 号民事判决书，判决军创联合公司给付苏恒世纪公司工程款、利息等。军创联合公司提起上诉后，二审法院判决驳回军创联合公司上诉请求，维持一审判决。在生效判决规定的履行期内，军创联合公司未履行给付义务，苏恒世纪公司遂于 2019 年 7 月 1 日向海淀法院申请强制执行，执行中发现军创联合公司已被注销，海淀法院作出（2019）京 0108 执 14606 号民事裁定书，终结本次执行。经苏恒世纪公司查询军创联合公司工商档案发现，在海淀法院作出（2017）京 0108 民初 1359 号民事判决书后，军创联合公司的股东倒手股权两次，最终由黎某于 2019 年 8 月 22 日作出公司解散的股东会决议，并成立清算组，于 2019 年 9 月 5 日向工商登记部门申请注销，于 2019 年 9 月 6 日获得核准注销。黎某、雷某未根据法律规定通知已知的债权人苏恒世纪公司，也未在法定期间内办理公告，导致苏恒世纪公司债权未能及时申报并获得清偿，黎某、雷某应对苏恒世纪公司的损失承担连带赔偿责任。黎某办理申请注销向工商部门提交的注销公告系于 2019 年 3 月 11 日登记于《北京晚报》，该公告登记时军创联合公司的股东系陈某某、刘某，在办理了注销公告后，陈某某、刘某两次转让股权，并以虚假的清算报告骗取工商登记部门办理注销登记，恶意逃避债务，陈某某、刘某应对苏恒世纪公司的损失承担连带赔偿责任。同时，根据军创联合公司工商档案，四被告作为军创联合公司股东期间实缴出资 100 万元，剩余 1900 万元认缴出资未进行实缴，根据相关法律规定，公司解散时，股东尚未缴纳的出资均应作为清算财产，故苏恒世纪公司诉至法院，请求：（1）陈某某、刘某、雷某、黎某共同对苏恒世纪公司依照（2017）京 0108 民初 1359 号民事判决书对军创联合公司享有的债权承担连带责任；（2）陈某某、刘某、雷某、黎某承担本案的诉讼费、公告费。

被告陈某某和刘某辩称：不同意苏恒世纪公司的诉讼请求。陈某某和刘某已经履行了自己的出资义务。陈某某履行了初期 60 万元的出资义务，后期认缴的 1600 万元出资，出资期限尚未届满。2019 年 5 月 8 日，陈某某将其持有军创联合公司的股权转让给了雷某，同日，刘某亦将其持有的军创联合公司的股权转让给了雷某，协议中约定陈某某和刘某对军创联合公司的债权债务不再承担责任，并于当日进行工商变更登记。陈某某和刘某在出资期限届满前将股权对外转让的行为，不属于“未出资或未完全履行出资义务”。2019 年 8 月 22 日，北京市工商局出具的备案通知书显示，军创联合公司的清算组负责人及成员是黎某，陈某某、刘某不是清算组成员。清税证明和企业注销登记申请书中显示的抬头名称均为军创联合公司，不是陈某某和刘某，实际操控公司清算的是黎某，不是陈某某和刘某。苏恒世纪公司应向清算组成员黎某和雷某主张权利，陈某某和刘某不属于承担连带赔偿责任的主体。

被告雷某、黎某未作答辩，亦未到庭参加诉讼。

法院经审理查明：

军创联合公司最初的名称为东舟行品牌设计（北京）有限公司（以下简称东舟设计公司），于 2013 年 7 月 25 日注册成立，注册资本为 100 万元，法定代表人为陈某某，执行董事为陈某某，股东为陈某某、北京东舟广告有限公司（以下简称东舟广告公司）和赵某，分别实缴注册资本 60

万元、10万元、30万元。2016年1月14日，东舟设计公司名称变更为东舟行公司，注册资本变更为2000万元。2017年7月6日，转让股东东舟广告公司、赵某退出东舟行公司，法定代表人变更为刘某，股东变更为陈某某和刘某，执行董事变更为刘某、监事变更为陈某某，并变更公司章程关于股东出资内容为：陈某某认缴出资额为1600万元，出资方式为货币，出资时间为2033年7月1日，刘某认缴出资额为400万元，出资方式为货币，出资时间为2033年7月1日。2019年4月16日，东舟行公司名称变更为军创联合公司。

2017年1月6日，苏恒世纪公司将东舟行公司诉至海淀法院。海淀法院于2019年4月30日作出（2017）京0108民初1359号民事判决书，判令：（1）东舟行公司于判决生效后七日内支付苏恒世纪公司工程款397473.12元，并以397473.12元为基数，按照中国人民银行同期同类贷款利率支付自2016年12月29日至实际支付之日止的利息；（2）驳回苏恒世纪公司其他诉讼请求；（3）驳回东舟行公司的全部反诉请求。东舟行公司在上述判决作出前名称变更为军创联合公司，军创联合公司不服该判决提起上诉，北京市第一中级人民法院于2019年6月18日作出（2019）京01民终5950号民事判决书，驳回军创联合公司的上诉，维持原判。军创联合公司未在判决书确定的期限内履行义务，苏恒世纪公司向海淀法院申请强制执行。海淀法院于2019年9月23日作（2019）京0108执14606号执行裁定书，载明因未发现军创联合公司可供执行的财产，裁定本次执行程序终结。苏恒世纪公司遂向海淀法院申请追加陈某某作为该案的执行人，海淀法院于2020年5月28日作出（2020）京0108执异55号执行裁定书，裁定驳回苏恒世纪公司提出的追加陈某某为该案被执行人申请。

2019年3月11日，军创联合公司在《北京晚报》发布注销公告载明：军创联合公司经股东会决议，拟向公司登记机关申请注销登记，清算组成员为雷某，清算组负责人为雷某。请债权债务人于公告之日起45日内向本公司清算组申报债权债务，特此公告。

2019年5月8日，陈某某和刘某作为转让方与受让方雷某，分别签订

《股权转让协议》，约定雷某受让陈某某所持有的军创联合公司1600万元股权和刘某所持有的军创联合公司400万元股权，并约定2019年5月8日正式转让，自转让之日起，转让方对已转让的出资不再享有出资人的权利和承担出资人的义务，受让方以其出资额在企业内享有出资人的权利和承担出资人的义务。此协议经双方签署后生效。当日，军创联合公司作出如下股东会决议：（1）同意增加新股东雷某；（2）同意转让股东陈某某、刘某退出股东会；（3）同意转让股东将其持有的出资1600万元转让给雷某；刘某将其持有的400万元转让给雷某；（4）同意免去刘某执行董事职务；（5）同意免去陈某某的监事职务；（6）同意修改公司章程。陈某某和刘某在股东会决议上签字确认。同日，军创联合公司作出股东决定，股东雷某作出如下决定：（1）同意雷某成为公司唯一股东；（2）同意委派雷某为执行董事；（3）同意委派吴某平为监事；（4）同意修改公司章程。同日，军创联合公司还作出执行董事决定，执行董事刘某决定同意解聘刘某的经理职务。执行董事雷某决定聘任雷某为经理。军创联合公司变更公司章程关于股东和股东的出资内容为：股东雷某，认缴出资额2000万元，出资时间2033年7月1日。

庭审中，陈某某、刘某主张之所以将股权转让给雷某，是因为雷某想收购一家北京的公司，股权转让价款共计500元。

2019年8月5日，雷某作为转让方与黎某作为受让方签订《股权转让协议》约定：（1）转让方同意将军创联合公司的股权2000万元转让给受让方；（2）受让方同意接收转让方在军创联合公司的股权2000万元；（3）于2019年8月5日正式转让，自转让之日起，转让方对已转让的出资不再享有出资人的权利和承担出资人的义务，受让方以其出资额在企业内享有出资人的权利和承担出资人的义务。此协议经双方签署后生效。当日，军创联合公司作出股东决定，股东雷某作出如下决定：（1）同意增加新股东黎某；（2）同意转让股东雷某退出股东会；（3）同意股东雷某将其持有的出资2000万元转让给黎某；（4）同意免去雷某执行董事职务；（5）同意修改公司章程。同日，军创联合公司作出执行董事决定，执行董事雷某决定解聘雷某的经理职务，聘任黎某为经理。军创联合公司变更公司章程关于股东和股东的出资内容为：股东黎某，认缴出资额 2000 万元，出资时间 2033 年 7 月 1 日。

2019 年 8 月 22 日，军创联合公司作出股东决定，股东黎某决定同意公司成立清算组，其中组长为黎某，组员为黎某。同日，北京市朝阳区市场监督管理局出具备案通知书载明：军创联合公司，经审查，你单位提交的清算组备案申请，材料齐全，符合法定形式，我局予以备案。清算组成员如下：负责人黎某，成员黎某。

2019 年 9 月 5 日，军创联合公司作出股东决定，股东黎某作出如下决定：（1）股东确认清算报告内容；（2）股东确认注销本公司；（3）注销后的未尽事宜由全体股东承担。同日，军创联合公司出具清算报告，载明：公司已成立清算组，清算组对其资产进行了全面清算核查，已清算完毕。报告如下：（1）债权债务已清理完毕；（2）各项税款、职工工资已经结清；（3）已于 2019 年 3 月 11 日在《北京晚报》上发布注销公告。股东黎某在清算报告上签字。

2019 年 9 月 6 日，北京市朝阳区市场监督管理局作出注销核准通知书，核准军创联合公司注销。

【裁判结果】

北京市通州区人民法院于 2021 年 4 月 30 日作出（2020）京 0112 民初 18815 号民事判决：（1）雷某、黎某于本判决生效之日起七日内对军创联合公司在（2017）京 0108 民初 1359 号民事判决书中对苏恒世纪公司所负债务承担赔偿责任；（2）被告陈某某于本判决生效之日起七日内在 1600 万元未出资范围内对军创联合公司在（2017）京 0108 民初 1359 号民事判决书中对苏恒世纪公司所负债务承担连带清偿责任；（3）被告刘某于本判决生效之日起七日内在 400 万元未出资范围内对军创联合公司在（2017）京 0108 民初 1359 号民事判决书中对苏恒世纪公司所负债务承担连带清偿责任。

判决后，陈某某、刘某不服原判，上诉至北京市第三中级人民法院。

北京市第三中级人民法院于 2021 年 12 月 22 日作出（2020）京 03 民终 15650 号判决：驳回上诉，维持原判。

【裁判理由】

法院生效判决认为：《最高人民法院关于适用〈中华人民共和国公司法〉若干问题的规定（二）》（以下简称《公司法司法解释二》）第二十二条规定："公司解散时，股东尚未缴纳的出资均应作为清算财产。股东尚未缴纳的出资，包括到期应缴未缴的出资，以及依照公司法第二十六条和第八十条的规定分期缴纳尚未届满缴纳期限的出资。公司财产不足以清偿债务时，债权人主张未缴出资股东，以及公司设立时的其他股东或者发起人在未缴出资范围内对公司债务承担连带清偿责任的，人民法院应依法予以支持。"2019 年 3 月军创联合公司向外发布注销清算公告，其时陈某某、刘某尚为军创联合公司股东，其未缴纳的出资亦应作为清算资产。现军创联合公司已经注销，苏恒世纪公司之债权尚未得到清偿。一审法院判令陈某某、刘某在未缴纳出资范围内对公司承担连带清偿责任并无不当。陈某某、刘某虽称在清算发生之前已将股份转让，但各方于清算后的 2019 年 5 月 8 日签订之《股权转让协议》已明确约定股权于 2019 年 5 月 8 日正式转让，且权利义务亦于该日转移。陈某某、刘某之现有证据尚不能证明其已于清算公告发布之前实际转让股权。一审法院判令陈某某、刘某在其应出资范围内承担责任并无不当。

【案例注解】

现行《公司法》虽然取消了公司注册资本必须实缴的强制性规定，但股东尚未缴纳的出资仍应作为公司清算时的财产，公司的债权人可以直接请求原股东对公司未能清偿的债务承担责任。本案例即明确了这一裁判规则，对于维护市场经济秩序，保护债权人合法权益具有积极意义。

一、公司债权人请求股东对公司债务承担责任的法理分析与请求权基础

资本充实原则为公司法的核心原则，是公司法为衡平各方利益、保障公司正常运营、维护社会交易秩序的制度安排。我国现行《公司法》采用公司注册资本认缴制，其中股东应按期足额缴纳认缴出资额、不得虚假出资、不得抽逃出资等规定，与瑕疵出资、抽逃出资情况下股东对公司债务的承担规则都体现了资本充实原则。公司债权人请求股东承担责任的法理依据与请求权基础如何确定是本案研究的逻辑起点。

（一）债权人请求股东承担公司债务的法理分析

债权人请求股东承担公司债务在学理上主要有两种不同解说，或是两种不同论述路径，即代位权理论与债权侵权理论。代位权理论认为，股东的出资义务为法定之债，公司为该股东法定之债的债权人，公司的债权人对股东应向公司履行的法定之债（按期足额出资）享有代位求偿权；股东认缴的出资构成公司的注册资本，并对外公示，公司以其自身财产独立承担责任；因股东违反出资义务，公司实际到位资本与对外公示的注册资本不符，债权人债权无法获得清偿时，债权人可得以向该股东行使代位求偿权，该股东应在其出资范围内对债权人承担责任。[①] 债权侵权理论认为，股东通过积极行为（抽逃出资、出资不实）或消极行为（未出资或未全面出资）违反出资义务，违反公司资本充实原则，债权人债权无法得到清偿时，股东的该行为影响债权人的债权实现，侵害了债权人债权，由该股东在违反出资义务的范围内承担损害赔偿责任，符合股东有限责任制，亦未超出合理预期。[②]

上述两种学理为股东违反出资义务对公司债务承担提供了两种论述路

① 参见最高人民法院民事审判第二庭编著：《最高人民法院关于公司法解释（三）、清算纪要理解与适用》，人民法院出版社 2011 年版，第 211 页。

② 参见李巧毅：《论虚假出资股东对公司债权人的民事责任》，载《武汉大学学报（人文科学版）》2004 年第 5 期。

径。债权侵权理论越来越得到司法实务界的认可，特别是在股东违反出资义务情形下，董事、高级管理人员存在未尽勤勉义务的情况，与该类股东构成共同侵权，对公司、公司债权人、其他股东的利益造成的损害共同承担相应赔偿责任。

（二）债权人请求股东承担公司债务的请求权基础

在现行《公司法》与司法解释中，对违反出资义务的股东承担公司债务的认定规则包含多个条文，主要分为抽逃出资与瑕疵出资两大情形。《最高人民法院关于适用〈中华人民共和国公司法〉若干问题的规定（三）》（以下简称《公司法司法解释三》）第十四条对“抽逃出资”的股东对于公司债务的承担作出规定，即抽逃出资的股东在抽逃出资本息范围内对公司债务不能清偿的部分承担补充赔偿责任；第十三条、第十八条对“未履行或者未全面履行出资义务”的股东对于公司债务的承担作出规定，即瑕疵出资的股东在未出资本息范围内对公司债务不能清偿的部分承担补充赔偿责任。另外在涉及股权转让时，《公司法司法解释三》中第十八条还规定了“股东未履行或者未全面履行出资义务即转让股权”情形下，受让股东的责任承担问题，即对瑕疵出资知情的受让方而言，应与转让股东就转让股东承担的责任范围内承担连带责任。该规则通过债权侵害原理解决了瑕疵股权受让方责任承担问题，在瑕疵股权转让场合下，无论股权转让双方如何约定，出资义务人仍为转让股东，依据《公司法司法解释三》第十三条第二款，该股东对公司债务清偿不能部分承担补充赔偿责任。为保护受到瑕疵出资行为侵害的主体（公司、债权人），受让方因其知情仍与转让股东达成股权转让合同，与转让股东构成共同侵权，股权转让双方在转让方应承担的责任范围内承担连带责任。

概言之，在公司债务清偿不能时，现行《公司法》与司法解释规定了抽逃出资、瑕疵出资的股东对公司债务承担相应责任的规则，未涵盖未届出资期限股东责任承担的问题，也未涵盖未届出资期限股权转让场合下转让双方责任承担问题。

二、转让未届出资期限股权的股东对公司债务承担责任的司法认定

(一)股东享有的期限利益与债权人保护的平衡

认缴制下探讨股东转让未届满出资期限的股东对公司债务承担的责任问题，核心是对股东认缴出资的期限利益规则与债权人保护规则进行协调适用。

1. 认缴资本仍然适用债权人保护规则

《公司法》自 2013 年修改以来采取全面认缴资本制，由股东根据章程确定的出资总额和出资期限进行认缴。全面认缴制只是对股东出资方式的改变，是股东出资方式由资产形式向信用形式的变迁，但资本对债权人的担保属性并未发生变化，股东对公司的出资承诺仍是债权得以清偿的信誉担保。因此，认缴制下的股东的转让股权行为在一定条件下仍应受到资本维持原则的制约。

本案中，陈某某、刘某在军创联合公司不能清偿对外所负债务的情况下将持有的军创联合公司股权转让给雷某，雷某对注册资本亦有认缴期限，雷某受让全部股权后不久就将股权无偿转让黎某，黎某继受了该认缴期限，但黎某受让股权后迅速注销公司，此时则需慎重考量陈某某和刘某所享有的认缴出资期限利益与其边界。

2. 认缴制下股东的期限利益及其边界

在认缴制下，股东与公司通过章程约定出资期限，并通过工商登记向社会公示。债权人在与公司交易时可审查股东出资时间等信用信息，并受股东出资时间的约束。因此，在出资时间未到期之前，股东享有期限利益，有权拒绝公司或债权人的提前出资要求。据此，《全国法院民商事审判工作会议纪要》（以下简称《九民会纪要》）第 6 条规定，债权人不能以公司不能清偿到期债务为由，要求未届出资期限的股东在未出资范围内承担补充赔偿责任。然而，股东的期限利益不是无限制的。出资义务属于股东

的法定义务，股东对出资义务具有不可免除的责任。[①] 由于有限责任和认缴制容易引发股东将交易风险转嫁给债权人的道德风险，股东的期限利益应受到必要限制。[②] 因此，《九民会纪要》第6条规定了两种股东出资加速到期情形：一是已具备破产原因，即公司作为被执行人的案件，法院穷尽执行措施无财产可供执行，已具备破产原因，但不申请破产的情形。此时，债权人有权要求股东在未出资范围内对公司不能清偿的债务承担补充责任。二是公司延长出资期限、逃避股东出资义务，即在公司债务产生后，公司通过股东（大）会决议或其他方式延长股东出资期限的情形。此时债权人享有撤销权，可要求撤销该延长的期限，请求股东按原来约定的出资期限履行出资义务。[③]

本案中，经法院穷尽执行措施，军创联合公司不能清偿到期债务且公司资产不足以清偿全部债务，已具备破产原因而未申请破产。在此种情形下，新受让股东雷某、黎某对公司未到期的认缴出资具备加速到期情形，负有补足出资义务。

（二）转让未届出资期限股权的股东对公司债务承担责任的裁判规则类型化分析

笔者对近年来司法实践案例裁判规则进行梳理，选取最具代表性的四则典型案例[④]以表格（见表1）呈现，主要列明公司债务情况、股权转让情况、出资期限加速到期情形、裁判结果，以便进行对比分析。

---

① 参见蒋大兴：《论股东出资义务之“加速到期”：认可“非破产加速”之功能价值》，载《社会科学》2019年第2期。

② 参见张一琛：《认缴制下股东出资责任加速到期制度研究》，载《北方金融》2021年第4期。

③ 参见最高人民法院民事审判第二庭编著：《全国法院民商事审判工作会议纪要理解与适用》，人民法院出版社2019年版，第125页。

④ 其中，（2019）最高法民终230号裁判案例为最高人民法院第六巡回法庭2020年发布的参考民商事案例之一，（2020）鲁02民终12403号裁判案例被评为2020年全国法院十大商事案例，（2018）苏02民终1516号裁判案例刊载于《人民法院报》（2019年12月12日），（2018）沪02民终9359号裁判案例刊载于《人民司法·案例》2020年第8期。

表1　典型案例

案例案号	公司对外债务	股权转让情况（转让时未届出资期限）	出资加速到期	裁判结果
（2019）最高法民终230号民事判决书	本案确认华慧能公司应向曾某承担债务。	涉案债务法律关系成立时，冯某、冯某坤并非华慧能公司股东，后将股权转出，诉讼时非华慧能公司股东。	未涉及。	冯某、冯某坤对华慧能公司债务不承担责任。
（2020）鲁02民终12403号民事判决书	本案确认铸伦公司应向铸鑫公司承担债务。	涉案债务法律关系成立时，周某茹、通舜公司为铸伦公司股东，后将股权转给许某勤（100%持股）。	该案一审立案前，公司因解散注销，注销发生在后股东许某勤持股期间。	许某勤就铸伦公司债务承担连带责任；周某茹、通舜公司在未出资范围对上述债务承担连带责任。
（2018）苏02民终1516号民事判决书	本案为某物流公司起诉公司股权转让双方，要求向公司履行出资义务。	中铁建业公司将某物流公司100%股权零对价转让给远大公司。 该股权转让之前，某物流公司已经涉及多个生效判决确认承担债务。	公司涉及多个生效判决，均执行未果，债权人已申请某物流公司破产清算。	中铁建业公司应向某物流公司缴纳认缴出资；远大公司就上述债务承担连带责任。
（2018）沪02民终9359号民事判决书	本案确认昊跃公司应向宜安公司承担债务。该债务法律关系成立时间为2014年4月。	涉案债务法律关系成立时，毛某露、徐某松为股东。毛某露、徐某松分别将各自持有的昊跃公司股权转让给林某雪、接某建。	原出资期限为2015年10月29日前。转让股权后曾延长出资期限至2024年12月31日。	毛某露、徐某松在未出资范围内对昊跃公司债务未能清偿部分承担补充赔偿责任。

表1四个典型案例中，基于个案所形成的裁判要旨均对司法实践有借鉴意义及参考价值。四个典型案例代表四种不同裁判规则类型，在具体办案参考时还应充分考量个案事实与典型案例事实的比对，不得流于表面式的机械参照，而比对考量因素不但是裁判规则类型化内在特征，也是裁判规则提炼与裁判思路形成的前提条件。

在（2019）最高法民终230号案例中，最高人民法院认为出资期限未届满的股东尚未完全缴纳其出资份额不应认定为“未履行或者未全面履行出资义务”，即出资期限未届满尚未缴纳出资的股东不属于瑕疵出资，不可直接适用《公司法司法解释三》第十三条和第十八条。值得注意的是，在该案中，华慧能公司、股东均为被告，法院认定华慧能公司应对曾某承担债务，股权转让前后亦未出现出资加速到期的情形。该案与本文所分析案例存在关键不同之处在于，涉案公司尚未出现对外债务清偿不能的情形。

在2020年全国法院十大商事案例“许某勤、常州市通舜机械制造有限公司加工合同纠纷案中”，生效裁判法院不但适用公司法领域规则，还适用了原《合同法》相关规则，从《公司法》和原《合同法》两个角度充分论证了因后股东未足额缴纳出资并注销公司的，原股东也需要对其未尽出资义务部分承担相应责任。该典型案例为此类问题的解决提供了新的裁判思路，引入合同法相关规则，根据个案事实，在股东向公司负有出资的法定义务上进行分析，认定前股东仍负有向公司的出资义务。值得注意的是，该案基础债务法律关系成立于前股东持股期间，股权转让后，后股东未出资即注销公司，即解散清算这一出资加速到期情形出现在股权转让之后。该案与本文所分析案例存在不同在于，本文所分析案例系公司债务经另案生效判决确认且执行不能，但细究之，此种不同并不能对认定结果产生影响，因许某勤案中公司已注销，债权人无法向公司主张权利，仅能在该诉讼中确认债务，因公司解散注销而无法获得清偿，亦与本案所分析案例中无法从债务人公司处获得清偿的情形相一致。

在（2018）苏02民终1516号案例中，生效裁判法院有条件地适用《公司法司法解释三》第十八条。根据涉案查明事实，在股权转让前存在“某物流公司的注册资本金始终为零且公司财产处于不能清偿案涉债务的状态”，符合出资加速到期的情形，原股东已丧失出资期限利益，应履行出资义务而未足额出资，属于《公司法司法解释三》第十三条中的“未履行或未全面履行出资义务”，又因受让股东知情受让股权，从而适用《公司法司法解释三》第十八条，与原股东就原股东承担责任范围内承担连带责任。值得关注的是，该案中法院查明在股权转让之前即存在出资加速到期的情形，原股东符合“未履行或未全面履行出资义务”。此案与本文所分析案例存在相同之处，即涉案股权转让之前，苏恒世纪公司成立清算组进行解散清算，亦属于出资加速到期的情形。所以，笔者认为本文所分析案例亦可适用《公司法司法解释三》第十三条、第十八条进行认定。

在（2018）沪 02 民终 9359 号案例中，生效裁判法院查明昊跃公司股东的股权转让行为存在诸多异常情况，认为“股权转让仅在股东内部与公司发生法律效力，但不能当然对抗公司债权人宜安公司。为确保股东兑现认缴承诺，维护资本充实原则，避免认缴制背景下的股权转让成为股东逃避出资的工具，在受让人未按期缴纳出资的情况下，出让股东仍应对其原认缴的出资承担财产担保责任。出让股东对外承担相应责任后可按约向受让人追究责任”，从而认定了原股东应在未出资范围内对公司债务承担补充赔偿责任。值得注意的是，该案例中股权转让前并不存在出资加速到期情形，此与本文所分析案例不同。本文所分析案例与该案例相同之处在于，涉案股权转让均存在异常之处，根据苏恒世纪公司工商档案材料，启动解散清算在前，涉案股权转让在后，但清算组成员却为股权受让股东雷某；之后雷某再次以零价款转让股权给黎某。同样，本文所分析案例中的股权转让亦存在故意逃避出资之嫌。

（三）未届出资期限的认缴股东转让股权后对公司债务责任的具体认定

基于上述讨论和对裁判规则的梳理，对于未届出资期限的认缴股东转让股权后对公司债务责任具体分析如下。

1. 股东出资加速到期情形后转让股权的裁判规则

出现股东出资加速到期情形后转让股权的，转让股东应当承担“加速到期”的责任，对公司不能清偿的债务向债权人承担补充赔偿责任。关于股东出资加速到期的情形，现行法律与司法解释规定了两种情形下出资应加速到期，一是当公司破产时，根据《企业破产法》第三十五条的规定：“人民法院受理破产申请后，债务人的出资人尚未完全履行出资义务的，管理人应当要求该出资人缴纳所认缴的出资，而不受出资期限的限制。”

二是根据《公司法司法解释二》第二十二条第一款的规定：公司解散时，股东尚未缴纳的出资均应作为清算财产。股东尚未缴纳的出资，包括到期应缴未缴的出资，以及依照《公司法》第二十六条和第八十条的规定分期缴纳尚未届满缴纳期限的出资。另外如上所述，《九民会纪要》第6条补充规定了两种出资加速到期的情形，《公司法修正草案》第四十八条亦尝试在立法层面上构建出资加速到期规则，规定公司不能清偿到期债务，并且明显缺乏清偿能力的，公司或者债权人有权要求已认缴出资但未届缴资期限的股东提前缴纳出资。不再要求具有《九民会纪要》第6条中出资加速到期第一种破产的情形，债权人的举证责任应围绕“公司不能清偿到期债务，并且明显缺乏清偿能力”，相应的证明标准也需要司法实践中裁判者进行个案的探索。

本案属于出现股东加速到期情形后即转让股权的情形。首先，陈某某、刘某为发起人股东，在转让股权前公司已处于解散清算过程中，符合股东出资加速到期情形，陈某某、刘某作为清算义务人，理应成立清算组对公司进行清算，尚未届满缴纳期限的出资此时应当加速到期，作为公司清算资产，陈某某、刘某均应缴足相应出资。而陈某某和刘某不仅未履行其缴纳出资义务及法定清算义务，反而在公司对外发布注销公告后，于2019年5月8日分别与雷某签订《股权转让协议》，将股权全部转让给雷某，意图退出军创联合公司，违反了出资义务，故仍应对公司债务不能清偿部分承担相应责任。

2. 未出现股东出资加速到期情形即转让股权的裁判规则

未出现股东出资加速到期的情形即转让股权的原股东是否应对公司债务承担责任，应具体分析。资本认缴制下股东对于出资具有期限利益，在出资期限未届满时司法应尊重股东的期限利益，也仅在股东未按时足额出资时才有承担公司债务的基础，即出资义务的违反为股东承担公司债务的基础。

出资认缴期限尚未届满即转让股权的行为，不构成《公司法司法解释三》第十三条、第十八条规定的“未履行或者未全面履行出资义务即转让股权”的情形，在正常的交易安排下，原股东将股东与公司之间的权利义务一并转让给后股东，符合合同法关于权利义务概括转移的规定，股权转让交割基准日后，由后股东享有股东对公司的权利，承担对公司的义务，缴纳出资。转让股东不应据此对公司的债务承担责任。

三、几点思考

经过分析与梳理，笔者认为对于未届出资期限的股权转让后，原股东是否对公司债务承担相应责任，裁判者应着重考量以下两个问题。

（一）转让股权之前原股东是否已丧失出资期限利益

若在股权转让之前，原股东的出资期限利益因法定事由丧失，原股东应出资但未出资即转让股权，属于《公司法司法解释三》第十三条、第十八条规定的“未履行或未全面履行”。此时若公司对外清偿不能，原股东因违反出资义务应对外承担相应责任，受让股东因知情与原股东连带承担相应责任。但司法实践中，股权转让之前是否满足出资加速到期的条件，往往并不具备明显的事实特征。因诉讼效率掣肘，裁判者亦不可能以股权转让作为时间节点对公司资产、涉诉情况进行实质性的全面了解，甚至委托专业机构对公司资产财务进行评估。所以，股权转让前是否具备出资期限加速到期条件，主要考量公司在股权转让之前，是否存在处于吊销状态或解散清算、破产阶段等较容易判断的事实特征。另在公司债务对外清偿不能的事实判断上，往往还应以股权转让为时间节点，以在股权转让之前是否存在执行终本裁定作为判断依据。

（二）原股东是否以股权转让逃避出资义务、债务

如上文所述，在股权转让前未有出资期限加速到期事由时，原股东仍存在出资期限利益即转让股权，应保护股东出资期限利益与正当的交易自由；受让股东持有股权后成为出资义务的主体，这在《公司法修正草案》

中第八十九条[①]亦有体现。在公司发生清偿债务不能时，即使债务基础法律关系发生在股权转让之前，因原股东转让股权属正当交易，受让股东负有出资义务，不应再苛责原股东履行出资义务。

但在特定情形下，原股东滥用其期限利益损害公司、公司债权人合法权益的，其出资义务不因股权转让而免除，仍负有出资义务，仍应对公司不能清偿的债务承担责任。笔者认为，裁判者可从个案具体情形出发，聚焦公司债务法律关系形成时间、股权转让交易是否存在异常两大要素进行考量，来综合判断该转让行为是属于正当交易行为，还是原股东逃避出资义务、逃废债务的手段。

其一，公司债务法律关系形成时间。公司债务法律关系形成于原股东持股期间，即股权转让之前，可以作为原股东是否承担公司债务的重要考量因素。尤其是能够查明原股东对公司可能产生债务、公司财务状况不良已属明知仍转让股权，上述（2020）鲁02民终12403号案件中，生效裁判法院认定了涉案合同之债发生于原股东持股期间，原股东公司所欠债务应属明知。而且涉案合同亦为原股东带来相应利益，进而最终认定原股东仍负有相应责任。假设涉案债务法律关系形成于股权转让之后，即并非原股东持股期间，那么公司基于此产生的债务恐不能“波及”原股东。

其二，股权转让交易情况。交易对价、交易时点、受让方出资能力、股权转让前后公司资信情况等均可作为判断原股东是否存在滥用出资期限之故意的考量因素。若股权转让行为发生涉案债务诉讼期间，则原股东应对此作出合理解释，否则确有逃避出资义务之嫌疑。若股权以明显不合理对价进行转让，而且受让人明显缺乏出资或经营能力时，也能够反映原股东具有逃避出资义务之故意。诸如此类，裁判者查明股权交易确有异常，综合个案情形可以得出原股东具有滥用期限利益逃避义务恶意的结论时，原股东仍负有出资义务，在公司对外债务清偿不能时仍应承担相应责任。

综上，笔者认为，一般情况下，转让未届出资期限股权的原股东应享

---

① 《公司法修正草案》第八十九条第一款：“股东转让已认缴出资但未届缴资期限的股权的，由受让人承担缴纳该出资的义务。”

有期限利益，出资义务随股权转让由受让股东继受，原股东未出资的行为不属于《公司法司法解释三》第十三条、第十八条规定的“未履行或未全面履行出资义务”，在公司债务清偿不能时，原股东无须承担责任。但是，有两种例外情形：第一，在股权转让前符合出资期限加速到期情形时，原股东丧失出资期限利益，应即时履行出资义务，原股东仍应在未出资范围内对公司债务承担相应责任；第二，在特定情形下，原股东转让股权行为属滥用期限利益损害债权人合法权益的，对原股东持股期间的公司债务不能清偿部分，仍应承担相应责任。图 1 以思维导图概括了结论。

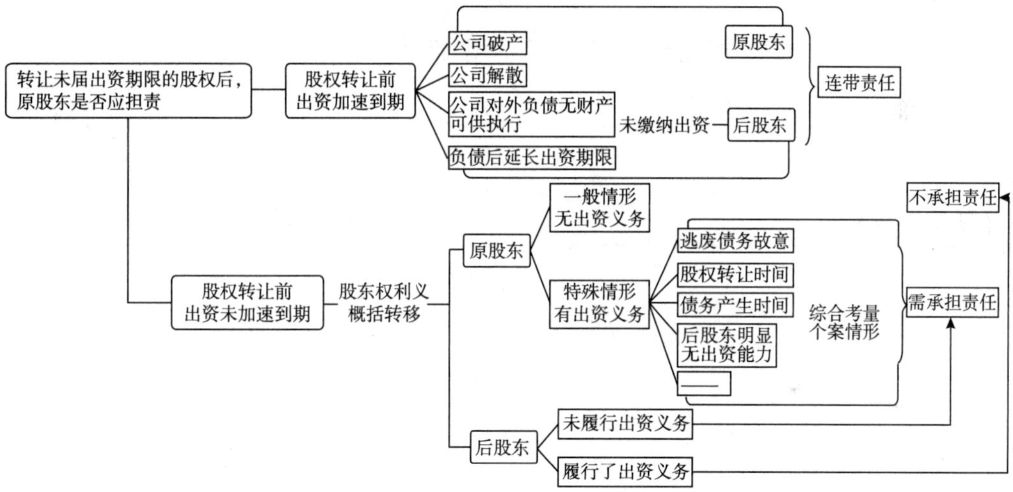

图 1　思维导图

本案中，陈某某、刘某转让股权之前，符合出资期限加速到期的情形，所以他们仍负有出资义务，仍应对公司债务清偿不能部分承担相应责任。另外，陈某某、刘某转让股权的时间在公司债务纠纷诉讼过程中，二人明知公司诉讼情况、财产状况仍转让股权，属恶意规避出资义务，并非正常的商业行为，其行为损害了债权人合法权益，应在未出资范围内对公司债务承担相应责任。

北京字节跳动科技有限公司诉北京微梦创科网络技术有限公司不正当竞争纠纷案

——设置 Robots 协议的正当性判断

◇编写人：北京知识产权法院　谢甄珂

北京市高级人民法院　曹丽萍

【获奖评语】

《反不正当竞争法》第二条对不正当竞争行为作了界定，相比于《反不正当竞争法》第二章明文列举的具体不正当竞争行为，该条属于一般性条款，对维护公平竞争法治秩序起到重要的兜底和补充作用。在不适用《反不正当竞争法》第二章条款而适用一般性条款的案件中，不可避免要判断诉争行为是否违反了商业道德。而具体案件、特定领域商业道德的判断应当综合考虑行业规则、商业惯例、交易主体的选择意愿，以及对市场竞争秩序、社会公共利益的影响等因素予以确定。本案立足于竞争手段的正当性和竞争机制的健全性，对商业道德的认定标准进行了有益探索，针对搜索引擎服务行业的特点对诉争行为是否违反该行业的商业道德依法进行了认定。

本案中，Robots 协议是一种技术规范，其设立初衷在于引导搜索引擎网络机器人更有效地抓取网络信息，促进信息共享和用户高效获得网络信息的公共利益。网站经营者通过Robots 协议限制其他网站网络机器人抓取的行为，其正当性的判断不能绝对化，而应具体结合 Robots 协议设置方与被限制方所处的经营领域和经营内容，被限制的网络机器人应用场景，Robots 协议的设置对其他经营者、消费者以及竞争秩序的影响等多种因素进行综合判断。

【关键词】

Robots 协议　正当性　限制抓取　商业道德

【裁判要旨】

Robots 协议是一种技术规范，仅是宣示性机器语言，不属于技术措施，其设立初衷在于引导搜索引擎网络机器人更有效地抓取网络信息，促进信息共享和用户高效获得网络信息的公共利益。《互联网搜索引擎服务自律公约》仅可作为搜索引擎服务行业的商业道德，而不能成为互联网行业通行的商业道德。网站经营者通过 Robots 协议限制其他网站网络机器人抓取的行为，不应作为一种互联网经营模式进行绝对化的合法性判断，而应结合 Robots 协议设置方与被限制方所处的经营领域和经营内容，被限制的网络机器人应用场景，Robots 协议的设置对其他经营者、消费者以及竞争秩序的影响等多种因素进行综合判断。

【相关法条】

《反不正当竞争法》(2019 年 4 月 23 日公布)

第二条　经营者在生产经营活动中，应当遵循自愿、平等、公平、诚信的原则，遵守法律和商业道德。

本法所称的不正当竞争行为，是指经营者在生产经营活动中，违反本法规定，扰乱市场竞争秩序，损害其他经营者或者消费者的合法权益的行为。

本法所称的经营者，是指从事商品生产、经营或者提供服务（以下所称商品包括服务）的自然人、法人和非法人组织。

【案件索引】

一审：北京知识产权法院（2017）京73民初2020号（2020年12月16日）

二审：北京市高级人民法院（2021）京民终281号（2021年10月8日）

【基本案情】

原告北京字节跳动科技有限公司（以下简称字节跳动公司）诉称：

北京微梦创科网络技术有限公司（以下简称微梦公司）出于恶意限制竞争的不正当目的，在m. weibo. cn网站的robots. txt文件中，仅针对“今日头条”进行限制，阻止“今日头条”的网络机器人（ToutiaoSpider）抓取上述网站中对公众和其他所有网络机器人完全公开并可以自由访问的网站内容，具有限制和妨碍自由竞争的极大主观恶意。微梦公司的行为有两个方面的影响：一方面，导致字节跳动公司无法及时、完整地获取微梦公司网站的内容，降低字节跳动公司平台的良好用户体验，严重影响用户对字节跳动公司服务的市场评价，客观上增强微梦公司在相应竞争领域的市场优势地位；另一方面，导致字节跳动公司在相应竞争领域处于明显不利的地位，严重损害字节跳动公司合法权益。

《互联网搜索引擎服务自律公约》第八条规定，互联网站所有者设置机器人协议应遵循公平、开放和促进信息自由流动的原则，限制搜索引擎抓取应有行业公认合理的正当理由，不利用机器人协议进行不正当竞争行为，积极营造鼓励创新、公平公正的良性竞争环境。该公约发起单位中包括新浪公司。微梦公司的上述行为严重违反了互联网行业公认的商业道德，违反了公平竞争、诚实信用的基本原则，不仅损害了字节跳动公司的合法权益，也严重损害了用户利益，扰乱了互联网行业正常的竞争秩序，构成不正当竞争，应当承担停止侵权、消除影响和赔偿损失等法律责任。

字节跳动公司诉请：（1）判令被告立即停止通过 robots. txt 对原告作出的不正当竞争行为；（2）判令被告在本案判决生效之日起三日内，在“新浪微博”网站（包括 weibo. com、weibo. cn、m. weibo. cn 网站）首页显著位置连续三十天刊登声明，消除影响；（3）判令被告赔偿原告经济损失人民币 1 亿元及制止侵权的合理支出 50 万元；（4）判令被告承担本案的全部诉讼费用。

被告微梦公司辩称：Robots 协议只是文字宣示，不是技术措施，客观上无法阻止网络机器人抓取网络数据。事实上，被诉行为并未导致字节跳动公司网络机器人无法正常抓取有关网络信息，字节跳动公司在被诉行为发生后仍然持续、大量抓取“新浪微博”数据。字节跳动公司使用“ToutiaoSpider”抓取的内容并非用于搜索引擎服务，而是用于“微头条”等社交性质的内容产品，并向用户直接展示。字节跳动公司官方头条号公示的“头条搜索”爬虫 UA 为“Bytespider”，而非“ToutiaoSpider”。微梦公司将字节跳动公司的爬虫机器人置于 robots. txt 黑名单，未损害（也不可能损害）字节跳动公司的人身权、财产权利（或法益），本案不符合诉的基本要件，应依法裁定驳回起诉。微梦公司对 Robots 协议的设置行为属于公司经营自主决定范围，且有合理的理由认为字节跳动公司是不受欢迎者，并将其置于黑名单，字节跳动公司经营的“今日头条”针对搜狐等多个主体实施了多起侵犯他人著作权、肖像权及不正当竞争行为，均表明字节跳动公司的网络机器人不受欢迎，有必要置于黑名单。请求法院裁定驳回起诉。

法院经审理查明：

原告字节跳动公司成立于2012年3月9日，主要从事互联网信息服务、技术开发、技术推广等，其经营的主要产品为“头条网”“今日头条”等。“ToutiaoSpider”系字节跳动公司所有和经营的“今日头条”产品的网络机器人。

被告微梦公司成立于2010年8月9日，主要从事互联网信息服务、技术开发、技术咨询等，是“新浪微博”（weibo. com、weibo. cn）的主办方。微梦公司在m. weibo. com网站的robots. txt文件中作出如下设置：

User-agent：ToutiaoSpider

Disallow：/

User-agent： *

Disallow： * gsid= *

该设置表明微梦公司禁止字节跳动公司的网络机器人“ToutiaoSpider”抓取其网站信息。微梦公司认可在2016年设置robots. txt文件时只是针对字节跳动公司。此外，字节跳动公司、微梦公司均认可微梦公司的涉案单方宣示行为只是文字上的记载，没有其他技术上的限制措施，且所有网络用户都可以看到涉案声明。一审庭审中，微梦公司认可涉案声明已经于2019年7月18日进行了修改。

【裁判结果】

北京知识产权法院于2020年12月16日作出（2017）京73民初2020号民事判决：（1）自本判决生效之日起，微梦公司立即停止涉案不正当竞争行为；（2）微梦公司在本案判决生效之日起三日内，在“新浪微博”网站（包括weibo. com、weibo. cn、m. weibo. cn网站）首页显著位置连续三十天刊登声明，消除影响（声明内容需经法院审核，逾期不履行，法院将依据字节跳动公司的请求，在相关媒体上公布判决书主要内容，费用由微梦公司负担）；（3）微梦公司赔偿字节跳动公司经济损失30万元及制止侵权的合理支出34343元。如果未按本判决指定的期间履行给付金钱义务，应当按照《民事诉讼法》第二百五十三条规定，加倍支付迟延履行期间的债务利息。案件受理费544300元，由字节跳动公司负担244300元（已交纳），由微梦公司负担30万元（于本判决生效之日起七日内交纳）。

一审宣判后，微梦公司提出上诉。北京市高级人民法院于2021年10月8日作出（2021）京民终281号民事判决：（1）撤销北京知识产权法院（2017）京73民初2020号民事判决；（2）驳回字节跳动公司的诉讼请求。

【裁判理由】

一审法院经审理认为：微梦公司的被诉行为造成相关网络用户无法完整地获取相关信息，人为设置了网络信息正常流动的障碍，这与互联网行业普遍遵循的开放、平等、公平、促进信息流动的原则相悖，与网络行业互联互通的基本价值不符，损害了网络市场的竞争秩序。微梦公司的行为构成不正当竞争。

二审法院经审理认为：

第一，Robots协议作为一种技术规范，其作用只在于标示该网站是否准许网络机器人访问、准许哪些网络机器人访问，但网络机器人识别该Robots协议后，无论是否遵守Robots协议都不会起到强制禁止访问的结果。Robots协议已经成为国内外搜索引擎行业普遍遵守的技术规范。网络服务商或网站所有者既可以在Robots协议中列明准许或禁止网络机器人抓取的网站内容，也可以列明准许或不准许抓取其网站内容的网络机器人，即通常所说的“白名单”“黑名单”制度。

随着搜索技术和网络应用的发展，网络机器人的适用场景不断扩展，从通用搜索引擎领域，扩展到非搜索引擎的其他各种场景。搜索引擎会给被搜网站带来流量和利益，而非搜索引擎的网络机器人往往不会给被搜网站带来流量，反而可能带走被搜网站的流量。由于非搜索引擎场景应用的网络机器人，已经不像搜索引擎那样当然地对公众利益，以及互联网的互联、互通、共享、开放的精神产生影响，因此在对这些网络机器人通过

Robots 协议进行限制时，不宜当然地借用对于搜索引擎进行限制的规则。也就是说，《互联网搜索引擎服务自律公约》仅可作为搜索引擎服务行业的商业道德，而不能成为互联网行业通行的商业道德。微梦公司限制的“ToutiaoSpider”网络机器人的应用场景并非搜索引擎服务，而是“微头条”等非搜索引擎应用场景。因此，一审判决将《互联网搜索引擎服务自律公约》作为本案中商业道德的参考显有不妥。

第二，在非搜索引擎应用场景下，网络机器人不仅仅是抓取检索网站的信息编制成索引便于其他用户访问，也往往抓取其他网站公开的各种数据，甚至是其他网站中用户生成的数据，直接用于自己的商业行为。在数字经济时代，数据日益成为企业重要的生产要素，数据资源的获取与利用是极为重要的一种资源配置。网站经营者对数据的收集、整理等基本都付出了相应的人力、物力、财力和时间等经营成本。在不损害消费者利益、不损害公共利益、不损害竞争秩序的情况下，应当允许网站经营者通过 Robots 协议对其他网络机器人的抓取进行限制，这是网站经营者经营自主权的一种体现。字节跳动公司的“ToutiaoSpider”网络机器人将抓取后的内容直接“移植”到“微头条”，实现对微博内容实质性替代的应用场景，虽然在一定程度上扩大了消费者对于用户发布内容的获取途径，但并没有实质上增加消费者的消费体验。即使微梦公司不允许字节跳动公司的“ToutiaoSpider”网络机器人抓取，消费者通过微梦公司的网站也可以获取用户发布的内容，或者通过搜索引擎搜索到用户发布到微博上的内容。因此，被诉行为并未对消费者的利益造成损害。

第三，对于网站经营者通过 Robots 协议限制其他网站网络机器人抓取的行为，不应作为一种互联网经营模式进行绝对化的合法性判断，而应结合 Robots 协议设置方与被限制方所处的经营领域和经营内容，被限制的网络机器人应用场景，Robots 协议的设置对其他经营者、消费者以及竞争秩序的影响等多种因素进行综合判断。

【案例注解】

一、Robots 协议及与其相关的诉讼

(一) Robots 协议的由来

Robots 协议英文全称为 Robots Exclusion Protocol，直译为机器人排除协议，又可称为爬虫协议、机器人协议，是指网站所有者通过一个置于网站根目录下的文本文件，即 robots. txt，告知搜索引擎的网络机器人（或称网络爬虫、网络蜘蛛）哪些网页不应被抓取，哪些网页可以抓取，其本质上是受访网站与搜索引擎之间的一种交互方式。[①]

在互联网行业发展早期，为了解决被抓取网站流量负载压力，防止因网络爬虫程序频繁抓取、重复抓取而影响网站正常运行，同时也为了识别抓取内容，让网络机器人避开不希望被抓取的内容，提高抓取效率，1994 年 6 月 30 日，一些网络机器人设计者及爱好者在网络机器人邮件组论坛上就荷兰工程师 Martijn Koster 的提议达成一致意见，并形成了最早的《机器人排除标准》（A Standard for Robot Exclusion）。但同时，该标准明确指出，其“不是一个由标准组织备案的官方标准，也不属于任何商业组织。它没有强制执行力，也不能保证所有目前的或未来的网络机器人将使用它”[②]。此后，Robots 协议成为多家搜索引擎公司普遍接受的行业标准。

在我国，中国互联网协会于 2012 年 11 月 1 日发布了由当时国内主要搜索引擎公司参加的《互联网搜索引擎服务自律公约》[③]，其中第七条规

---

① 参见 Robots 协议官网，Web Robots (also known as Web Wanderers, Crawlers, or Spiders), are programs that traverse the Web automatically. Search engines such as Google use them to index the web content, spammers use them to scan for email addresses, and they have many other uses. Website owners use the /robots. txt file to give instructions about their site to web robots; this is called The Robots Exclusion Protocol. https://www. robotstxt. org/robotstxt. html.

② https：//www. robotstxt. org/robotstxt. html.

③ 参见《互联网搜索引擎服务自律公约》，载中国互联网协会网站，https：//isc. org. cn/article/10677720886931456. html.

定:"遵循国际通行的行业惯例与商业规则,遵守机器人协议(Robots 协议)。"第八条规定:"互联网站所有者设置机器人协议应遵循公平、开放和促进信息自由流动的原则,限制搜索引擎抓取应有行业公认合理的正当理由,不利用机器人协议进行不正当竞争行为,积极营造鼓励创新、公平公正的良性竞争环境。"

(二)Robots 协议限制抓取行为的表现形式及效果

按 Robots 协议要求,限制搜索引擎的爬虫程序抓取需要在网站根目录下设置一个 txt 文件,且应对 robots. txt 文件进行相关设置,例如:

User-agent:用于描述搜索引擎网络爬虫程序的名字;

Disallow:用于说明不希望被抓取的网页或目录;"＊"代表所有搜索引擎的爬虫程序;"/"代表所有目录。

某网站希望禁止任何搜索引擎的爬虫程序抓取,该网站的 robots. txt 文件写法如下:

User-agent: *

Disallow: /

若某网站希望禁止任何搜索引擎的爬虫程序抓取/cyberworld/map/目录、/tmp/目录及/foo. html 文件,该网站的 robots. txt 文件写法如下:

User-agent: *

Disallow: /cyberworld/map/

Disallow: /tmp/

Disallow: /foo. html

上述简单的技术语言是提供给搜索引擎爬虫程序读取的。遵守协议的爬虫会首先读取要爬取网站的 robots. txt 文件,对于禁止访问的数据不予收集。

从上述技术设置看,虽然可以通过设置 robots. txt 文件禁止某些搜索引擎爬虫程序抓取网站或网页内容,但客观上,Robots 协议只是一项君子协议,并不是技术措施,愿意遵守 Robots 协议的爬虫程序会遵守,不愿意遵守的则会熟视无睹。从法律层面，Robotss 协议属于一项约定俗成的行业惯例，但不遵守 Robots 协议是否会产生反不正当竞争法意义上的法律责任，则需要具体分析，也因此产生了部分与 Robots 协议限制抓取行为相关的判例。

（三）与 Robots 协议相关的司法裁判

最早涉及 Robots 协议的纠纷是 eBay 与 Bidder's Edge 案件[①]。eBay 是一家提供个人交易平台的网站，用户需要注册并同意用户协议后才能成为该网站注册用户。Bidder's Edge（以下简称 BE）是专门提供拍卖信息的聚合网站。BE 通过其“蜘蛛”程序抓取 eBay 网站的商品信息，放在自己的网站上供用户浏览。虽然 eBay 设置了 Robots 协议禁止 BE“蜘蛛”程序抓取信息，但 BE 并未遵守 Robots 协议。法院认定 BE 侵权成立，禁止其在未经 eBay 允许的情况下，通过任何自动查询程序、“蜘蛛”程序等设置抓取 eBay 网站内容。

我国首个与 Robots 协议相关的不正当纠纷系百度公司与奇虎公司案。该案中，法院认定百度公司在缺乏合理、正当理由的情况下，以对网络搜索引擎经营主体区别对待的方式，限制奇虎公司的 360 搜索引擎抓取其相关网站网页内容，并采取技术措施使网络用户使用 360 搜索引擎进行搜索并点击搜索结果栏中的百度内容链接时，访问被阻断并跳转到百度搜索引擎网站主页，[②] 从而影响 360 搜索引擎的正常运行，损害了奇虎公司的合法权益和相关消费者的利益，妨碍了正常的互联网竞争秩序，违反公平竞争、诚实信用原则和公认的商业道德，具有不正当性。[③] 该案之所以对设置 Robots 协议的行为作出不正当性评判，重要的考量因素在于此纠纷发生于限制搜索引擎抓取信息的应用场景中。搜索引擎的爬虫程序往往是为了互联网信息的自由流动，便于使用该搜索引擎的用户可实现快速准确地查询所

① See eBay, Inc. v. Bidder's Edge, Inc., United States District Court for the Northern District of California 100 F. Supp. 2d 1058 (N. D. Cal. 2000), http://www.law.harvard.edu/faculty/cdonahue/courses/prop/mat/eBay.html.

② 百度公司设置技术措施的行为由北京市高级人民法院（2013）高民初字第 3755 号民事判决另案审理。

③ 参见（2013）一中民初字第 2668 号民事判决，已生效。

需要的信息。通过 Robots 协议的设置阻碍搜索引擎的抓取，除了减少被限制搜索引擎的交易机会和竞争优势外，一定程度上也会增加用户自主选择成本，损害用户利益。

非搜索引擎场景下的 Robots 协议限制抓取行为近年来亦时有出现，本案即其中之一。此外，在涉数据抓取使用行为的不正当竞争纠纷中，被告通常提出原告设置 Robots 协议限制其抓取数据的行为存在不正当性的抗辩理由。例如，微梦公司诉云智联网络科技（北京）有限公司（以下简称云智联公司）不正当竞争纠纷一案中，云智联公司即提出，涉案数据是明星公开发布的信息，既不属于隐私类信息，也不属于限制流动的信息，微梦公司通过 Robots 协议限制除“白名单”之外的搜索引擎抓取数据，与涉案数据的公开性属性和互联网精神均相违背，故其据此主张云智联公司违反 Robots 协议抓取涉案数据不正当缺乏依据。[①]

二、Robots 协议限制抓取行为的法律适用

对于适用 2019 年《反不正当竞争法》与 Robots 协议限制抓取行为相关的案件，首先需要确定是适用《反不正当竞争法》第二条（以下简称一般条款）还是第十二条（以下简称互联网专条）作为法律依据来判断被诉行为的正当性。根据《最高人民法院关于适用〈中华人民共和国反不正当竞争法〉若干问题的解释》（以下简称《反不正当竞争法司法解释》）第一条的规定，互联网专条作为具体条款应当优先于一般条款适用，也就是说，对于可以归入互联网专条的不正当竞争行为，即使仅能归入互联网专条第二款第四项这一兜底条款，也应当优先适用互联网专条，不宜再适用一般条款。

但由于互联网行业的不正当竞争行为纷繁多样，互联网专条不可能在穷尽所有此类行为的情形下发挥规制作用，故互联网不正当竞争行为仍然可能落入一般条款的调整范围。此外，适用互联网专条的要件至少包括利

① 参见（2017）京 0108 民初 24512 号民事判决，已生效。

用技术手段以及实施妨碍、破坏其他经营者合法提供的网络产品或者服务正常运行两个方面。对于 Robots 协议限制抓取行为而言，虽然经营者设置 Robots 协议本质上属于对技术手段的运用，但承前所述，Robots 协议并不具有强制性而仅有宣示意义，故实质上不可能起到妨碍、破坏他人产品或服务的后果，缺乏适用互联网专条的条件。结合上述两点，与 Robots 协议限制抓取行为相关的不正当竞争案件应当适用一般条款进行评价为宜。下文据此围绕一般条款的诸要件对 Robots 协议限制抓取行为的正当性认定标准进行分析。

三、Robots 协议限制抓取行为的正当性判断

（一）区分应用场景

要判断 Robots 协议限制抓取行为的相关设置是遵守还是违反了行业惯例进而违背了商业道德，首先要区分 Robots 协议的应用场景。虽然 Robots 协议的设置初衷，主要在于防止被抓网站的服务器过载影响网站正常运行，以及防止爬虫程序抓取一些管理后台的内部信息、临时性文件、cgi 脚本等对网络用户没有使用价值的数据，但随着爬虫程序应用场景的不断扩展，在非搜索引擎应用场景下，爬虫程序不仅仅是抓取检索网站的信息编制成索引便于其他用户访问，而且常常抓取其他网站公开的各种数据，甚至是其他网站中用户生成的数据，直接用于自己的商业行为。在数字经济时代，数据日益成为企业重要的生产要素，数据资源的获取与利用是极为重要的一种资源配置。网站经营者对数据的收集、整理等基本都付出了相应的人力、物力、财力和时间等经营成本。因此，在判断被诉行为是否违反商业道德时，首先需要结合 Robots 协议的应用场景展开。

对于搜索引擎场景，基于搜索引擎之于消费者的特定功能是降低搜索成本，满足互联网互联、互通、共享、开放的精神，故在进行经营者利益和社会公共利益的衡平上显然要更倾向于信息互联互通、信息共享的一方，从而对搜索引擎经营者设置 Robots 协议作出更严格的限制，如前述的百度

公司与奇虎公司一案。但在非搜索引擎场景下，则应该给予经营者此类行为更多的宽容。例如，在本案中，微梦公司通过 Robots 协议限制的 “ToutiaoSpider” 爬虫程序的应用场景并非搜索引擎服务，而是“微头条”等非搜索引擎应用场景。在此情况下，经营者显然无义务将自己网站的数据信息开放给非搜索引擎应用场景下的爬虫程序，允许网站经营者通过 Robots 协议对非搜索引擎应用场景下的抓取限制，正是网站经营者经营自主权的一种体现。

（二）非搜索引擎场景下的商业道德——个案判断

网络不正当竞争纠纷中，不应简单笼统地对被诉行为是否符合行业惯例和商业道德作出评价，而应将被诉行为置于其本应所属的行业及领域中，只有该行业及领域的行业惯例、商业道德才有对之进行评判考量的价值。正如山东食品公司与马某庆等不正当竞争案件[①]中，最高人民法院首次明确提出“经济人伦理标准”，即“商业道德要按照特定商业领域中市场交易参与者即经济人的伦理标准来加以评判，它既不同于个人品德，也不能等同于一般的社会公德，所体现的是一种商业伦理。经济人追名逐利符合商业道德的基本要求，但不一定合于个人品德的高尚标准；企业勤于慈善和公益合于社会公德，但怠于公益事业也并不违反商业道德”。因此，对于非搜索引擎场景下的 Robots 协议限制抓取行为，并非当然引用前述《互联网搜索引擎服务自律公约》中的相关内容作为确定行业惯例的标准，而需要结合 Robots 协议设置方与被限制方所处的经营领域和经营内容，被限制的网络机器人应用场景，Robots 协议的设置对其他经营者、消费者以及竞争秩序的影响等多种因素进行综合判断。

互联网环境下，信息互通和无阻碍分享一定程度上有利于用户及时全面获取信息，促进互联网行业快速发展。但是，互联网行业中的信息自由流动并非绝对无限，尤其是当数据成为重要的生产资料要素，不同网络经

① 参见最高人民法院（2009）民申字第 1065 号民事裁定书。

营者之间围绕数据的投入与收益需要尽可能划定边界和范围，以确定各自的经营范围。因此，互联网行业中信息的自由流动应控制在合理范围内，即符合互联网行业诚信经营的商业道德，否则将不利于鼓励商业投入与创新。据此，如果爬虫程序用于非搜索引擎应用场景下，特别是将抓取到的经营者数据进行替代性或同质化利用，没有实质上增加消费者福利，显然不符合诚信经营的基本商业道德。此种情形下，经营者通过设置，甚至针对性设置 Robots 协议限制抓取其数据，并不属于影响信息自由流动的不正当竞争行为。例如，本案中微梦公司设置 Robots 协议限制字节公司抓取“新浪微博”信息“移植”到其“微头条”中，不论此种抓取行为是否合法，显然与搜索引擎对网站和网页信息的抓取不可相提并论。“微头条”与“新浪微博”栏目性质和功能相似，除了为快速“搬运”出另一个“新浪微博”创造条件外，并不会增加用户的服务体验、选择机会和知识增量，无法提升社会总的福利水平。

（三）经营者与消费者之间利益平衡的判断——价值取向

《反不正当竞争法》一般条款第二款规定的不正当竞争行为，是指经营者在生产经营活动中，违反该法规定，扰乱市场竞争秩序，损害其他经营者或者消费者的合法权益的行为。相较于法律条文呈现的具体规定，权益平衡问题关注的是法律所确定的规范性行为模式背后的社会意义，而不是某一个案的胜负得失。[①]《反不正当竞争法》作为规制市场竞争行为的法律，鼓励允许商业模式、经营方式以及竞争策略的创新与发展，才能实现商业创新与维护市场公平、自由竞争的动态平衡。而由于网络服务涉及用户的数量广泛性、短时聚集性等特点，前述商业模式、经营方式以及竞争策略不仅关系到经营者之间的竞争利益，更是与消费者整体福利等社会公共利益又密不可分。因此，在判断网络经营者的竞争行为是否具有不正当性时，往往需要在经营者与消费者之间作出利益平衡的考量。

---

① 参见［英］尼尔·麦考密克：《法律推理与法律理论》，姜峰译，法律出版社 2005 年版，第 147 页。

在搜索引擎应用场景下，向用户提供快捷高效准确的搜索结果不仅是搜索引擎服务提供者服务水平和能力的体现，而且也是满足用户知情权、选择权等消费者利益的体现。百度公司与奇虎公司案中，百度公司对 Robots 协议的设置方式是以“白名单”的形式区分希望抓取其相关网页内容的爬虫程序，在允许当时国内外主流搜索引擎程序抓取其网页内容的情况下，奇虎公司的搜索引擎程序未能被纳入“白名单”，无法抓取其相关网页内容，属于对奇虎公司采取的有针对性的限制抓取行为。虽然 Robots 协议本身赋予了网站经营者决定设置允许抓取或不允许抓取技术标准的权利，但也应遵循公平、开放和促进信息自由流动的原则，没有充分合理理由拒绝奇虎公司的 360 搜索引擎抓取其相关网站信息，百度公司的相关行为一定程度上使得使用 360 搜索引擎的用户获得搜索结果信息减少，增加了用户的选择成本，减损了用户权益。因此，法院最终认定百度公司的行为构成不正当竞争。

但在非搜索引擎应用场景下，由于爬虫程序并非用于搜索引擎服务，而是用于具体的网络应用服务，故一般不需要更多干预经营者对其自身网站 Robots 协议限制抓取的设置。例如，本案中，字节跳动公司主张微梦公司限制其抓取存在不当性的理由主要是微梦公司针对性设置 Robots 协议。但就其欲抓取以及实际抓取的“新浪微博”内容，并不属于为用户提供便捷高效的网络信息服务，只是将从“新浪微博”处“搬运”来的内容同质化地作为自己的服务内容提供给用户。此行为虽然在一定程度上扩大了用户对于“新浪微博”内容的获取途径，但并没有实质上增加或改变用户获得信息的质与量。因此，综合衡量各方权益，在非搜索引擎应用场景下，应当对经营者所设置的限制抓取的 Robots 协议给予更多容忍。

(四) 其他因素的考量

不正当竞争纠纷作为一类特殊的侵权纠纷，在判断被诉行为是否具有不正当性时，也要遵循侵权要件的判断规制，如，被诉行为是否给原告造成了损失。在 Robots 协议限制抓取行为不正当案件中，虽然 Robots 协议客观上可能造成对包括被告在内的相关经营者的歧视，但因其仅针对限制他人抓取自己的网络数据“复制”网络服务这一行为而设置，并无技术措施效果，只是宣示性表示，故一般不会产生实际的损害后果。

四、结论

随着网络技术的革新和网络竞争的加剧，Robots 协议在实际执行过程中需要更多强调区分应用场景的必要性。在非搜索引擎应用场景下，对于经营者按自主意愿设置限制抓取范围的 Robots 协议，应给予较多容忍空间，特别是在需要作出司法评价的情况下，更应本着谦抑原则，在尊重经营者自主经营权基础上，谨慎判断 Robots 协议设置的正当与否。当然，相关行业也可根据当前 Robots 协议的不同适用场景，推动 Robots 协议限制抓取行为边界的进一步清晰，重新定义相关行业惯例，以便当纠纷出现时对商业道德作出更确定的判断。

VMI 荷兰公司诉萨驰华辰机械（苏州）有限公司、萨驰机械工程（上海）有限公司侵害发明专利权纠纷案

——知识产权案件技术贡献率的精确计算

◇编写人：江苏省苏州市中级人民法院　徐飞云　胡　亮
江苏省高级人民法院　张长琦

【获奖评语】

随着科技创新发展，单个产品上集成的专利权愈发密集。在零部件专利侵权案件中，计算损害赔偿时，如何合理认定零部件专利对整个产品利润的技术贡献率十分重要，但一直以来都是难题。根据填平原则，权利人获得的赔偿金额应当限于侵权人因侵犯专利权行为所获得的利益，而因其他权利所产生的利益，应当合理扣除。因此，技术贡献率是法院精确计算零部件产品赔偿数额的基础。

在计算技术贡献率时，不仅要考虑涉案专利的技术价值、市场价值及零部件比例，而且要排除其他可能对产品价值有正向影响的因素，最终确定较为合理的专利贡献度数值。本案的创新之处在于，在认定涉案专利技术属于效率提高型专利的基础上，以产量贡献率来推算技术贡献率。专利对总产量的贡献率可视为对社会总福利的贡献率，由社会总福利的

增长率推定设备制造企业的利润增长率具有合理性。涉案专利技术对产品整机的贡献主要是对产品产量的贡献，在没有更合理的计算方式的情况下，将此种对产量的贡献率等同于对产品利润的贡献率符合产业和经济规律。按照以上思路，本案设计了"故障率差值法"数学模型，依次计算故障次数差、每次故障平均修复耗时、单胎生产时间及每日产量等四个核心变量，精确计算部件专利技术贡献率，进而把部件专利以外的其他技术所带来的产品利润排除在赔偿范围之外，合理确定了专利侵权损害赔偿数额。

【关键词】

专利侵权　零部件　损害赔偿　技术贡献率　故障率差值法

【裁判要旨】

对由多个部件、多项专利组成的复杂被控侵权产品，精准计算专利侵权损害赔偿数额，应以专利产品的全部市场价值为计算基础，再乘以合理的技术分摊比例。确定分摊比例可采用控制变量法，通过建立数学模型计算专利产品与非侵权替代产品之间的"故障率差值"，确定专利技术对产品总产量、总价值的贡献率，从而将专利产品相对于非侵权替代产品的增量价值，在专利技术与非专利技术之间以及不同专利技术之间合理分配。

【相关法条】

《专利法》（2008 年 12 月 27 日公布）

第六十五条第一款　侵犯专利权的赔偿数额按照权利人因被侵权所受

到的实际损失确定；实际损失难以确定的，可以按照侵权人因侵权所获得的利益确定。权利人的损失或者侵权人获得的利益难以确定的，参照该专利许可使用费的倍数合理确定。赔偿数额还应当包括权利人为制止侵权行为所支付的合理开支。

《最高人民法院关于审理侵犯专利权纠纷案件应用法律若干问题的解释》（2009 年 12 月 28 日公布）

第十六条第一款　人民法院依据专利法第六十五条第一款的规定确定侵权人因侵权所获得的利益，应当限于侵权人因侵犯专利权行为所获得的利益；因其他权利所产生的利益，应当合理扣除。

第十六条第二款　侵犯发明、实用新型专利权的产品系另一产品的零部件的，人民法院应当根据该零部件本身的价值及其在实现成品利润中的作用等因素合理确定赔偿数额。

【案件索引】

一审：江苏省苏州市中级人民法院（2016）苏 05 民初 780 号（2018 年 6 月 29 日）

二审：江苏省高级人民法院（2018）苏民终 1384 号（2021 年 10 月 28 日）

【基本案情】

原告 VMI 荷兰公司诉称：VMI 荷兰公司系 ZL200880006690.4 号、名称为“切割装置”的发明专利权利人。该公司认为，被告萨驰华辰机械（苏州）有限公司（以下简称萨驰苏州公司）、萨驰机械工程（上海）有限公司（以下简称萨驰上海公司）生产并销售的 SRS-H 型智能化半钢子午胎一次法成型机等产品，落入了涉案专利权保护范围。两公司未经许可制造、销售、许诺销售被控侵权产品的行为，侵犯了 VMI 荷兰公司涉案专利权。请求法院判令：（1）两被告立即停止侵害涉案发明专利权的行为；

(2) 赔偿VMI荷兰公司经济损失人民币2500万元和维权合理费用50万元;(3) 本案诉讼费由两被告承担。

被告萨驰苏州公司辩称:(1) VMI荷兰公司现有证据不能证明被诉侵权产品SRS-H型产品落入涉案专利的保护范围。并且,VMI荷兰公司除了SRS-H型产品以外,没有其他证据揭示其他型号被诉侵权产品的具体技术特征,因此无法判断是否构成侵权。(2) VMI荷兰公司主张的赔偿数额没有依据。

被告萨驰上海公司未答辩,亦未提交证据。

法院经审理查明:

VMI荷兰公司是专利号ZL200880006690.4、名称为"切割装置"的发明专利权人,于2012年7月4日获得授权,该专利现行有效。VMI荷兰公司主张按照侵权人因侵权所获得的利益确定损害赔偿金额。

关于被诉侵权产品在市场上销售的总数及利润。萨驰集团上市招股说明书记载,萨驰苏州公司于2014年销售SRS-H型轮胎成型机2台,平均每台售价637.8万元;2015年前三个季度销售SRS-H型机器10台,平均每台售价679.5万元。2015年10月以后,萨驰苏州公司至少销售了8台SRS-H型机器。2014年和2015年萨驰苏州公司销售被诉侵权产品的平均利润率为20%。

关于涉案专利技术对被诉侵权产品利润的贡献率。VMI荷兰公司认为,可以通过比较具有涉案切割装置的轮胎机与不具有涉案切割装置的轮胎机"输送故障率差"进行推算。具体计算公式为:故障次数差×每次故障平均修复耗时÷单胎生产时间=专利避免故障而提高的产量,专利避免故障而提高的产量÷每日产量=专利对总产量的贡献率=专利对成品利润的贡献率。其中,关于故障次数差。被诉侵权产品发生切割故障的次数很少,几乎为零。萨驰苏州公司第一副总工程师李某军在全国橡胶网上发表《SRS-H型智能一次法成型机的研制》一文,提到SRS-H型产品"采用特殊的裁断方式,去掉裁刀垫板,使得角度调整更灵活,物流输送故障率大大降低"。VMI荷兰公司申请了Allan Martimo作为技术专家到庭作证,其在轮胎行业工作了约 24 年，主要从事轮胎成型机、轮胎工业化和轮胎开发等领域。该技术人员陈述，对于切割装置而言，行业中曾使用位于切割器上的刀具进行切割，每日的故障次数至少约 45 次，多则 60 次，经行业内第一次技术改进后故障次数降低到每天 30 次，经第二次技术改进即 VMI 荷兰公司引入涉案专利的改进措施后，故障次数可降低到每天 0 次。

关于每次故障平均修复耗时。故障修复需要停机、工人维护、移除故障带束层、机械重新归位对中、重新启动等工序。Allan Martimo 陈述，根据出现故障的情况以及操作人员的熟练度，最快需要 2 分钟，上限时间可能需要 50 分钟。

关于单胎生产时间和每日产量。据上市招股说明书记载，SRS-H 型机器日产高达 1800 条轮胎，轮胎平均生产周期低于 38 秒。

【裁判结果】

江苏省苏州市中级人民法院于 2018 年 6 月 29 日作出（2016）苏 05 民初 780 号民事判决：（1）萨驰苏州公司、萨驰上海公司立即停止侵犯 VMI 荷兰公司专利号第 ZL200880006690.4 号、名称为“切割装置”的发明专利权的行为；（2）萨驰苏州公司、萨驰上海公司于判决发生法律效力之日起十日内赔偿 VMI 荷兰公司经济损失及其为制止侵权行为所支付的合理开支共计人民币 306 万元；（3）驳回 VMI 荷兰公司其他诉讼请求。

宣判后，VMI 荷兰公司、萨驰苏州公司、萨驰上海公司提出上诉。江苏省高级人民法院于 2021 年 10 月 28 日作出（2018）苏民终 1384 号民事判决，驳回上诉，维持原判。

【裁判理由】

法院生效判决认为：

被诉侵权产品落入 VMI 荷兰公司涉案专利权的保护范围。本案按照被告的侵权获利计算损害赔偿，计算公式为侵权产品销售量×侵权产品单位利润×专利技术贡献率。侵权产品销售量至少为20台，侵权产品平均利润率为20%，关于涉案专利技术贡献率具体分析如下：

涉案切割装置系轮胎成型机的核心零部件之一，通过比较具有涉案切割装置的轮胎成型机与不具有涉案切割装置的机器在切割环节的输送故障次数差，结合每次出现故障后需要重新调整角度、移除发生故障的带束层、重新设置机器等错失部分生产时间而导致的产量下降量，计算出涉案专利避免故障而提高的产品，进而得出专利技术对产品总产量的贡献率，也即涉案专利对整机利润的贡献率。涉案专利对整机利润的贡献率=专利对总产量的贡献率=专利避免故障而提高的产量÷每日产量，专利避免故障而提高的产量=故障次数差×每次故障平均修复耗时÷单胎生产时间。

关于故障次数差问题。根据现场勘验显示，涉案专利的故障次数几乎为零。而现有技术的故障次数和故障修复耗时，VMI荷兰公司聘请的技术专家到庭作证，其陈述行业中曾使用位于切割器上的刀具进行切割，故障次数为每日最少45次，后改进为切割带上新增加热刀进行切割，故障次数降低为每日30次左右。每次故障修复耗时根据故障的复杂情况和维修人员操作的熟练程度最少需要2分钟，多则50分钟。萨驰苏州公司未提交现有技术故障率为零的证据，也未提交相应的反驳证据推翻VMI荷兰公司技术专家的陈述。故法院采纳VMI荷兰公司技术专家的意见，涉案专利与传统切割装置相比，能使故障率大大降低，每天至少可以降低的故障次数为30次至45次。SRS-H型机器单胎生产时间为38秒，每日产量为1800条。法院选定接近最快修复时间的平均故障修复耗时3分钟。根据上述计算公式，计算可得涉案专利对利润的贡献率=（30次至45次）×3分钟÷38秒÷1800条=7.89%至11.84%。

综上，法院认定被告侵权获利=（2台×637.8万元+18台×679.5万元）×20%×（7.89%-11.84%）。本案中以该两金额的平均值266万元作为损失赔偿额。同时，法院支持VMI荷兰公司为维权支付的合理费用为40万元。

【案例注解】

随着科技发展，一件产品中包含多个部件、集成多个专利的情况越来越普遍，而对产品价值增量有贡献的因素不仅包含特定的专利技术，还可能包含其他专利技术或者非专利技术等。在计算专利侵权损害赔偿时，如何将特定专利以外的其他技术或者特征产生的产品利润排除，正确评估特定专利技术对产品的价值增量，成为知识产权司法实践中的疑难问题。

一、现状检视：技术贡献率量化的司法困境

在传统民法中，侵权损害赔偿遵循全面赔偿原则，即对赔偿受到的损害给予的赔偿金，应当按照损害（本身）的价值来计算，损失的范围决定了赔偿的范围。[①] 专利民事侵权领域同样适用该原则，并遵循价值分析是知识产权获取金钱救济的逻辑起点，[②] 将专利权人损失或侵权人获利中可归因于特定专利技术的合理比例分摊出来，法律规定了技术分摊原则。[③]

技术分摊原则，是指法院在根据销售量、单位售价、成本、利润等因素确定侵权人的利润额之后，还需考虑到专利对整个利润额的贡献程度，并将其百分比乘以侵权人所获的净利润额来决定最后的赔付额。[④] 但法律并未规定具体的技术分摊方法，如何正确运用技术分摊原则，在个案中找寻到适宜且可信赖的技术分摊方法（技术贡献率的计算方法），存在诸多难点。

其一，技术贡献率的量化涉及技术事实查明、知识产权市场价值确定等复杂问题。从技术上讲，一件产品，尤其是科技产品或大型机器设备，都是由众多零部件组成，不仅包含专利技术，还包含非专利技术，且通常

① 参见程啸：《侵权责任法》，法律出版社 2015 年版，第 679 页。

② 参见吴汉东：《知识产权损害赔偿的市场价值分析：理论、规则与方法》，载《法学评论》2018 年第 1 期。

③ 《最高人民法院关于审理侵犯专利权纠纷案件应用法律若干问题的解释》第十六条对于技术贡献率问题进行了规定，但并未涉及具体计算方法。

④ 参见管育鹰：《专利侵权损害赔偿额判定中专利贡献度问题探讨》，载《湖南警察学院学报》2010 年第 23 期。

集成多项专利技术。从运营上讲，产品从方案生成到实现终端销售，需要历经设计、加工、营销等多个环节。正是在技术、营销等多元因素的共同作用下才得以实现产品利润，在此情况下，要确定特定专利技术对产品销售利润的贡献比例，除了要考虑产品所包含的专利类别、技术含量和市场价值，还要考虑产品的商标价值、产品质量以及市场营销等多种非技术因素。这一过程不仅涉及技术事实查明，还涉及市场营销学、经济学等专业分析方法的复合运用。

其二，技术贡献率的量化有赖于多项数据支持，缺少任何一项都无法进行测算。实践中，一方面，权利人对于技术贡献率的证据举证困难。基于专利属于无形资产，涉及专利价值等技术贡献率的证据一般难以直接提供。在以侵权获利作为计赔方法时，基于侵权事实的证据由侵权人掌握，权利人无法直接确定侵权获利在侵权人全部收入中的比例，从而计算“合理扣除”的数额。另一方面，权利人对于技术贡献率相关证据的举证意愿不强，存在“重侵权证据，轻赔偿证据”的倾向。在商业竞争日趋激烈的当下，考虑到维权效率和成本，大部分权利人会将“实际收益要大于机会成本”的经济学理念代入诉讼中，注重对侵权证据的搜集，而忽视损害赔偿证据。①

其三，技术贡献率的量化缺少有效司法经验借鉴。当前，我国对技术分摊原则的适用相对简单且适用比例低，还“没有实现具体化和规则化”②。实践中，绝大多数法院的做法“不是确定一个可以量化的数字比例，而仅仅是在判决中提及曾考虑此因素”③。在个别案例中，法院也仅是根据案情酌定技术贡献率，没有具体细化的计算方式。

---

① 参见边仁君：《专利侵权损害赔偿规则的标准、困境与重构》，载《知识产权》2021 年第 3 期。根据该文统计，在 2014—2018 年审结的 9896 件专利权人胜诉且获得损害赔偿救济的侵权案件中，适用法定赔偿的案件有 9346 件，占比 94.4%。

② 戴建志：《知识产权损害赔偿研究》，法律出版社 1997 年版，第 39 页。

③ 和育东：《专利侵权赔偿中的技术分摊难题——从美国废除专利侵权“非法获利”赔偿说起》，载《法律科学》2009 年第 3 期。

二、破解之道：以“故障率差值法”计算效率型专利的技术贡献率

（一）认定技术贡献率的司法路径

目前司法实践中，对技术贡献率的量化主要有以下四种路径[①]：（1）将技术贡献率作为法定赔偿的考量因素。[②]（2）酌定技术贡献率。法院综合考虑专利价值、产品价值、专利在侵权产品结构上的比例或功能上的价值、产品所解决的技术问题等多种因素后，在一定范围内确定相应的数值。[③]（3）参考评估报告、鉴定意见等确定技术贡献率。法院将第三方机构提供的经济分析报告、评估鉴定意见等作为确定技术贡献率的重要依据。[④]（4）通过建模等方式精确计算技术贡献率。法院根据个案情况创设量化模型，逐一计算模型各项因子后量化计算技术贡献率。[⑤]

上述路径中，第一种路径仅仅是将技术贡献率作为法定赔偿的考量因素，并不涉及具体计算。第二种路径实则是法定赔偿的酌定模式在技术贡献率问题上的适用，都是综合考虑多种因素后确定数值。此种方式缺乏明确的量化标准，易被人诟病具有“随意性”和“武断性”。第三种路径属于准数量计算型方式，但基于现行法律规定未对技术贡献率的评估作出明确指引，且评估机构对技术复杂的无形资产的评估经验有限，存在因评估报告、鉴定意见不被采信而导致无法适用的风险。第四种路径准确率最高

---

① 经检索发现，全国范围内涉及技术贡献率量化的案件不多，本文以近年来最高人民法院知识产权法庭作出的生效裁判、获评全国法院知识产权典型案例的案件和由地方人民法院作出的受社会广泛关注的案件为研究样本，对技术贡献率的司法认定问题进行了类型化梳理。

② 例如广州知识产权法院（2015）粤知法专民初字第1229号案件。该案中，法院结合涉案专利的市场价值、被诉侵权产品部件在实现整款汽车应急启动电源的市场利润时所发挥的作用、电源主机外观对产品的整体视觉效果产生重要影响等因素，适用法定赔偿酌定赔偿数额。

③ 例如最高人民法院（2018）最高法民再111号案件。该案中，法院考虑到涉案专利有益效果的技术特征主要体现在产品部分结构，而产品还包括其他部件，故酌定涉案专利对于侵权产品利润的贡献度为50%。

④ 例如浙江省宁波市中级人民法院（2019）浙02民初165号案件。该案中，法院着重考量了当事人提交的经济学分析报告，通过产品价值提升率法确定贡献率的保守最低值，酌定专利贡献率为20%。

⑤ 例如最高人民法院（2019）最高法知民终833号案件。该案中，法院以涉案专利技术及其价值所占侵权产品销售卖点的比重认定技术贡献率，确定涉案专利的技术贡献率为1/3。

但适用难度最大，无论是技术事实查明还是多种分析方法运用，都对裁判者提出了很高的要求，因此在司法实践中适用不多。

（二）“故障率差值法”数学模型的构建及运用

本案采用第四种建模方法，创设“故障率差值法”计算技术贡献率，模型构建及运用分为以下三个步骤。

第一步，建模构思。模型构建的核心要义是要将模型架构在确定涉案专利技术对产品主要贡献点的基础上。专利技术按照对产品的贡献可大致分为四类：提高效率型、创设或改善功能型、降低成本型、兼具上述两种或三种特征型。[①] 涉案专利“切割装置”系轮胎成型机的核心零部件之一，根据专利说明书记载及当事人陈述，其价值在于减少机器故障率，提高产品整机的生产效率，因此涉案专利属于提高效率型专利。

基于提高效率型专利对整机利润的贡献度主要体现在产量的提升方面，因此可以从专利技术提高生产效率、提高产品产量的角度衡量其对产品利润的贡献率。假设在两台相同生产率的轮胎成型机上，一台使用现有技术的切割装置（非侵权可替代），另一台使用涉案专利技术的“切割装置”，比较两台机器在切割环节的故障次数，每次出现故障后，需要重新调整角度、移除发生故障的带束层、重新设置机器等错失部分生产时间，而采用涉案专利后减少的故障次数，就是轮胎制造商避免失去的生产力，从而提高的产量，这也正体现了涉案专利的价值。

第二步，模型构建。在第一步建模思路的指引下，通过比较两台机器的“输送故障率差”，计算出两台机器间的产量差，再运用经济学分析方法，推演出“产量贡献率”与“技术贡献率”之间的逻辑转换关系，最终计算出技术贡献率的数值。本案创设的计算模型为：涉案专利对整机利润的贡献率=专利对总产量的贡献率=专利避免故障而提高的产量÷每日产量，专利避免故障而提高的产量=故障次数差×每次故障平均修复耗时÷单胎生产时间。

---

① 参见李亚临：《从一件“50大”典型案例，简评专利贡献率的确定》，载微信公众号“知产力”，2022年6月2日上传。https://www.zhichanli.com/p/1674373401，2022年7月20日访问。

第三步，模型运用。充分运用技术调查官、技术专家、专家辅助人等多种技术事实查明方法，并配套适用举证妨碍等证据规则，逐一查明上述公式中需要用到的各项数据。

涉案专利技术相对现有技术而言，每天可以降低的故障次数为 30 次至 45 次。每次故障修复耗时，约为每次 2 分钟至 50 分钟之间。被控侵权机器的单胎生产时间为 38 秒，每日产量为 1800 条。同时选定接近最快修复时间的平均故障修复耗时 3 分钟进行测算。经计算，涉案专利对产量的贡献率=（30 次至 45 次）×3 分钟÷38 秒÷1800 条=7. 89%至 11. 84%。同时，根据产量贡献率与专利技术贡献率之间的逻辑互换关系，涉案专利技术的贡献率亦为 7. 89%至 11. 84%。

三、经验启示：对量化技术贡献率问题的多维思考

第一，从案件事实查明来看，技术贡献率的量化需要综合运用多种技术事实查明机制。技术贡献率在量化时，最主要的考量因素是技术上的客观考虑，包括专利技术解决的问题、技术的创新度、对产品价值的贡献点等，这些事实直接影响着专利市场价值的判定，决定着法院对知识产权损害赔偿的司法定价，是否以知识产权的“合理价值”裁判为基础。[①] 因此，对于相关技术事实的查明，要充分发挥技术调查官、专家辅助人等技术事实查明制度的优势。本案中，法院指派了三位技术调查官、双方当事人各聘请了两位专家辅助人参与案件的技术事实查明，这些人员既有来自国家知识产权局专利局专利审查协作中心的审查员，还有车辆轮胎生产一线的工程师、海外技术专家、高等院校教授。各位专家的技术意见覆盖了涉案专利理论研究实操经验以及国内外技术发展概况等，解决了技术贡献率计算过程中涉及到的现有技术情况、故障次数差、每次故障修复耗时等核心技术争点问题。

第二，从举证责任分配来看，技术贡献率的量化需强化民事证据规则的适用。在计算技术贡献率时，不仅要考虑涉案专利的技术价值、市场价

① 参见吴汉东：《知识产权损害赔偿的市场价值基础与司法裁判规则》，载《中外法学》2016 年第 6 期。

值及零部件比重，而且要排除其他可能对产品价值有正向影响的因素，最终确定较为合理的专利贡献度数值。无论是从正向角度直接确定专利的价值，还是从反向角度排除其他对产品利润有贡献的因素，证据规则都应贯穿适用整个过程。[①] 本案中，法院不仅积极引导当事人举证，确定了技术贡献率计算的“每日产量”“单胎生产时间”等要素，而且合理分配举证责任，在原告方已就技术贡献率计算的各项数据充分举证的情况下，适时将举证责任转移至被告，并在被告拒不提交相应反证的情况下，依法适用举证妨碍规则，确定了技术贡献率计算中“现有技术的故障次数”“每次故障平均修复耗时”等核心数据，使得现有证据具备了计算“输送故障率差”和“产量贡献率”的条件。

第三，从案件解决路径来看，技术贡献率的量化需要合理运用多种分析方法。本案创设“故障率差值法”数学模型，以“产量贡献率”来推算“技术贡献率”符合经济规律和案件实际，恰好印证了“以专利技术的商业市场价值为基础，依赖于该专利技术对产品增值的独特贡献，这一方法能够适用于多专利、多部件产品的场合”的司法观点。[②] 对于效率型专利而言，“产量贡献率”可作为评估专利技术价值的起点，其与“技术贡献率”之间具有等于或约等于的逻辑转换关系。在经济学视野下，专利对总产量的贡献率可视为对社会总福利的贡献率，在假定社会总福利分配公平的情况下，将社会总福利的增长率等同于设备制造企业的利润增长率具有合理性。[③] 涉案专利技术对产品整机的贡献主要是对产品产量的贡献，在没有更合理的计算方式的情况下，将此种对产量的贡献率等同于对产品利润的贡献率符合经济学规律。因此，本案中将计算技术贡献率转化为计算产量贡献率，从而圆满解决了无法直接计算技术贡献率的难题。

① 在（2019）最高法知民终 147 号涉腾达路由器侵害发明专利权纠纷案中，基于被告无正当理由拒不提供有关侵权规模基础事实的证据材料，最高人民法院对被告提出的技术贡献率抗辩不予支持；在（2015）苏知民终字第 00172 号涉汽车发动机同步传动装置侵害发明专利权纠纷案中，江苏省高级人民法院认为并无证据显示还有其他对实现侵权产品的价值具有重要贡献，因此认定涉案专利贡献率为 100%。

② 参见朱理：《专利侵权损害赔偿计算分摊原则的经济分析》，载《现代法学》2017 年第 5 期。

③ 参见李亚临：《从一件“50 大”典型案例，简评专利贡献率的确定》，载微信公众号“知产力”，2022 年 6 月 2 日上传。https://www.zhichanli.com/p/1674373401，2022 年 7 月 20 日访问。

胡某某假冒注册商标案

——假冒注册商标案中主观故意难以认定时的定罪思路

◇编写人：广东省广州市中级人民法院　林丽虹　常秋华

【获奖评语】

本案系因经济活动引发纠纷而产生的一起刑事案件。本案的办理充分贯彻落实“坚决防止将民事纠纷当作犯罪处理、坚决防止将民事责任变为刑事责任”的司法理念，是严格区分经济纠纷与经济犯罪界限的典范，对于营造市场化法治化国际化营商环境十分有益。就法律适用而言，一方面，商标权利人内部的管理不完善与利益纷争不能成为对抗（善意）使用的第三人之理由；另一方面，包括主观罪过在内的假冒注册商标罪构成要件需要采取严格证明标准，现有证据无法证明被告人具有假冒他人注册商标的犯罪故意的，也不能认定为“被告人未经注册商标所有人许可”，故此应当认定被告人无罪。

本案的依法办理，准确界定假冒注册商标民事纠纷与刑事犯罪的界限，体现了将刑罚限制在维护社会秩序所必需的最低范围内的现代刑法理念，全面贯彻了依法平等保护原则，以实际行动保护民营企业和企业家的合法权益，以高质量刑事审判工作推进营商环境法治化建设。

【关键词】

刑事　注册商标　授权　主观故意　无罪

【裁判要旨】

构成假冒注册商标罪需具备未经注册商标所有人许可、主观上存在故意等要件。在被告人认为已取得注册商标所有人许可，并支付了相关使用费用，且现有证据无法证明被告人具有主观故意的情况下，不能因注册商标所有企业内部管理混乱而改变纠纷性质，将民事纠纷定性为刑事案件，并追究被告人刑事责任。此类案件应认定被告人无罪。

【相关法条】

《刑法》（1997 年 3 月 14 日公布）

第二百一十三条　未经注册商标所有人许可，在同一种商品上使用与其注册商标相同的商标，情节严重的，处三年以下有期徒刑或者拘役，并处或者单处罚金；情节特别严重的，处三年以上七年以下有期徒刑，并处罚金。

第二百二十条　单位犯本节第二百一十三条至第二百一十九条规定之罪的，对单位判处罚金，并对其直接负责的主管人员和其他直接责任人员，依照本节各该条的规定处罚。

《刑事诉讼法》（2018 年 10 月 26 日公布）

第二百条　在被告人最后陈述后，审判长宣布休庭，合议庭进行评议，根据已经查明的事实、证据和有关的法律规定，分别作出以下判决：

（一）案件事实清楚，证据确实、充分，依据法律认定被告人有罪的，应当作出有罪判决；

（二）依据法律认定被告人无罪的，应当作出无罪判决；

（三）证据不足，不能认定被告人有罪的，应当作出证据不足、指控的犯罪不能成立的无罪判决。

第二百三十六条　第二审人民法院对不服第一审判决的上诉、抗诉案件，经过审理后，应当按照下列情形分别处理：

（一）原判决认定事实和适用法律正确、量刑适当的，应当裁定驳回上诉或者抗诉，维持原判；

（二）原判决认定事实没有错误，但适用法律有错误，或者量刑不当的，应当改判；

（三）原判决事实不清楚或者证据不足的，可以在查清事实后改判；也可以裁定撤销原判，发回原审人民法院重新审判。

原审人民法院对于依照前款第三项规定发回重新审判的案件作出判决后，被告人提出上诉或者人民检察院提出抗诉的，第二审人民法院应当依法作出判决或者裁定，不得再发回原审人民法院重新审判。

【案件索引】

一审：广东省广州市越秀区人民法院（2019）粤0104刑初976号（2020年9月14日）

二审：广东省广州市中级人民法院（2020）粤01刑终1839号（2021年12月6日）

【基本案情】

广东省广州市越秀区人民检察院指控：2016年间，被告人胡某某未经中国北京同仁堂（集团）有限公司（以下简称同仁堂集团）许可，使用伪造的同仁堂集团下属控股子公司北京同仁堂化妆品有限公司（以下简称化妆品公司）的授权文件蒙蔽郑州百消丹药业有限公司（以下简称百消丹公司）及多家印刷公司，将其设计印刷的带有同仁堂注册商标的内外包装材料提供给百消丹公司，并以代加工的名义令后者将自己的眼贴产品制成假冒的同仁堂牌蜂胶蓝莓眼贴，最终投入市场进行销售。经审查，被告人胡某某生产、销售假冒的同仁堂蜂胶蓝莓眼贴的非法经营数额为人民币1110555.86元；同仁堂商标已在国家工商管理总局商标局注册登记（注册在商品国际分类第3类，可使用商品包括化妆品等），并处于有效期内。被告人的行为触犯了《刑法》第二百一十三条的规定，应当以假冒注册商标罪追究其刑事责任。

被告人胡某某否认公诉机关指控的事实及罪名，辩称：其和同仁堂化妆品公司签订有品牌授权使用协议，其有权利生产销售同仁堂产品。另外，其向同仁堂化妆品公司支付了品牌授权费和条码使用费，且同仁堂化妆品公司提供过蜂胶眼贴的条形码给其使用。

辩护人辩称：公诉机关指控被告人胡某某犯侵犯注册商标罪的事实不清，证据不足，适用法律错误；胡某某生产、销售蜂胶眼贴有协议书及授权委托书，并且已交付使用费，本案是典型的民事经济纠纷，胡某某不构成犯罪。另外，公诉机关认定的非法经营数额虚高。

法院经审理查明：

2015年5月，被告人胡某某以广州珍颜生物科技有限公司的名义和化妆品公司签订合作协议，化妆品公司授权胡某某的公司为同仁堂口腔护理用品类产品的生产和销售商。2015年11月10日，被告人胡某某注册成立广州同仁中方医药科技有限公司（以下简称同仁中方公司）。2016年1月，同仁中方公司在被告人胡某某控制下，与化妆品公司签订合作协议，化妆品公司授权同仁中方公司为身体护理类（含私密护理）和美发类产品授权委托生产管理和销售商。2016年2月，化妆品公司申领包括同仁堂牌蜂胶蓝莓眼贴在内的条形码多个，后交付给同仁中方公司使用，同仁中方公司支付化妆品公司身体护理类和美发类的品牌保证金及10个条形码相关费用。2016年9月19日，同仁中方公司以自己公司的名义申领同仁堂牌蜂胶蓝莓眼贴的条形码。

自2016年8月起，在被告人胡某某控制下同仁中方公司与百消丹公司及多家印刷公司签订加工合同，将同仁中方公司设计印刷的带有同仁堂注册商标的眼贴内、外包装提供给百消丹公司，以代加工的名义由百消丹公司生产同仁堂牌蜂胶蓝莓眼贴，后由北京五贝子科技发展有限公司等进行销售。经审查统计，2016年9月至11月间，同仁中方公司委托百消丹公司生产交付北京五贝子科技发展有限公司销售的涉案同仁堂牌蜂胶蓝莓眼贴金额为人民币1110555.86元。

2016年12月14日，广州的消费者网购同仁堂牌蜂胶蓝莓眼贴后发觉有问题，向同仁堂集团举报投诉。2016年12月27日，同仁堂集团代理人到公安机关报案。2017年5月26日，公安民警将被告人胡某某抓获归案，并在同仁中方公司位于广州市的办公地点搜出记账凭证、电脑等涉案物品一批。

另查明，商标注册人同仁堂集团已在国家工商管理总局商标局注册登记同仁堂商标（注册在商品国际分类第3类，核定使用商品范围包含化妆品类商品），有效期从1990年至2022年止。

【裁判结果】

广东省广州市越秀区人民法院于2020年9月14日作出（2019）粤0104刑初976号刑事判决：被告人胡某某犯假冒注册商标罪，判处有期徒刑三年六个月，并处罚金人民币五十六万元。一审宣判后，被告人胡某某不服，提出上诉。广东省广州市中级人民法院于2021年12月6日作出（2020）粤01刑终1839号刑事判决：（1）撤销广东省广州市越秀区人民法院（2019）粤0104刑初976号刑事判决；（2）上诉人胡某某无罪。

【裁判理由】

法院一审判决认为：同仁中方公司未经注册商标持有人许可，在同一种商品上使用与其注册商标相同的商标，情节特别严重，被告人胡某某在单位实施假冒注册商标犯罪中是直接负责的主管人员，其行为构成假冒注册商标罪。公诉机关的指控事实清楚，证据充分，罪名成立。

法院生效判决认为：上诉人胡某某实际控制的同仁中方公司与化妆品公司存在授权使用同仁堂商标的合作协议，双方产生的争议属于民事纠纷范畴，现有证据不足以认定同仁中方公司及上诉人胡某某主观上具有假冒注册商标的犯罪故意。上诉人胡某某及其辩护人提出无罪的辩解、辩护意见，本院予以采纳。出庭检察员提出驳回上诉、维持原判的意见，以及被害单位代理人提出上诉人胡某某构成假冒注册商标罪的意见，本院不予采纳。原审判决认定上诉人胡某某犯假冒注册商标罪事实不清、证据不足，不能认定上诉人胡某某有罪，依法应当改判。经二审法院审判委员会讨论决定，依照《刑事诉讼法》第二百三十六条第一款第三项、第二百条第三项的规定，判决如下：（1）撤销广东省广州市越秀区人民法院（2019）粤0104刑初976号刑事判决；（2）上诉人胡某某无罪。

【案例注解】

一、注册商标的保护与授权使用

假冒注册商标罪，是指违反国家商标管理法规，未经注册商标所有人许可，在同一种商品、服务上使用与其注册商标相同的商标，情节严重的行为。我国对商标专用权的取得采用注册原则，按申请注册先后来确定归属，即谁先申请商标注册，商标权就授予谁。由于采用注册原则，只有注册商标才受《商标法》保护，没有注册的商标不在保护之列。假冒注册商标罪的客体是国家对商标的管理制度和他人的注册商标专用权，犯罪对象是他人的注册商标。

假冒注册商标罪的客观方面表现为未经注册商标所有人许可，在同一种商品、服务上使用与其注册商标相同的商标，情节严重的行为。具体来讲，包括以下几点：

（一）未经注册商标所有人许可

根据《商标法》的规定，商标所有人可以允许他人在其商品上使用其注册商标。未经许可，不得在相同或相似的商品上使用与他人注册商标相同或类似的商标。这是注册商标专用权的内容之一。未经注册商标所有人许可包括以下具体情形：(1) 行为人从未获得过注册商标所有人使用其注册商标的许可。(2) 行为人虽然曾经获得过注册商标所有人的使用许可，但在许可使用合同规定的使用期限届满后，仍然继续使用注册商标所有人的商标；(3) 行为人虽然曾经获得注册商标所有人的使用许可，但由于种种原因导致许可合同提前解除，行为人在合同解除后仍然继续使用该注册商标。(4) 行为人虽然获得了注册商标所有人的使用许可，但超越许可使用注册商标的商品范围使用。(5) 行为人虽然获得了注册商标所有人的使用许可，但超越许可使用注册商标的地域范围使用。

（二）在商业活动中使用

商标的使用还应包括用于广告宣传、展览以及其他商业活动。本案一个争议点是胡某某的同仁中方公司是否取得了商标授权。本案中，胡某某实际控制的同仁中方公司与化妆品公司签订了合作协议。化妆品公司是同仁堂集团控股子公司，存在实际上使用同仁堂商标和对外转授权的事实，即使化妆品公司使用和转授权同仁堂商标可能违反双方的规定，这也属于同仁堂集团和化妆品公司之间内部管理问题。化妆品公司提供了同仁堂集团授权文书以保证授权合法性，且在其他产品如牙膏等产品中也存在对外授权的情况。对于同仁堂商标授权，化妆品公司类似于表见代理，且具有延续性，同仁堂集团内部管理问题不能对抗第三方。现有证据证实双方签订了美发类、身体护理类产品的合作协议，从履行情况看，双方均履行了合作协议的主要义务，胡某某的同仁中方公司向化妆品公司支付保证金和相关条形码费，从而取得化妆品公司的授权和条形码，并据此对外安排委托生产和销售。关于涉案眼贴是否属于身体护理类产品并取得授权，案发后化妆品公司才提出不同意见，但协议文本并没有对身体护理范围作具体限定；对于眼贴产品，理解为属于身体护理产品并不违反禁止性规定或严重违反常理，且化妆品公司提供证据证明，胡某某的同仁中方公司支付了包括眼贴在内的10个条形码的费用，可以视为事实上的授权。

二、假冒注册商标罪的主观认定

假冒注册商标罪的主观方面为故意。行为人必须具有其明知违反了国家商标管理法律法规，未经注册商标所有人许可，而仍然实施假冒注册商标行为的主观心态。本案的第二个争议焦点是被告人是否具有主观上的故意。

本案中，胡某某的同仁中方公司与化妆品公司双方存在授权使用同仁堂商标的合作协议。化妆品公司工商登记及合资合同证实，化妆品公司是同仁堂集团与香港国兴集团有限公司合资成立的子公司，同仁堂集团占股51%，且委派董事长及董事会成员3人到该公司。设立化妆品公司的合资合同规定了化妆品使用“同仁堂”商标的条款。合资合同约定，同仁堂集团同意化妆品公司在企业名称和产品商标中使用“同仁堂”字号与商标，且免收字号和商标使用费。合资公司（即化妆品公司）使用“同仁堂”商标应与同仁堂集团另行签订商标许可使用合同并按工商部门的要求办理相关手续。但化妆品公司与同仁堂集团双方对此存在不同说法：化妆品公司出具的说明材料认为其公司根据合资合同第一款即有权使用“同仁堂”字号与商标；而同仁堂集团出具的说明材料则认为依据第二款化妆品要使用商标需要另行签订商标许可合同，集团对化妆品公司的商标使用许可已于2010年10月29日终止，此后未再授权。化妆品公司存在事实上长期使用

"同仁堂"商标及转授权的情形。中国物品编码中心查询情况显示，化妆品公司从2014年至2016年申请条形码的带有"同仁堂"商标且至今有效的产品信息有250个左右，包括面膜、日用化妆品、牙膏等。化妆品公司除了给胡某某的同仁中方公司一些同仁堂产品条形码外，还有很多带有"同仁堂"商标的产品，也是对外授权其他公司进行生产、销售的。同仁堂集团至今没有追究化妆品公司及相关人员的责任。同仁堂集团回复称对化妆品公司管理人员未经授权擅自转授等问题有关线索正在调查中。

关于上诉人胡某某对化妆品公司取得同仁堂集团商标授权的明知情况：化妆品公司郭某等人在后期的证言中提交材料主张化妆品公司取得了同仁堂集团商标授权，化妆品公司将盖有同仁堂集团公章的授权书及同仁堂集团商标权证等材料提供给胡某某公司。关于该方面事实，化妆品公司的证人证言与胡某某的供述相互印证，而且在2015年就开展了牙膏等口腔护理产品的授权，双方对商标授权问题无突出争议。因此，胡某某主观明知内容仅限于化妆品公司取得了同仁堂商标使用授权，无法进一步判断化妆品公司与同仁堂集团之间授权的细节即具体授权内容及授权年限。

综上，胡某某的同仁中方公司与化妆品公司签订了美发类、身体护理类产品的合作协议。从客观履行情况看，双方均履行了合作协议的主要义务，同仁中方公司向化妆品公司支付保证金和相关条形码费，从而取得化妆品公司的授权和条形码，并据此对外安排委托生产和销售。胡某某的同仁中方公司与化妆品公司双方存在授权使用同仁堂商标的合作协议，胡某某的同仁中方公司在授权期限内生产销售涉案同仁堂商标的眼贴具有一定的合同基础，不具有假冒注册商标的主观故意。

三、假冒注册商标民事纠纷与刑事犯罪的区分

对于知识产权被侵权后的救济，分为民事救济和刑事制裁，侵权人分别承担相应的民事侵权责任和刑事责任。民事救济与刑事制裁均是保护商

标权的有效手段，对两种保护方式的加强使二者在范围上产生了重合的趋势。[①] 民事责任与刑事责任的承担对当事人的影响有质的区别，即便在大力保护知识产权的背景下，也不应当随意扩大刑事制裁的适用范围，对于刑事犯罪，证据必须达到确实、充分的标准。

胡某某的同仁中方公司在生产销售涉案眼贴产品的过程中确实存在一些不规范行为，双方在合同履行过程中可能存在争议，但在授权合同关系没有解除的前提下，上述不规范行为仍未超出民事纠纷范畴，未达到可以定罪处罚的程度。胡某某的同仁中方公司以自己申领的条形码生产销售涉案眼贴产品，不涉及商标权问题；涉案眼贴产品需要备案等行政手续，亦不影响商标授权的认定。

本案案发是同仁堂集团接到消费者投诉才进行调查和报案的，并不是同仁堂集团在日常管理中主动发现，实际上是被动应对投诉或舆论的一种举措。化妆品公司内部存在管理混乱，同仁堂集团对化妆品公司存在管理不严的问题。案发后，同仁堂集团没有首先调查化妆品公司及相关人员，而是对胡某某及同仁中方公司作刑事报案处理，存在对内“护短”、对外“甩锅”之嫌。从证据的角度来看，化妆品公司一方相关人员与本案存在利害关系，相关证言前后不一，有推卸责任之嫌，不能直接采信作为本案的定案依据。化妆品公司与胡某某的同仁中方公司关于身体护理类产品合作协议的多方面争议，很多证据都是化妆品公司单方面的意见，未达到刑事证据确实、充分的标准。

商标权的刑事保护范围小于民事保护范围，司法实践中不宜将民事纠纷当作刑事案件来处理。刑法的介入应当受到限制，如果盲目扩大适用范围，将会增加在后的市场主体在选择商标时的顾虑，同时也影响经济秩序的稳定

① 参见张耕、黄国赛：《民刑交叉视野下商标刑事保护边界研究》，载《知识产权》2020年第12期。

彭某某受贿，贾某某受贿、洗钱违法所得没收案

——“红通人员”逃匿境外违法所得没收程序的实践展开

◇编写人：湖南省高级人民法院　邬文生　钟玺波
湖南省岳阳市中级人民法院　黎小忠

【获奖评语】

本案是人民法院适用2012年修订的《刑事诉讼法》中增设的违法所得没收特别程序的成功范例，也是统筹推进涉外法治的生动体现。本案的依法办理，在法律适用的裁判规则方面，明确了“具有高度可能”的证明标准确认贪腐被告人违法所得范围；在法律适用的社会影响和参照意义上，创造了多个“首例”：是全国首例涉及多个不同国家（4个）的违法所得没收程序案件；本案的冻结令是中华人民共和国成立以来首次被国外法院承认并执行的中国法院诉前刑事裁定；没收裁定书也是欧盟国家法院首个承认和执行我国法院的刑事裁定；本案是被最高人民检察院确定的第三十二批指导性案例之一，具有较强的参考价值。在现实意义上，本案是基于惩治国内腐败犯罪开展的国际追逃追赃行为，对当前夺取反腐败斗争绝对性胜利意义重大。故此，本案审理与其他没收国内违法所得程序案件有较大的不同，对同类案件的审理有较好的示范效应和参考意义。

【关键词】

刑事　受贿　逃匿境外　违法所得没收　高度可能性

【裁判要旨】

适用违法所得没收程序认定涉案财物是否属于违法所得，适用高度可能性标准。高度可能性标准的把握，应低于刑事诉讼中证据确实、充分的标准，并应结合犯罪嫌疑人之间的关系、合法收入情况、财物来源、财物流转情况等因素综合认定。

对涉案财产在境外、违法所得具有涉外因素的，要结合国际条约、国际惯例等的规定和做法，确保程序优先、程序公正，为境外赃物的追缴奠定扎实基础。

【相关法条】

《刑事诉讼法》（2018 年 10 月 26 日公布）

第二百九十八条　对于贪污贿赂犯罪、恐怖活动犯罪等重大犯罪案件，犯罪嫌疑人、被告人逃匿，在通缉一年后不能到案，或者犯罪嫌疑人、被告人死亡，依照刑法规定应当追缴其违法所得及其他涉案财产的，人民检察院可以向人民法院提出没收违法所得的申请。

公安机关认为有前款规定情形的，应当写出没收违法所得意见书，移送人民检察院。

没收违法所得的申请应当提供与犯罪事实、违法所得相关的证据材料，并列明财产的种类、数量、所在地及查封、扣押、冻结的情况。

人民法院在必要的时候，可以查封、扣押、冻结申请没收的财产。

《最高人民法院、最高人民检察院关于适用犯罪嫌疑人、被告人逃匿、死亡案件违法所得没收程序若干问题的规定》

第五条　公安机关发布通缉令或者公安部通过国际刑警组织发布红色国际通报，应当认定为刑事诉讼法第二百八十条第一款规定的“通缉”。

第六条　通过实施犯罪直接或者间接产生、获得的任何财产，应当认定为刑事诉讼法第二百八十条第一款规定的“违法所得”。

违法所得已经部分或者全部转变、转化为其他财产的，转变、转化后的财产应当视为前款规定的“违法所得”。

来自违法所得转变、转化后的财产收益，或者来自已经与违法所得相混合财产中违法所得相应部分的收益，应当视为第一款规定的“违法所得”。

【案件索引】

一审：湖南省岳阳市中级人民法院（2019）湘06刑没初1号违法所得没收裁定（2020年1月3日）

【基本案情】

湖南省岳阳市人民检察院诉请：犯罪嫌疑人彭某某因涉嫌受贿犯罪，犯罪嫌疑人贾某某因涉嫌受贿、洗钱犯罪被国际刑警组织发布红色通报，二人被通缉一年后不能到案。申请对彭某某受贿，贾某某受贿、洗钱的违法所得及其他涉案财产予以追缴，并依法裁定没收。

一、关于受贿犯罪事实

2010年至2017年，彭某某单独或伙同其妻子贾某某及彭某峰、王某等人，利用彭某某担任湖南省长沙市某委员会副主任、长沙市某集团有限公司党委书记、董事长等职务上的便利，为湖南某工程有限公司、张某等单位和个人在承揽工程、承租土地及设备采购等事项上谋取利益，收受上述单位和个人给予的财物共计折合人民币2.3899258856亿元和美元12万元。

二、关于洗钱犯罪事实

2012年至2017年，贾某某将彭某某的受贿犯罪所得人民币4299.603495万元通过地下钱庄或者借用他人账户转移至境外，其中部分受贿所得用于在境外购买房产、国债等。

申请没收的财产包括下列境内涉案财产：彭某某与彭某峰用共同受贿款所购7套房产的售房款人民币2574.2238万元；邱某某实际控制的北京某国际投资咨询有限公司在长沙某商业有限公司所占40%股份；张某送给彭某某、彭某峰人民币3000万元债权的利息人民币315万元；从彭某某及其岳父母贾某平、蔡某家中提取的黄金制品（包括“马到成功”图案金块、“一帆风顺”字样金块、“国粹生肖马”金块各一块，黄金手镯一个）；彭某某岳母蔡某退缴的人民币38万元。

申请没收的财产还包括应我国司法机关的刑事司法协助请求，查封、冻结的下列境外涉案财产：澳大利亚昆士兰州布里斯班的公寓ZEST906；澳大利亚昆士兰州布里斯班的公寓ZEST909；澳大利亚昆士兰州黄金海岸的别墅64Concoursevillage；塞浦路斯Oceanic海之村别墅；贾某某在塞浦路斯澳皇债券公司购买的欧元250万元国债；贾某某在新加坡奕丰金融有限公司账户内的美元50.0028万元。

贾某某在圣基茨和尼维斯联邦的房产暂未冻结，仍需没收。

为证明上述事实，检察机关提交了钻戒、黄金制品、银行卡及银行U盾等物证；任职文件、工程项目施工合同、会签审批单、银行交易明细，扣押、冻结物品文件清单等书证；证人彭某峰、张某的证言等证据。

利害关系人贾某平、蔡某及其诉讼代理人提出：（1）在案证据不能证明蔡某退缴的人民币38万元高度可能属于彭某某、贾某某的违法所得，且彭某某、贾某某均有合法收入，不能排除该款来源于彭某某、贾某某的合法收入。（2）因彭某某、贾某某外逃，其未成年儿子彭某洋现由贾某平、蔡某抚养，请求法庭从没收的财产中预留彭某洋的生活、教育费用。

利害关系人邱某某的诉讼代理人提出：侦查机关冻结的北京某国际投资咨询有限公司在长沙某商业有限公司的股份40%，其价值超过人民币7500万元，请求法院在执行时对该股份变现实现价值最大化，将超过部分依法返还给北京某国际投资咨询有限公司。为证明其主张，邱某某的诉讼代理人向法庭提交了项目合作投资协议、项目咨询报告等书证。

法院经审理查明：2010年至2017年，彭某某利用担任长沙市某委员会副主任、长沙市某集团有限公司党委书记、董事长等职务上的便利，为有关单位和个人谋取利益，单独或伙同其妻贾某某、其弟彭某峰等人非法收受财物共计折合人民币2.3899258856亿元、美元12万元，其中彭某某伙同贾某某非法收受他人财物共计折合人民币31.11428万元、美元2万元。2012年至2017年，贾某某将彭某某受贿犯罪所得人民币4299.603495万元通过地下钱庄或者借用他人账户转移至境外。贾某某、彭某某分别于2017年3月10日、24日逃匿至澳大利亚。同年5月10日，国际刑警组织对其二人发布红色通报，二人被通缉，至今未到案。

检察机关提请法院依法裁定没收包括请求刑事司法国际协助查封、冻结、扣押在案的彭某某、贾某某的下列涉案财产：（1）7套房产售房款人民币2574.2238万元；（2）邱某某实际控制的北京某国际投资咨询有限公司在长沙某商业有限公司所占40%股份中的人民币7500万元；（3）张某送给彭某某、彭某峰人民币3000万元债权的利息人民币315万元；（4）从彭某某及其岳父母贾某平、蔡某家中提取的黄金制品；（5）彭某某岳母蔡某退缴的人民币38万元；（6）澳大利亚昆士兰州布里斯班的公寓ZEST906；（7）澳大利亚昆士兰州布里斯班的公寓ZEST909；（8）澳大利亚昆士兰州黄金海岸的别墅64Concoursevillage；（9）塞浦路斯Oceanic海之村别墅；（10）贾某某在塞浦路斯澳皇债券公司购买的欧元250万元国债；（11）贾某某在新加坡奕丰金融有限公司账户内的美元50.0028万元。此外，申请没收暂未冻结的贾某某在圣基茨和尼维斯联邦的房产。其间，利害关系人贾某平、蔡某提出在案证据不能证明蔡某退缴的人民币38万元高度可能属于彭某某、贾某某的违法所得；因彭某某、贾某某外逃，其未成年儿子彭某洋现由贾某平、蔡某抚养，请求法庭从没收的财产中预留彭某洋的生活、教育费用。利害关系人邱某某提出北京某国际投资咨询有限公司在长沙某商业有限公司的股份40%价值超过人民币7500万元，请求法院在执行时对该股份变现实现价值最大化，将超过部分依法返还。

【裁判结果】

湖南省岳阳市中级人民法院于2020年1月3日作出（2019）湘06刑没初1号违法所得没收裁定：第一，没收扣押的售房款人民币2574.2238万元、孳息人民币315万元及黄金制品四件。第二，没收犯罪嫌疑人彭某某在邱某某处的赃款人民币7500万元（从北京某国际投资咨询有限公司在长沙某商业有限公司所占40%的股份中依法执行）。第三，没收犯罪嫌疑人贾某某在澳大利亚的下列房产：（1）澳大利亚昆士兰州布里斯班的公寓ZEST906（地址906/31MuskAvenue，KelvinGrove，QLD，4059；注册号码：51065026，产权人贾某某）；（2）澳大利亚昆士兰州布里斯班的公寓ZEST909（地址909/31MuskAvenue，KelvinGrove，QLD，4059；注册号码：51065029，产权人贾某某）；（3）澳大利亚昆士兰州黄金海岸的别墅64Concoursevillage（地址34TheatreDrive，Benowa，QLD4217；注册号码：50980908，产权人贾某某）（该别墅的抵押贷款按照我国和澳大利亚相关法律协调执行）。第四，没收犯罪嫌疑人贾某某在塞浦路斯的下列财产：（1）塞浦路斯澳皇债券公司的塞浦路斯国债欧元250万元及孳息；（2）塞浦路斯Oceanic海之村别墅（地址1AchaiasStreet，PylaVillage，Larnaca；不动产登记号：0/9875，产权人贾某某）。第五，没收犯罪嫌疑人贾某某在圣基茨和尼维斯联邦购买的房产（地址Scotch Bonnet Condominiums Unit 2504 at Scotch Bonnet Southeast Peninsular，St. Kitts；产权人贾某某）。第六，没收犯罪嫌疑人贾某某在新加坡奕丰金融有限公司账户上的美元50.0028万元及孳息。第七，对从利害关系人蔡某处扣押的人民币38万元解除扣押。第八，对犯罪嫌疑人彭某某、贾某某违法所得追缴不足部分继续追缴。

宣判后，利害关系人没有上诉，裁定书已经发生法律效力。境内违法所得已基本执行到位。已通过刑事司法协助程序向塞浦路斯、澳大利、新加坡亚申请执行，塞浦路斯已承认和执行我国的没收裁定，澳大利亚、新加坡均将我国的没收裁定予以登记，澳大利亚正对彭某某、贾某某异议审查、审理中；2021 年 8 月，我国配合新加坡高等法院的要求，已公告送达新加坡高等法院的法院令副本。

【裁判理由】

法院生效裁判认为：犯罪嫌疑人彭某某涉嫌受贿犯罪、犯罪嫌疑人贾某某涉嫌受贿、洗钱犯罪，二人逃匿后被通缉一年以上不能到案。有证据证明前述被扣押、冻结的境内现金人民币 1. 03892238 亿元、黄金制品及境外用于购买基金的资金、购买的房产、国债高度可能属于犯罪嫌疑人彭某某、贾某某的违法所得及其他涉案财产，依法应当予以没收。

关于从蔡某处扣押的人民币 38 万元是否应予没收。经查，犯罪嫌疑人彭某某与贾某某系夫妻，有证据证明二人实施了受贿犯罪。贾某某曾有使用二人受贿犯罪违法所得的行为，蔡某接受该人民币 38 万元系在彭某某收受周某某、王某及凌某等人的贿赂期间，且在彭某某、贾某某外逃后，蔡某有将银行卡销毁的行为。法院认为，首先，上述行为能够证明该人民币 38 万元有来源于彭某某受贿的可能性。其次，该人民币 38 万元并非数额特别巨大，并未远远超过彭某某、贾某某的合法收入。再次，鉴于货币系种类物，虽没有证据证明该人民币 38 万元系合法收入，但亦不能否认其中含有合法收入的可能性。根据现有证据，该人民币 38 万元虽然具有违法所得的可能性，但是尚未达到高度可能的程度，故根据《最高人民法院、最高人民检察院关于适用犯罪嫌疑人、被告人逃匿、死亡案件违法所得没收程序若干问题的规定》第十六条、第十七条的规定，对该 38 万元暂不没收。

关于利害关系人贾某平、蔡某及其诉讼代理人提出从没收财产中预留彭某洋生活费、教育费的意见。法院认为，应否预留彭某洋的生活费、教育费与本案审查的没收犯罪嫌疑人彭某某、贾某某违法所得及相关涉案财产无关，利害关系人贾某平、蔡某及其诉讼代理人提出的意见于法无据，法院不予支持。

关于利害关系人邱某某的诉讼代理人提出侦查机关冻结的北京某国际投资咨询有限公司在长沙某商业有限公司的股份 40%，其价值超过人民币 7500 万元，请求法院在执行时对该股份变现价值实现最大化，将超过部分依法返还给邱某某、北京某国际投资咨询有限公司的意见。经查，利害关系人邱某某在彭某峰、张某处所借人民币 7500 万元系犯罪嫌疑人彭某某受贿的违法所得，人民法院应当依法追缴。鉴于邱某某、北京某国际投资咨询有限公司同意用该公司在长沙某商业有限公司 40%股份内对应价值主动退缴该赃款人民币 7500 万元，上述意见符合法律规定，法院予以支持，将在执行程序中依法处置。

【案例注解】

本案犯罪嫌疑人彭某某被称为 2017 年行政级别最高（副厅级）的“外逃巨贪”。法院合议庭紧紧围绕逃匿境外的“红通人员”转移境外、境外购置的财产是否属于违法所得展开分析、论证，依照“具有高度可能”的证明标准确认了彭某某、贾某某的违法所得范围，依法裁定予以没收。本案的审理涉及“具有高度可能”证明标准的法律适用，且由于大量案涉违法所得财产在境外，涉及刑事司法国际协助及外交协商事宜，对同类案件的审理有较高的参考价值。

一、违法所得没收程序的立法沿革及应用现状

违法所得没收程序是我国为适应反腐败斗争形势，加强贪腐犯罪跨境追逃追赃合法性和有效性的重大立法举措。我国《刑事诉讼法》第五篇特

别程序第四章第二百九十八条至三百零一条规定了“犯罪嫌疑人、被告人逃匿、死亡案件违法所得的没收程序”，具体适用于贪污贿赂犯罪、恐怖活动犯罪等重大犯罪案件，犯罪嫌疑人、被告人逃匿，在通缉一年后不能到案，或者犯罪嫌疑人、被告人死亡，依照《刑法》规定应当追缴其违法所得及其他涉案财产的，人民检察院可以向人民法院提出没收违法所得的申请，人民法院在必要的时候，可以查封、扣押、冻结申请没收的财产。人民法院经审理，对查证属于违法所得及其他涉案财产，除应当依法返还被害人的以外，应当裁定予以没收；对不属于应当追缴的财产的，应当裁定驳回申请，解除查封、扣押、冻结的财产。

为加大反腐败力度，尤其是突破海外追逃追赃的现实困境，2005 年，我国加入《联合国反腐败公约》。根据该公约第五十七条的精神，请求缔约国向被请求缔约国要求返还涉案财产时，后者可以要求前者提供生效的司法裁判文书。但当时我国立法上并没有建立相应程序。2012 年，我国修改《刑事诉讼法》时吸收参考了《联合国反腐败公约》的原则、精神，增设了违法所得没收程序。2017 年，最高人民法院、最高人民检察院共同发布《关于适用犯罪嫌疑人、被告人逃匿、死亡案件违法所得没收程序若干问题的规定》(以下简称《追逃追赃规定》)，对该程序中的一些具体问题予以明确。2019 年修订的《人民检察院刑事诉讼规则》和 2021 年修订的《最高人民法院关于适用〈中华人民共和国刑事诉讼法〉的解释》对相关规定予以完善。十年来，违法所得没收程序的设立及不断完善，不仅与《联合国反腐败公约》接轨，而且为此前实践中遇到的因犯罪嫌疑人、被告人逃匿或者死亡，普通刑事诉讼程序无法进行，致使贪污贿赂犯罪等重大犯罪案件中大量违法所得财产流失、无法被及时追缴这一困境，提供了解决方案及法律依据。

最高人民检察院 2021 年底的统计数据显示，2013 年 1 月至 2017 年 1 月，检察机关共受理适用违法所得没收程序职务犯罪案件 40 件 43 人；2017 年 1 月至 2021 年底，检察机关共受理此类案件 93 件 95 人，数量明显增加，违法所得没收程序实践价值初步显现。[①] 本案即2021年12月发布的以适用职务犯罪违法所得没收程序为主题的最高人民检察院第三十二批指导性案例之一。

二、没收境外违法所得程序的适用要点

《最高人民法院关于适用〈中华人民共和国刑事诉讼法〉的解释》以及《追逃追赃规定》，明确了认定犯罪事实、涉案财产的处理以及申请没收的财产与犯罪事实关联性的证明标准等内容。概括而言，犯罪嫌疑人、被告人逃匿违法所得没收程序的适用条件有三个主要方面：(1) 贪污贿赂犯罪、恐怖活动犯罪等重大犯罪案件，有证据证明有犯罪事实；(2) 犯罪嫌疑人逃匿，通缉一年后不能到案；(3) 人民检察院提出申请。本案区别于其他违法所得没收程序的显著特点是大量案涉违法所得财产在境外4个不同的国家，涉及大量刑事司法国际协助及外交协商事宜，故本案审理思路也有别于普通的没收违法所得程序案件。具体如下。

（一）充分保障程序正义

本案违法所得财产分布在澳大利亚、塞浦路斯、新加坡及圣基茨和尼维斯联邦4个国家，这些国家的司法制度属于英美法系。本案生效违法所得没收裁判文书需要得到上述4个国家司法当局承认和执行才能追回流失境外的赃款。由于英美法系国家对程序正义的重视甚至超过实体正义，特别注重诉讼参与人的诉讼权利义务保障。故本案审理过程中须充分保障程序正义，严格按照规定权限、规则、程序办事，特别是在公告内容和公告送达、裁判文书说理、宣判方式、裁判文书公开等方面既要遵守国内法规定，也要考虑国际法规定及被请求国法律规定。例如，在最高人民法院网站及人民法院公告栏发布公告，对送达过程进行全程拍照摄像，近亲属和利害关系人提出异议时的权利义务告知等。2019年12月，合议庭在审查

① 参见《最高检举行积极适用违法所得没收程序 促进反腐败国际追逃追赃发布会》，2021年12月9日国务院新闻办公室网站。

时发现，我国申请没收的澳大利亚黄金海岸别墅，涉及贾某某以该别墅向澳大利亚西太平洋银行股份有限公司办理抵押贷款，西太平洋银行作为别墅的抵押权人是当然的利害关系人，如果不对其履行告知义务，澳大利亚相关法院可能会以程序正义问题拒绝承认和执行我国法院的没收裁定。尽管公告期还有10天即将届满，人民法院还是立即联系西太平洋银行，赶在2019年12月底用中英文方式履行了告知义务，确保了程序无瑕疵。

（二）实体审理区分两类证明标准

被追诉人逃匿或死亡，是世界各国在追诉犯罪过程中都会遇到的问题，不同国家对该类案件涉及的违法所得没收设置了不同程序，导致司法证明制度存有差异。有的国家采用民事立法模式，通过民事诉讼程序来解决涉罪财产归属问题。美国是采用民事没收模式的典型国家。违法所得没收程序集中处理涉案财产权利归属问题，并不涉及处理刑事被追诉人的刑事责任，这与民事诉讼程序类似，所以将其纳入民事诉讼程序范畴。司法证明则遵循民事诉讼证明原则，证明标准要求较低，并不要求达到刑事定罪的“排除合理怀疑”程度。还有的国家采用刑事立法模式，一般将违法所得没收程序定性为刑事诉讼程序，德国、法国等是采用刑事立法模式的典型国家。在这些国家中，有的规定了刑事缺席审判制度，在刑事被追诉人缺席的情况下仍然可以定罪量刑，处理涉案财产，缺席审判制度涉及犯罪证明问题，因而证明标准高，通常违法所得没收程序的证明标准与普通刑事程序的证明标准一致，要求达到排除合理怀疑的程度；还有的在刑法中规定了违法所得收缴措施，将其纳入保安处分的范围实施审前没收制度。

我国的立法模式既非纯粹的民事没收程序模式，也非普通的刑事程序模式，而是刑事特别程序。在立法上，将相关内容规定于《刑事诉讼法》中，说明具有刑事诉讼性质，同时专章规定于特别程序，说明与普通刑事诉讼程序不同，可以认为是介于二者之间的一种刑事特别程序，其证据制度介于民事证据和刑事证据之间。在证明标准上，表现为违法所得没收程序证明标准低于刑事定罪标准，高于民事证明标准；在证明对象上，既有关于犯罪事实的证明，也有对犯罪涉及财物权属的证明；在证明责任上，检察机关与利害关系人均负有举证责任。具体分为两个层次。

第一，犯罪事实认定的证明标准——有证据证明有犯罪事实。在立案审查阶段，“有证据证明有犯罪事实”包括以下几个层次：“有证据证明发生了犯罪事实；有证据证明该犯罪事实是犯罪嫌疑人、被告人实施的；证明犯罪嫌疑人、被告人实施犯罪行为的证据真实、合法”。[①] 这是一种逮捕标准，因为违法所得没收程序是一种确权之诉，并且犯罪嫌疑人、被告人逃往境外，这个没收程序立案审查认定的犯罪事实，不是为了定罪处罚，而是为了作为认定违法所得及其他涉案财产的基础事实。故其证明标准相对普通刑事诉讼程序“证据确实、充分，排除合理怀疑”的证明标准而言，可以适当降低。基于以上原因，在这个阶段合议庭认定了彭某某、贾某某的 19 笔受贿事实和贾某某的 7 笔洗钱犯罪事实。因为犯罪嫌疑人彭某某在逃，不可能做到行受贿供述一一对应，上述事实中，有个别事实只有行贿人的供述和部分书证，没有受贿人的证据，这与人民法院平常审理的既有受贿人的供述、又有行贿人印证的受贿罪的证据不同，该事实的证据虽没有达到“确实、充分”的标准，但合议庭认定了这些事实已达到“有证据证明有犯罪事实”标准，从而予以认定，为后续违法所得的认定奠定基础。

第二，违法所得认定的证明标准——高度盖然性标准。《追逃追赃规定》第十七条第一款规定：“申请没收的财产具有高度可能属于违法所得及其他涉案财产的，应当认定为本规定第十六条规定的‘申请没收的财产属于违法所得及其他涉案财产’。”这一规定明确了高度盖然性标准，它类似于民事诉讼的优势证据证明标准，即高度可能属于涉案财产，那么就要依法裁定没收；如果利害关系人提出异议，证明申请没收的财产高度可能不属于涉案财产，就要解除查封、冻结、扣押措施，依法返还。本案中，

---

① 《追逃追赃规定》第十条规定：“同时具备以下情形的，应当认定为本规定第九条规定的‘有证据证明有犯罪事实’：（一）有证据证明发生了犯罪事实；（二）有证据证明该犯罪事实是犯罪嫌疑人、被告人实施的；（三）证明犯罪嫌疑人、被告人实施犯罪行为的证据真实、合法。”

合议庭遵循了这样的证据标准，针对犯罪嫌疑人在每个国家的违法所得，梳理了相关证据，形成了针对每个时间段从犯罪事实到资金流向，再到涉案财产的具有高度盖然性的证据链条。犯罪嫌疑人彭某某与贾某某系夫妻，身处国内的彭某某往境外转账汇款购房的同一时期内，多次安排他人将受贿的款项汇入贾某某的外国银行账户，汇款额明显大于购房款项，贾某某购买的房产“具有高度可能”来源于身处国内的彭某某受贿所得，应当认定该房产属于违法所得及其他涉案财产。对于利害关系人贾某平、蔡某及其诉讼代理人提出人民币 38 万元属于贾某某的合法财产，根据现有证据，该人民币 38 万元虽然具有违法所得的可能性，但是尚未达到高度可能属于违法所得的程度，故裁定对该 38 万元人民币解除扣押。

（三）及时采取诉前财产保全措施

违法所得没收案件中，生效司法裁判文书是违法所得没收程序的主要成果，也是刑事司法国际协助的基本依据。违法所得没收特别程序案件的裁定书分为三种类型：一是诉前财产冻结令；二是违法所得没收裁定书；三是没收令。按照国际公约、国际惯例和不同国家的法律规定，在不同的阶段制作不同类型的这三类文书，体现了不同的司法价值。在彭某某、贾某某违法所得没收案件中，人民法院制作了诉前财产冻结令和违法所得没收裁定书两类文书。本案的涉案资产分布在澳大利亚、塞浦路斯、新加坡以及圣基茨和尼维斯联邦 4 个国家，彭某某、贾某某逃至境外，如果不果断地采取境外资产诉前保全措施，在境外的涉案资产极易被二人处分。合议庭于 2018 年起，在最高人民法院的指导下，认真研读《联合国反腐败公约》，制作了对澳大利亚、塞浦路斯、圣基茨和尼维斯联邦 3 个国家的冻结令。澳大利亚依据该冻结令于 2018 年 10 月 10 日查封了两人在澳大利亚布里斯班的两处公寓、黄金海岸的一处别墅，该冻结令是中华人民共和国成立以来国外法院首次承认和执行我国法院的诉前刑事裁定；塞浦路斯于 2019 年 2 月 28 日依据该冻结令查封了二人在塞浦路斯的海之村别墅，冻结了贾某某 250 万欧元的国债。

三、对本案的思考

本案虽于2020年审结，但追回境外赃款才是目的，故生效没收裁定通过刑事司法国际协助得到被请求国承认、执行才是本案价值所在。事实上，本案从立案之初至今，人民法院一直在积极推进的刑事司法国际协助也是本案审理不可分割的重要组成部分。

一是通过刑事司法协助让违法所得没收裁定获得被请求国承认和执行是最终目的。违法所得没收程序实施以来，实现了我国对腐败犯罪境外追逃、追赃工作难点问题的实质性突破。此类国际追逃追赃案件要得到被请求国的承认和执行，要求人民法院既要熟悉国际规则，又要熟悉被请求国的法律。在本案审理过程中，审理法院始终坚持法律思维，在承认和执行阶段既审查是否符合本国法律，也充分尊重国际公约、国际惯例和被请求国法律。比如，2020年1月9日、1月20日、4月16日分别制作了向塞浦路斯、澳大利亚和新加坡协助执行没收裁定书请求书，并通过有关部门向上述三国转交。上述三国均已受理请求。2021年2月塞浦路斯向中国提出关于没收裁定书是否公开、犯罪嫌疑人是否知晓以及“高度可能系违法所得”等三个问题，法院均在规定时间内通过有关部门作了回复，最终塞浦路斯在2021年7月对没收令予以执行，现案件正在执行中。这也是欧盟国家法院首次承认和执行我国法院的刑事裁定。

二是文书送达和刑事司法协助方面依然存在一定障碍。通过本案审理，笔者发现人民法院作出的违法所得没收裁定生效后，通过国际刑事司法协助申请执行，部分国家仍未承认。其中，圣基茨和尼维斯未与我国建交，没有正式、直接的国家交流机制，所以无法通过司法协助方式送达文书和协助没收违法所得。建议确立“中华人民共和国和外国之间没有刑事司法协助条约的，通过外交途径联系”的原则，当穷尽各种现有立法规定仍无法送达文书和进行刑事司法协助的，应当在相关法律中确立“通过外交途径联系和充分沟通协商”的兜底条款。

张某某等非法采矿暨马某某掩饰、隐瞒犯罪所得刑事附带民事公益诉讼案

——破坏江河生态环境公益诉讼案件中惩罚性赔偿的适用

◇编写人：江苏省盐城市中级人民法院　寇建东　唐雨虹
江苏省东台市人民法院　张俊宏

【获奖评语】

本案系社会广泛关注，由公安部指定侦办、最高人民检察院督办，并在《长江保护法》实施一周年之际判决的一起严重破坏长江生态环境案件。同时，本案又是涉案人数众多、刑民交叉的破坏环境资源刑事附带民事公益诉讼案件，案件的办理实现了法律效果、社会效果和政治效果的高度统一。本案作为破坏长江生态环境公益诉讼典型案件，在深入贯彻落实习近平生态文明思想的基础上，有效结合政策要求与法律规定，充分考量长江生态环境的特殊性，进一步明晰惩罚性赔偿的适用条件，合理确定惩罚性赔偿数额，实现罚当其罪、罚当其责，彰显了人民法院依法严厉惩治破坏江河生态环境违法行为、贯彻“不搞大开发、共抓大保护”的政策理念、持续强化江河生态环境司法保护的鲜明导向。本案还为补偿性赔偿与惩罚性赔偿的并用提供了参照，也是民事公益

诉讼审理的有益参考。该案的依法妥善办理，曾入选2022年最高人民法院依法惩处盗采矿产资源犯罪典型案例，获评江苏省法院环境资源审判年度十大典型案例，社会影响大、效果好。

【关键词】

非法采矿　江河生态环境　公益诉讼　惩罚性赔偿

【裁判要旨】

行为人曾因非法采矿被判处刑罚、被采取刑事强制措施或受到环境行政处罚的，再次实施非法采集矿产资源行为，应当认定为《民法典》第一千二百三十二条规定的“故意”。破坏江河生态环境案件中，非法采集江河矿产资源数量巨大，产生水势不稳、影响物种繁衍、威胁通航安全等不利影响的，应当认定造成严重后果。

破坏江河生态环境行为人应承担的惩罚性赔偿责任，可以结合河床结构和水环境质量被破坏程度、生态环境修复、水生生物资源受损、生态系统服务价值受影响等情况综合确定；生态环境服务功能丧失、生态环境功能永久性损害所导致的损失，按照过罚相当原则确定惩罚性赔偿数额。

【相关法条】

《刑法》（2020年12月26日公布）

第三百四十三条　违反矿产资源法的规定，未取得采矿许可证擅自采矿，擅自进入国家规划矿区、对国民经济具有重要价值的矿区和他人矿区范围采矿，或者擅自开采国家规定实行保护性开采的特定矿种，情节严重的，处三年以下有期徒刑、拘役或者管制，并处或者单处罚金；情节特别严重的，处三年以上七年以下有期徒刑，并处罚金。

违反矿产资源法的规定，采取破坏性的开采方法开采矿产资源，造成矿产资源严重破坏的，处五年以下有期徒刑或者拘役，并处罚金。

《长江保护法》（2020 年 12 月 26 日公布）

第九十三条　因污染长江流域环境、破坏长江流域生态造成他人损害的，侵权人应当承担侵权责任。

违反国家规定造成长江流域生态环境损害的，国家规定的机关或者法律规定的组织有权请求侵权人承担修复责任、赔偿损失和有关费用。

《民法典》（2020 年 5 月 28 日公布）

第一千二百三十二条　侵权人违反法律规定故意污染环境、破坏生态造成严重后果的，被侵权人有权请求相应的惩罚性赔偿。

《最高人民法院关于审理生态环境侵权纠纷案件适用惩罚性赔偿的解释》（2022 年 1 月 12 日公布）

第八条　人民法院认定侵权人污染环境、破坏生态行为是否造成严重后果，应当根据污染环境、破坏生态行为的持续时间、地域范围，造成环境污染、生态破坏的范围和程度，以及造成的社会影响等因素综合判断。

侵权人污染环境、破坏生态行为造成他人死亡、健康严重损害，重大财产损失，生态环境严重损害或者重大不良社会影响的，人民法院应当认定为造成严重后果。

第十二条　国家规定的机关或者法律规定的组织作为被侵权人代表，请求判令侵权人承担惩罚性赔偿责任的，人民法院可以参照前述规定予以处理。但惩罚性赔偿金数额的确定，应当以生态环境受到损害至修复完成期间服务功能丧失导致的损失、生态环境功能永久性损害造成的损失数额作为计算基数。

【案件索引】

一审：江苏省东台市人民法院（2022）苏 0981 刑初 46 号（2022 年 3 月 1 日）

【基本案情】

江苏省建湖县人民检察院指控：2021 年 3 月至 7 月，张某某、李某等人出资，洪某某、王某某等人提供“三无”采砂船，与事前联系的购砂船主章某某、凌某某、鲍某某等人，在未取得河道采砂许可证的情况下，在长江安徽铜陵段淡水豚国家级自然保护区河段上下断面（长江禁采区），通过采运一体的方式共同非法采运江砂 46765 吨，价值 2893129 元。马某某明知江砂系盗采，仍收购 1700 吨并予以出售。张某某等人构成非法采矿罪，马某某构成掩饰、隐瞒犯罪所得罪，应依法惩治。

建湖县人民检察院同时提起附带民事公益诉讼，诉请为：（1）判令张某某等 14 人对生态环境损害 5157476. 86 元在各自参与采砂数量范围内承担连带赔偿责任，鲍某某对其中 338556. 94 元承担赔偿责任。（2）判令张某某等 14 人对评估费用 280000 元承担连带赔偿责任。（3）判令张某某、鲍某某承担一倍惩罚性赔偿责任，就各自参与部分所造成的生态环境损害张某某承担 135445. 02 元惩罚性赔偿责任、鲍某某承担 12688. 88 元惩罚性赔偿责任。（4）判令张某某等 14 人在国家级媒体向社会公众赔礼道歉。

法院除查明以上事实外，还查明：张某某等 14 人非法采砂行为造成的长江生态环境损害价值为 5157476. 86 元，其中，河床结构损害 4910329. 2 元、鱼类资源损害 96146. 02 元、底栖生物损害 14884. 62 元、生物多样性服务价值损害 101557. 02 元、后续监测费用 34560 元。

张某某曾因犯非法采矿罪，于 2020 年 5 月 7 日被判处罚金人民币 2 万元。鲍某某在涉嫌非法采矿罪取保候审期间实施本案非法采砂行为。

【裁判结果】

江苏省东台市人民法院于2022年3月1日作出（2022）苏0981刑初46号刑事附带民事判决：对被告人张某某等32人以非法采矿罪分别判处有期徒刑一年三个月至四年不等，并处罚金15000元至20万元不等；对马某某以掩饰、隐瞒犯罪所得罪判处有期徒刑一年六个月，宣告缓刑二年，并处罚金2万元；判令被告张某某等14人对其非法采砂行为造成的长江生态环境损害5157476.86元，按照各自参与犯罪部分承担连带赔偿责任，并在国家级媒体上公开赔礼道歉；判令张某某、鲍某某对其参与非法采砂造成的长江生态环境损害135445.02元、12688.88元分别承担一倍惩罚性赔偿责任。

宣判后，被告人均未上诉，公诉机关未抗诉，该判决已生效。

【裁判理由】

法院生效裁判认为：《长江保护法》第二十八条规定，国家建立长江流域河道采砂规划和许可制度。长江流域河道采砂应依法取得国务院水利行政主管部门有关流域管理机构或县级以上人民政府水行政主管部门的许可。禁止在长江流域禁止采砂区和禁止采砂期从事采砂活动。本案中，张某某等32名被告人违反《矿产资源法》的规定，在未取得河道采砂许可证的情况下，擅自在长江禁采期、禁采区从事非法采砂，其行为均构成非法采矿罪。马某某明知购买的江砂系他人犯罪所得而予以收购，其行为构成掩饰、隐瞒犯罪所得罪。

本案系《长江保护法》施行后不法分子仍顶风作案的一起特大非法采矿案。张某某等32名被告人非法采砂46765.04吨，数量巨大，不仅对长江的江砂资源造成了重大损失，也打破了采砂区域内河流泥沙与水流输送能力之间的平衡状态，引发河势失稳，水位下降，直接威胁长江防洪、通航等安全。因此，张某某等 14 人在各自参与非法采砂数量范围内构成共同侵权，应承担连带赔偿长江生态环境损害的民事责任。

张某某曾因犯非法采矿罪被判处刑罚，鲍某某在涉嫌非法采矿罪取保候审期间再次实施非法采矿犯罪，应当认定两被告人主观上具有破坏长江生态的恶意，且后果严重。本案共非法采砂 46765.04 吨，其中，张某某参与非法采砂 29795.2 吨，鲍某某参与非法采砂 2791.3 吨。本案除江砂资源损害外的其余生态损害价值为 212587.66 元，故公益诉讼起诉人要求张某某、鲍某某按非法采砂数量比例承担一倍的惩罚性赔偿责任即 135445.02 元、12688.88 元，具有事实和法律依据，予以支持。

【案例注解】

长江、黄河是中华民族的母亲河，加强长江、黄河等江河生态环境治理，有利于促进经济社会全面绿色转型、保护生存发展的生态根基。非法采集江河矿产资源不仅会破坏江河生态环境，还易影响水势稳定、威胁防洪和通航安全，造成江河生态环境功能减损，具有严重危害性。本案案涉人数众多、非法采砂数量巨大、犯罪行为恶劣，受到社会各界的高度关注。在《长江保护法》实施一周年之际，审理法院深入贯彻落实习近平生态文明思想，充分研究法理、有效适用法律、合理运用政策，进一步探索江河生态环境公益诉讼案件适用惩罚性赔偿的方法和规则，具有一定的典型性，入选最高人民法院依法惩处盗采矿产资源犯罪典型案例，获评江苏省法院环境资源审判年度十大典型案例。

一、破坏江河生态环境公益诉讼案件中惩罚性赔偿的适用基础

当前，理论界就惩罚性赔偿是否适用环境公益侵权存在争论,[①] 但从需求、规范以及实践层面来看，在破坏江河生态环境公益诉讼案件中适用惩罚性赔偿，更有利于彰显惩罚性赔偿的制度价值。

（一）需求层面：明晰适用惩罚性赔偿的必要性

党的十八大以来，党中央将生态文明建设摆在全局工作的突出位置，长江、黄河流域生态环境保护和高质量发展被纳入重大国家战略。为强化对江河生态环境的保护，《长江保护法》规定要保障长江生态安全，严厉打击环境污染、非法采砂等行为；中共中央、国务院印发的《黄河流域生态保护和高质量发展规划纲要》也指出，要开展矿区生态环境综合整治，依法打击非法采土、盗挖河砂等行为。由此，基于对江河生态环境予以最严格保护的要求，惩罚性赔偿作为一项极具代表性的惩戒制度，对其依法适用更能严厉惩治和有效预防破坏江河生态环境行为，具有重要意义。

（二）规范层面：明晰适用惩罚性赔偿的合法性

为推进美丽中国建设，《环境保护法》在第六十四条规定了因破坏生态造成损害的，应当依照有关规定承担侵权责任。《民法典》确立了绿色原则，在第一千二百三十二条规定了惩罚性赔偿条款，更为关注对生态环境公共利益的保护和救济，且并未将环境侵权惩罚性赔偿的适用范围局限于环境私益侵权。[②]《最高人民法院关于审理生态环境侵权纠纷案件适用惩罚性赔偿的解释》（以下简称《生态环境侵权案件适用惩罚性赔偿解释》）

---

① 持认同观点的，如吴卫星教授认为应支持在生态环境损害制度中引入惩罚性赔偿；持反对观点的，如王利明教授认为环境修复责任与惩罚性赔偿责任不能并用，惩罚性赔偿原则上不适用于环境公益诉讼。参见吴卫星、何钰琳：《论惩罚性赔偿在生态环境损害赔偿诉讼中的审慎适用》，载《南京社会科学》2021 年第 9 期；王利明：《〈民法典〉环境污染和生态破坏责任的亮点》，载《广东社会科学》2021 年第 1 期。

② 参见最高人民法院民法典贯彻实施工作领导小组主编：《中华人民共和国民法典侵权责任编理解与适用》，人民法院出版社 2020 年版，第 539 页。

第十二条也明确，国家规定的机关或者法律规定的组织作为被侵权人代表，请求判令侵权人承担惩罚性赔偿责任的，可以参照该解释规定处理。总体来讲，以上条款为环境公益诉讼适用惩罚性赔偿提供了规范依据和操作指引。

（三）实践层面：明晰江河生态环境案件的特殊性

破坏江河生态作为破坏生态环境的一种类型，因涉及水域环境和物种多样性保护、通航保障、防洪安全等，呈现出特殊性。长江流域有着丰富的水生动植物，包括中华鲟、江豚等水生野生保护动物。破坏长江生态环境，不仅会造成环境资源损失与水域生态系统损害，更会影响水生动植物的生存繁衍环境，不利于保护水生动植物的丰富度和多样性。同时，由于长江具通航、供水、防洪等功能，非法采集矿产资源易造成河床下切，引发塌堤风险；改变河流流势、水位降低，影响洪水、灌溉、水文测试等工程设施；形成险滩，威胁过往船只安全等，与人民群众的生命财产安全密切相关。因此，积极适用惩罚性赔偿，有助于体现对长江生态环境的强力保护，推动科学、全面、合理认定非法采集矿产资源产生的不利后果。

二、破坏江河生态环境公益诉讼案件中惩罚性赔偿的适用条件

虽然《生态环境侵权案件适用惩罚性赔偿解释》已对在环境侵权领域适用惩罚性赔偿作出规定，但在破坏江河生态环境公益诉讼案件中，仍需再予明确惩罚性赔偿的适用条件。

（一）符合提出惩罚性赔偿的法定要求

依照现行法律规范，刑事附带民事公益诉讼与民事公益诉讼是对破坏江河生态环境行为适用惩罚性赔偿的两种诉讼形式。根据《民事诉讼法》第五十八条，应由法律规定的机关和有关组织提起环境民事公益诉讼，检察机关在前述主体不起诉的情况下，可以提起环境民事公益诉讼。且根据

《最高人民法院、最高人民检察院关于提起刑事附带民事公益诉讼应否履行诉前公告程序问题的批复》，检察机关提起刑事附带民事公益诉讼，同样应履行诉前公告程序。同时，由《最高人民法院关于审理环境民事公益诉讼案件适用法律若干问题的解释》第六条，一审环境民事公益诉讼案件由中级以上法院管辖。相应地，亦应由市级以上检察机关起诉。而《最高人民法院、最高人民检察院关于检察公益诉讼案件适用法律若干问题的解释》第二十条，规定了检察机关对破坏生态环境行为可以一并提起附带民事公益诉讼，由审理刑事案件的审判机关管辖。可见，公益诉讼中检察机关提出惩罚性赔偿的前提是公告前或公告期内未有法律规定的机关或社会组织提起民事公益诉讼；且提起刑事附带民事公益诉讼的主体应为与刑事案件审判机关同级的检察机关，而提起民事公益诉讼的主体则为市级以上的检察机关。本案中，江苏省建湖县人民检察院在履行公告前置程序后，提起刑事附带民事公益诉讼并明确惩罚性赔偿诉求，符合法律规定。

（二）基于认知程度与类似行为后果准确认定故意

在破坏生态环境案件中，适用惩罚性赔偿的主观要件为行为人存在破坏生态环境的故意。而对故意的认定，一般应为明知会造成生态环境破坏或明知存在禁止性规定而违反。[①] 与常见的破坏生态环境不同的是，认定明知破坏江河生态环境，需要具备一定的专业领域知识，并结合行为人的职业经历、专业背景或经营范围，所作出的同一或同类行为是否受过刑事、行政处罚或被采取过刑事强制措施，以及破坏生态行为的方式等情况综合判断。《生态环境侵权案件适用惩罚性赔偿解释》第七条列出了应认定为故意的九种具体情形，“因同一破坏生态行为，已被认定构成破坏环境资源保护犯罪”系其中之一。本案与前述规定的不同之处在于，检察机关请求承担惩罚性赔偿责任的被告人中，张某某曾因犯非法采矿罪被判处刑罚、鲍某某在涉嫌非法采矿罪被取保候审期间实施了非法采砂行为，鲍某某虽

① 参见王笑寒：《生态环境侵权惩罚性赔偿制度的法律适用问题》，载《山东社会科学》2021 年第 3 期。

未被判处刑罚，但被采取刑事强制措施后，应当已经认识到非法采矿的违法性；同时，虽然非法采砂仅属于非法采矿的种类之一，但危害后果具有一致性，结合其以共谋、合作的方式在禁采期内非法采砂，应当认定张某某、鲍某某主观上具有破坏长江生态环境的恶意。

（三）以“功能减损+不利影响”判定严重后果

破坏江河生态环境所造成的直接后果是导致江河环境资源受损，间接后果是造成江河生态环境不利改变、生态系统功能退化。《生态环境侵权案件适用惩罚性赔偿解释》第八条要求根据破坏生态行为持续时间、地域、破坏的范围和程度、社会影响等因素综合判断严重后果；明确造成重大财产损失、生态环境严重损害或重大不良影响，应认定为严重后果。总体来看，判定破坏江河生态环境的严重后果，需要考虑功能减损和不利影响两个层面。在功能减损层面表现为：其一，带来的直接损失大、破坏的范围广；其二，对他人生命、健康和财产造成重大损害；其三，损害无法修复或修复成本过高，持续时间长；其四，生态服务价值受损或丧失，难以恢复原状或修复至基线标准。在不利影响层面表现为：一方面，破坏江河生态环境行为社会影响恶劣，受害人数众多，引发公众恐慌；另一方面，破坏江河生态环境行为导致生物生存特性发生较大改变、对生物繁衍产生较大影响。符合以上情形的破坏江河生态环境行为，因具有强烈可归责性，认定造成严重后果，更契合立法宗旨与有力打击违法行为。本案中，非法采砂致使江砂资源、河床结构、水环境质量、水生生物资源等遭受损失，产生水势不稳、妨害防洪和通航安全等不利影响，应当认定造成严重后果。

三、破坏江河生态环境公益诉讼案件中惩罚性赔偿的数额确定

环境公益诉讼中，关于惩罚性赔偿数额尚未有明确的法律规定，但并不意味着对此可以自由裁量。而应在厘定惩罚性赔偿与罚金刑、行政处罚关系的基础上，合理认定生态环境服务功能丧失、功能永久性损害所导致

的损失，做到“过罚相当”。

（一）惩罚性赔偿与罚金刑、行政处罚并不冲突，但应避免“总和责任过度”

惩罚性赔偿系在行为人恶意实施某行为时，以对行为人实施惩罚和追求一般抑制效果为目的，判令行为人支付高于实际损失的赔偿金。[①] 破坏江河生态环境公益诉讼案件的惩罚性赔偿适用，涉及刑事、民事、行政法律交叉问题，基本表现为惩罚性赔偿款与罚金刑、行政罚款的关系厘定。实践中对此也有较大争议，需要明确惩罚性赔偿与罚金刑、行政罚款是否存在冲突及共存时的司法处理方法。根据《民法典》第一百八十七条，民事主体因同一行为应承担民事、行政和刑事责任的，承担行政责任或刑事责任不影响承担民事责任。遵循该规则，惩罚性赔偿与行政罚款、罚金刑因受规制的法律体系与牵涉领域和目的差异，在具体适用中并不冲突。但在惩罚性赔偿与罚金刑、行政罚款同时存在时，就须注意避免出现行为人“总和责任过度”的情况。因此，在确定惩罚性赔偿数额时，需要对罚金刑、行政罚款予以考量，以避免“重复评价”，实现生态环境损害惩罚性赔偿的重复责任折抵。如此操作，也与《生态环境侵权案件适用惩罚性赔偿解释》第十条因同一破坏生态行为已被给予行政罚款或被判处罚金，侵权人主张免除惩罚性赔偿责任的，不予支持，但在确定惩罚性赔偿数额时可以综合考虑的规定相符合。本案中，对在刑事案件处理中已被判处大额罚金的行为人，在不超过“二倍”范围内综合客观情况判定行为人承担一倍惩罚性赔偿责任，有力体现了该司法解释的内在要求。

（二）合理认定生态环境服务功能丧失、功能永久性损害所导致的损失

《生态环境侵权案件适用惩罚性赔偿解释》第十二条规定，环境公益

① 参见最高人民法院侵权责任法研究小组编著：《〈中华人民共和国侵权责任法〉条文理解与适用》，人民法院出版社2010年版，第337页。

诉讼中的惩罚性赔偿责任，应以生态环境受损至修复完成期间服务功能丧失导致的损失、功能永久性损害造成的损失数额为基数。根据生态环境部、最高人民法院、最高人民检察院等14个部门联合印发的《生态环境损害赔偿管理规定》（环法规〔2022〕31号）第九条的规定，生态环境损害可以修复的，应修复至受损前的基线水平或风险可接受水平；无法修复的，可依法赔偿相关损失和生态环境损害赔偿范围内的相关费用。同时，根据《民法典》第一千二百三十五条，生态环境受损至修复完成期间服务功能丧失、功能永久性损害造成的损失应区别于调查鉴定评估、修复生态环境、防止损害发生和扩大所支出等费用。在惩罚性赔偿适用中可借鉴该做法，对可以修复的，生态环境服务功能丧失导致的损失应以生态环境受损至修复完成期间为基准；对无法修复的，生态环境功能永久性损害应以依法赔偿相关损失为基准，但须排除《民法典》所规定的其他费用，并剔除可以修复的直接资源损失。本案结合河床结构和水环境质量被破坏程度、生态环境修复情况、水生生物资源受损情况、生态系统服务价值受影响情况等综合确定生态环境服务功能丧失、生态环境功能永久性损害所导致的损失，未将江砂损失纳入基数，存在合理性。

（三）按照过罚相当原则，准确认定惩罚性赔偿数额

过罚相当原则是指对行为人科加的处罚，应当与其违法行为相均衡的处罚准则，较常运用于行政处罚。[①] 根据当前法律规定，惩罚性赔偿应适用过错责任。在破坏生态环境案件中，因惩罚性赔偿与行政处罚的主要目的都是惩罚与预防，从而在数额确定方面，存在着适用过罚相当原则的共通性。由此，环境公益侵权案件的惩罚性赔偿数额确定，即可遵循过罚相当原则，结合《突发环境事件应急处置阶段环境损害评估推荐方法》《突发生态环境事件应急处置阶段直接经济损失核定细则》等规范，合理评估受影响的资源、环境、生物等要素，遵循罚过相当原则，平衡生态价值和

① 参见陈太清：《过罚相当原则的司法适用》，载《法学》2021年第10期。

经济价值，以保证惩罚性赔偿数额确定的更趋合理。本案根据行为人的恶意程度、非法采砂所获利益、产生后果的严重程度、支付修复费用、判处罚金等情况，合理认定惩罚倍数，在严厉惩戒的同时，实现了罚当其责。

四、结语

破坏江河生态环境公益诉讼案件中惩罚性赔偿的适用，需在依从政策要求、法律规定的基础上，考量相关因素，优化适用路径，既应聚焦政治效果，契合大局发展需要；又要聚焦法律效果，做到依法公正裁判；还要聚焦社会效果，体现正确价值导向。“法律是一种不断完善的实践。”① 完善破坏江河生态环境公益诉讼案件惩罚性赔偿的适用方法和规则，是环境司法应有效回应江河生态环境保护强烈需求的重要体现。而现存争议所折射出的理论、规定与实践的差距问题，也仍需在实践检验与不断探寻中予以解决。

① ［美］德沃金：《法律帝国》，李长青译，中国大百科全书出版社 1996 年版，第 40 页。

郑某袭警案

——对袭警罪中“暴力行为”的甄别与认定

◇编写人：重庆市高级人民法院　杨　旌

【获奖评语】

本案既涉及《刑法修正案（十一）》新增设罪名的精准解读与适用问题，又生动体现了对以审判为中心的贯彻与坚守。实践中，袭警罪中的暴力行为有何特点、何种类型的暴力行为构成袭警罪的“暴力”、暴力行为的指向是否限于警察人身等问题困惑着袭警罪案件的审理。本案的办理，对袭警罪中暴力行为的入罪标准进行了系统的探讨，阐述了该暴力应具有的突袭性特点，指出了只有“硬暴力”才能构成袭警罪，明确了对物之暴力行为若侵犯警察执法权及社会秩序两种袭警罪保护的法益也能构成袭警罪；在严格解释《刑法》的同时，又兼顾着《刑法》用语的相对性，体现了精确解释《刑法》规范的“工匠”精神，值得推荐，在裁判规则上具有较强的参考价值。

【关键词】

刑事　执法警察　强制　暴力　突然袭击

【裁判要旨】

构成袭警罪的暴力行为应该是具有突袭性的“硬暴力”，而非“软暴力”。警察执法过程往往具有强制性、对抗性的特点，在面对警察执法时很难要求执法对象不进行争辩或反抗，故在认定行为人是否构成袭警罪时，不能将行为人实施的所有挣扎性、略带暴力性质的反抗行为均纳入暴力袭警行为的范畴。

【相关法条】

《刑法》（2020 年 12 月 26 日公布）

第二百七十七条　以暴力、威胁方法阻碍国家机关工作人员依法执行职务的，处三年以下有期徒刑、拘役、管制或者罚金。

以暴力、威胁方法阻碍全国人民代表大会和地方各级人民代表大会代表依法执行代表职务的，依照前款的规定处罚。

在自然灾害和突发事件中，以暴力、威胁方法阻碍红十字会工作人员依法履行职责的，依照第一款的规定处罚。

故意阻碍国家安全机关、公安机关依法执行国家安全工作任务，未使用暴力、威胁方法，造成严重后果的，依照第一款的规定处罚。

暴力袭击正在依法执行职务的人民警察的，处三年以下有期徒刑、拘役或者管制；使用枪支、管制刀具，或者以驾驶机动车撞击等手段，严重危及其人身安全的，处三年以上七年以下有期徒刑。

【案件索引】

一审：重庆市南岸区人民法院（2021）渝 0108 刑初 1142 号（2022 年 1 月 20 日）

【基本案情】

重庆市南岸区人民检察院指控：2021 年 8 月 15 日 21 时许，南岸区公安局交巡警九大队民警在公路上依法执行勤务过程中，发现郑某未戴头盔驾驶摩托车，便将其带至流动警务车内予以调查。郑某在警车内手抓执法仪拒绝配合民警执法，后民警将其带至交巡警办事大厅进一步调查。郑某在大厅内用脚踢踩椅子，在值班民警制止时与民警发生口角，并欲冲进值班前台内，后被民警蒋某、孟某等人阻拦并控制。在控制过程中，郑某仍用脚蹬踹民警，辱骂民警，用头撞向民警，造成民警蒋某全身多处挫伤，民警孟某右手开放性损伤。公诉机关以构成袭警罪提请对郑某追究刑事责任。

郑某辩称：其未抓执法记录仪，只是用手指了记录仪。在执法大厅发现自己受伤，就要求找负责人讨说法，但民警说的话惹怒了他，他就踩了大厅的椅子，并与值班民警发生争吵。之后，他被几个民警按住，有个民警用警棍打他的脚，他用脚蹬了民警。他被拷后坐在椅子上，有个民警过来气他，他用头顶了一下民警，但未顶着，他没有袭击警察。

辩护人的辩护意见为：郑某脚蹬、头顶警察的行为并非主动攻击，而是遭受暴力执法时进行的挣扎和反抗，民警的伤情是在控制被告人过程中形成的。郑某不具有袭警的主观故意，未实施袭警的客观行为，公诉机关指控其袭警的证据不足，指控的罪名不能成立。

法院经审理查明的事实与公诉机关指控的事实一致。

【裁判结果】

重庆市南岸区人民法院于 2022 年 1 月 20 日作出（2021）渝 0108 刑初 1142 刑事判决：被告人郑某犯妨害公务罪，判处拘役四个月十五天。判决作出后，郑某未提出上诉，现判决已生效。

【裁判理由】

法院生效判决认为：郑某以语言和暴力相威胁，阻碍正在执行职务的人民警察依法行使职务，其行为已构成妨害公务罪。公诉机关指控的袭警罪罪名不准确，应予变更。郑某关于其只是指了记录仪的辩解，与庭审查明的其用手抓扯记录仪的事实不符，该辩解不能成立，法院不予采纳。郑某在民警对其控制过程中实施的挣扎性、反抗性行为，虽然导致民警身体受伤，但不宜认定为暴力袭击。辩护人提出的该辩护意见成立，应予以采纳。但郑某抓扯民警的执法记录仪、蹬踢办公大厅座椅和冲击大厅前台等暴力行为，阻碍了人民警察依法行使职务，应当依法以妨害公务罪追究刑事责任。

【案例注解】

袭警罪并非指单纯地对正在执行职务的人民警察实施暴力，而是指通过暴力袭警妨碍警察正在执行的职务。[①] 人民警察担负着维护国家安全、维护社会治安秩序、保护公民的人身安全等重要任务和神圣使命。据统计，2019 年全国公安机关有 280 名公安民警、147 名辅警因公牺牲，[②] 在 2020 年抗击新冠肺炎疫情和维护社会安全稳定工作中，全国公安机关有 315 名公安民警，165 名辅警因公牺牲，[③] 人民警察也被称为和平时期牺牲最多的职业。面临居高不下的牺牲数字，《刑法修正案（十一）》为满足严厉惩处袭警罪行的需要，增设了袭警罪。该罪名的设立一方面彰显法律惩处袭警罪行的决心，另一方面强调法律对警察执法权的特殊保护。但该罪名在

① 参见张明楷：《刑法学》，法律出版社 2021 年版，第 1355 页。

② 引自凤凰新闻：《公安部公布 2019 年因公牺牲、因公负伤民辅警人数》，http：//ishare. ifeng. com/c/s/7tCPxobkMJr，2022 年 5 月 31 日访问。

③ 引自腾讯新闻：《公安部：2020 年共有 480 名公安民警辅警因公牺牲》，http：//new. qq. com/com/20210118/20210118A04jiz00. html，2022 年 5 月 31 日访问。

司法实践中如何正确适用却有待探讨，如何理解该罪状中描述的“暴力袭击”的概念，成为人民法院认定罪与非罪，此罪与彼罪的关键。如果将“暴力袭击”的内涵理解得过宽，则会造成刑事打击面扩大化，如在本案中郑某已经被采取了一定的控制措施，其实施的抵抗行为也对警察造成一定伤害，但是郑某实施的该行为明显与主动袭击警察的暴力行为有差异，应对上述两种行为作出必要的区分。本文对袭警罪中“暴力行为”的内涵作出以下探讨，以便更好地认识暴力行为的入罪标准。

一、入罪暴力行为之类型甄别：以“硬暴力”为限制

“暴力”的字面意思为暴露出来的力量，刑事意义上的暴力一般是指作用于人或物上可被感知的物理性有形力量。据统计，在《刑法修正案（十一）》颁布之前，《刑法》中出现的“暴力”的地方合计45处，涉及31个条文共27个罪名，上述罪名中的“暴力”均是指“硬暴力”。在2015年12月27日颁布的《反家庭暴力法》中第一次将“经常性的谩骂、恐吓等方式实施的身体、精神等侵害行为”定义为“家庭暴力”，自此包含“精神侵害”在内的“软暴力”概念首次出现。随着最高人民法院、最高人民检察院、公安部、司法部《关于办理实施“软暴力”的刑事案件若干问题的意见》的出台，软暴力的概念进一步明确，[①] 自此刑事意义中的暴力明确有了“软”与“硬”之分。但笔者认为，袭警罪中的暴力行为仍应限定为“硬暴力”。首先，上述意见出台于开展扫黑除恶专项斗争的背景下，规制的是黑恶势力犯罪中可以导致形成心理强制的犯罪手段，“软暴力”性质上属于黑社会性质组织犯罪中一个由司法解释拟制的概念，并非刑事立法规定的概念，其只能适用于相关司法解释涉及的犯罪领域，不能泛化地运用于所有刑事罪名之中。其次，《刑法修正案（十一）》施行以后，《刑法》中出现“暴力、威胁”两词并列使用的地方合计18处，如

① 该意见第一条规定：“软暴力”是指行为人为谋取不法利益或形成非法影响，对他人或者在有关场所进行滋扰、纠缠、哄闹、聚众造势等，足以使他人产生恐惧、恐慌进而形成心理强制，或者足以影响、限制人身自由、危及人身财产安全，影响正常生活、工作、生产、经营的违法犯罪手段。

在抗税罪、强迫交易罪、阻碍军人执行职务罪、妨害公务罪中均规定了“以暴力、威胁”为犯罪的实施方法或手段，事实上，威胁亦以对他人产生一定的心理强制力为目的，其实质也属于“软暴力”的范畴，但上述罪名均未将“威胁”纳入“暴力”的范畴。可见，刑事意义上的暴力与威胁并非为同一概念。因此，《刑法》无论是在立法传统还是现行规定上均未将暴力认定为包含威胁在内的能够产生心理强制的“软暴力”。再次，设立袭警罪主要保护的是警察在执法过程中免受暴力行为袭击之干扰。具有强制执法权的警察不仅配备有专业警械，还具有专业的执法能力，警察具备的职业素养也不允许警察向一般的“软暴力”屈服，而一般性的滋扰、纠缠、哄闹、聚众造势行为难以对警察形成心理压制，更不能损害到警察的人身安全，故将“软暴力”纳入袭警罪规制范围也无现实必要。最后，笔者检索了重庆法院自《刑法修正案（十一）》正式施行以后14个月以来（即自2021年3月1日至2022年4月30日）审结并认定为构成袭警罪一审案件合计166件，[①] 整理出样本案例中袭警行为的暴力形式，如表1所示：

表1 袭警暴力形式

单位：件

暴力形式	拳脚攻击	牙齿咬伤	持武器攻击	开车拉拽撞	泼洒汽油	抛掷砖头、石块
件数	121	54	15	6	1	1

经分析，在司法实践中认定构成袭警罪的暴力行为多表现为拳脚攻击、牙齿啃咬等“硬暴力”形式，且袭警暴力常表现出混合性攻击行为模式。据统计，上述采取“硬暴力”案件中，行为人存在以言语辱骂、威胁警察的案件有34起，言语暴力等“软暴力”通常是“硬暴力”的附带行为，但实践中并未有将单纯的“软暴力”行为入罪的案件。综上，将“软暴力”纳入袭警罪予以规制，既不符合现行《刑法》之立法导向，也不符合

① 上述166件案件在下文中简称样本案例。

司法实践与现实需要。

二、入罪暴力行为之特征认定：以具有“突袭性”为特点

袭警罪在限定暴力行为时，后加了“袭击”之动词，作为该罪的动态表现形式，使该罪的行为模式区别于“暴力威胁”“暴力恐吓”“暴力抗拒”等行为模式。如何理解袭警罪中“袭击”的特点对于该罪的适用显得至关重要。“袭击”从字面意思上可以理解为“乘敌人不备而突然实施的进攻行为”，与该词类似的词语还有“急袭”“偷袭”“破袭”等，均具有手段多样、快速灵活、隐蔽突然的特点。我们认为，袭警暴力为突袭性暴力，应具有突发性、瞬时性、意外性这三个特点。

第一，突发性是指施暴主体的突然发作。据统计，在现行《刑法》中，除去袭警罪外共出现了45处“暴力”，共27个罪名，但这些罪名均没有对暴力的方式及模式作出明确的表述和要求。在转化的抢劫罪中对暴力的条件也仅作出一定的限定即“当场使用”暴力，其他罪名仅模糊地规定了暴力为犯罪的实施手段，并未规定类似“袭击”等限定词。而袭警暴力以“袭击”为特点，第一属性为暴力突发性，该突发性是指行为人采取的暴力行为具有快速迅捷的特点，是其突然发作而为之，一般人难以制止和克服。具体而言，首先，该突发性攻击往往令人难以预料，即被袭击人无法预料行为人会在下一刻使用暴力手段。这种难以预料可以是从无到有的难以预料，即行为人先只是以言语辱骂、挑衅、威胁，而后出其不意地使用暴力手段攻击，也可以是暴力模式升级式的难以预料，即由一般的推搡、对抗、撕扯行为升级为用牙齿啃咬、持武器攻击等暴力模式。其次，该突发性攻击体现为不能克服性，一旦行为人实施攻击行为，被袭人就已经难以采取有效措施制止该攻击行为至完成状态，即该攻击行为从实施到结束至完成形态是一蹴而就、一气呵成的，不给被袭人缓冲的时间。最后，该突发性也体现为不可避免性。此处的不可避免性不是指攻击一旦作出犯罪就既遂或损害结果必然产生，而是指该攻击行为实施后，被袭人必然要遭受因实施攻击行为带来的损害风险，至于损害结果是否实际产生以及损

害的严重程度并不是考量该攻击行为是否具有突发性的关键。

第二，瞬时性是指暴力行为的临时起意。暴力的瞬时性是指行为人带着阻碍警察执法的主观故意，临时起意实施攻击行为，瞬时性使袭警罪中的暴力区别于其他针对警察犯罪的暴力。比如，行为人出于打击报复的原因暴力袭击正在执行职务的警察，该暴力行为是以直接伤害、杀害警察为目的而实施的，只是被袭人恰好在执行职务，这种暴力行为并非在对抗警察执法过程中临时起意而产生，故不宜被认定为构成袭警罪，但可视具体案情以故意伤害罪或故意杀人罪论处。再比如，行为人在面对执法时存在持续性辱骂或推搡行为，但上述行为呈现稳定的形态，行为人并未临时起意升级暴力模式，行为不具有突袭性特点，同样也不宜以袭警罪论处，必要时可以妨害公务罪或依据《治安管理处罚法》第五十条之规定惩处。①

第三，意外性是指承受对象的猝不及防。是否猝不及防应依据警察所处的具体执法环境进行判断。实践中，警察的执法环境是复杂而危险的，警察由于其职业特性较一般群体应具有更强的危险防范能力及风险判断意识，如警察在处理一些暴力冲突事件或群体性事件时，至少应当能够预见其在执法过程中可能遭受袭击和危险，此时的暴力行为的意外性就明显降低，警察可以采取提前加强防备或者组织更多执法力量的方式防止暴力行为的发生。同样地，警察在对醉酒者进行执法时，应当知道醉酒者的自控力下降，情绪波动性大，醉酒者面对执法作出一般性的反抗或阻碍行为的概率大大提升。② 因此，警察在处置醉酒者时，应该适当提高风险防范及自我保护意识，注意合规执法，避免产生意外性的暴力而诱发袭警罪。

三、入罪暴力行为之指向认定：以人身或“物”为目标

构成袭警罪的暴力是否可以指向警械、警车等“物”，还是必须以直

---

① 《治安管理处罚法》第五十条：“有下列行为之一的，处警告或者二百元以下罚款；情节严重的，处五日以上十日以下拘留，可以并处五百元以下罚款：（一）拒不执行人民政府在紧急状态情况下依法发布的决定、命令的；（二）阻碍国家机关工作人员依法执行职务的；（三）阻碍执行紧急任务的消防车、救护车、工程抢险车、警车等车辆通行的；（四）强行冲闯公安机关设置的警戒带、警戒区的。阻碍人民警察依法执行职务的，从重处罚。”

② 据统计，样本案例涉及 176 名行为人，其中有 82 人是在饮酒或醉酒后袭警。

接指向警察的人身为前提条件，这一问题也影响着该罪的适用。一般而言，传统刑法学意义上的暴力分有四个层次：最广义的暴力包括对人或物实施的有形物理力的所有暴力类型；广义的暴力是指对人或物实施有形物理力，但对物之暴力要求达到间接对人产生物理影响的程度；狭义的暴力是仅针对人使用的有形物理力；最狭义的暴力，不仅要求对人使用有形物理力，还要求到达足以抑制人反抗的程度。那么袭警罪中的暴力应属于以上哪种层次的暴力？我们认为，应结合具体情况，具体分析。首先，若采用最狭义的暴力概念既不能满足袭警罪对警察人身法益的保护需要，又减低了对袭警行为给社会秩序这一重要法益造成侵害的惩处力度，故最狭义的暴力说不能作为袭警罪中入罪暴力的标准。其次，具体到案件中，若警械与警察的身体紧密相连时，此时对该警械的暴力攻击和抢夺行为产生的物理力直接作用于警察的人身，在该种情况下的暴力行为无异于攻击至警察人身，能够对警察产生有形的物理力，抗拒了其执法权的行使，此种暴力可以以袭警罪论处。再次，若行为人出于情绪宣泄目的或在一般性抵抗执法中实施破坏警械，抢夺对讲机等暴力行为，该暴力不仅只针对物，客观上也缺乏侵害警察执法权的可能，则该暴力行为不宜以袭警罪论处，必要时可以妨害公务罪、寻衅滋事罪等罪名追究刑事责任。若行为人以非法占有为目的抢夺枪支，则此时对“物”之暴力构成抢夺枪支罪。最后，目前《刑法》并未明确规定袭警罪属于危险犯还是实害犯，所以在甄别入罪暴力时，也要综合考虑暴力手段及可能造成的损害结果等因素，如对“物”之袭击的行为具有高度危险性时，仍可以以袭警罪追究刑事责任，如采取高空抛物的方式向警车抛掷石块，阻碍警察执法，该种行为虽未造成警察的人身伤害，但危险性极大，仍可以袭警罪论处。

四、入罪暴力行为之可罚性认定：以法益侵害结果为导向

只要某种行为严重侵害了法益，或者侵害了重要法益，就应当将这种行为作为犯罪来处罚，且日益增加的需要刑法保护的法益，是增设新罪的

最重要理由。[①] 设立袭警罪保护的根本法益是社会秩序，袭警暴力行为则是通过侵害警察人身安全及执法权两种法益间接地侵犯社会秩序。因此，判断一种暴力行为是否构成袭警罪还应当从袭警罪保护的法益是否受到侵害为导向进行甄别。虽修正后的《刑法》规定有“暴力袭警”构成袭警罪的普通情节及“使用枪支、管制刀具”“驾驶机动车撞击”等手段严重危及人身安全的为袭警罪加重情节，但如前文所述，法律并未规定该罪究竟是危险犯还是实害犯。这一答案需要在司法实践中予以探究。在样本案例中，警察的损害程度如表 2 所示：

表 2　警察人身损害结果的情况

外伤	骨折	颅脑损伤	眼结膜受伤	肩部扭伤	耳朵残缺	血尿	牙齿脱落	腹部闭合伤	未注明警察受伤或未注明伤情	合计损害情况统计
125	6	3	3	3	1	1	1	1	21	165

166 件样本案例中除 1 件案件公诉机关以被告人情节显著轻微为由提起撤诉外，有 21 件案件的判决书未注明有警察受伤或具体伤情，可见，审判实践中，也并未将暴力实际造成警察人身的损害作为袭警罪的入罪标准。经仔细探究，在（2022）渝 0109 刑初 98 号案件中，行为人作为艾滋病患者多次试图咬伤警察，虽并未真正咬破警察身体，但其暴力行为隐藏的风险极大，极有可能构成致命伤害，该暴力行为侵害了警察的执法权，该案经审理，法院认为行为人构成袭警罪。在（2021）渝 0102 刑初 564 号案件中，两行为人并未直接针对警察的人身实施暴力，而是采取在高楼投掷石块的方式严重抗拒警察执法，造成了多辆警车、私家车的受损，其二人行为性质恶劣，严重侵害了社会秩序，法院同样认为投掷石块的暴力构成袭警罪。可见，在实践中也采取了以法益侵害为导向的暴力入罪评判标准，只要暴力行为达到妨害警察履行社会管理职责之程度或造成社会秩序的混

① 参见张明楷：《增设新罪的观念——对积极刑法观的支持》，载于《现代法学》，2020 年第 5 期。

乱，就可以考虑认定为袭警罪，该评判标准也符合袭警罪属于扰乱公共秩序罪的下位罪名的立法模式。普通情形的暴力袭警行为如此，抱着举轻明重的方式，对于“持枪”“开车撞击”等暴力模式袭警的，均可以法益侵害论为导向判断是否入罪。

五、本案所涉暴力行为问题之再审视

有了前文就袭警罪中暴力行为内涵的甄别和探讨，我们可以以更加通透的角度对本文案例进行梳理和审视。

第一，郑某实施的为“硬暴力”。本案中，无论是其脚蹬踹民警的行为，还是用头顶撞民警的行为均是作用于警察人身的物理有形力，且暴力行为造成了警察的人身损害，上述行为均是可以袭警罪被追究刑事责任的“硬暴力”行为，但其用言语辱骂民警的行为显然不能对警察产生心理强制作用，不能构成“软暴力”。

第二，郑某对“物”之暴力评析。本案中，郑某实施了抓扯执法记录仪及用脚蹬踢座椅的暴力行为，但前者仅为一般性推搡及反抗行为，后者为其宣泄情绪对物使用的暴力行为，均不能对警察的人身间接产生有形物理力，故不能作为袭警罪中的暴力行为看待。

第三，郑某实施的暴力行为不具有“突袭性”。本案中，郑某在被带入警车后，已经和警察有了一定的抓扯动作，双方已有了对立情绪。后在警察办事大厅中又与警察发生口角，随后警察对其采取控制措施，郑某在反抗过程中实施了一般性暴力行为，但该行为力具有挣扎性质。同时，因之前警察在与郑某的交涉过程中已经存在一定的肢体冲突，警察对郑某可能采取的暴力行为应该有一定预判，该暴力行为的“突发性”“意外性”大大降低，故郑某实施的行为不应认定为具有袭警暴力行为“突袭性”的特点。

第四，郑某实施的暴力行为并未侵犯到社会秩序。本案中，郑某已被警察基本控制，无论是在警车上还是办事大厅中，均属于公安机关内部场所，脱离了社会公共领域，此时，郑某的暴力行为已不具有侵害社会秩序的可能性，也难以实质性阻碍到警察的执法，故从法益侵害论为导向的定罪标准看，郑某的暴力行为不构成袭警罪。

第五，关于郑某刑事处罚之思考。本案中，虽不宜以袭警罪追究郑某刑事责任。但纵观本案，郑某的暴力行为确实阻碍了警察公务的执行，且造成了警察的人身损害。对于类似本案的案件，笔者建议可以妨害公务罪追究行为人刑事责任。该处理方式既能有效惩处行为人的犯罪行为，又未滥用袭警罪，符合刑法谦抑性特点，实现了罪、责、刑相统一的目的。

陈某诉启东市综合行政执法局行政强制及行政赔偿案

——行政机关实施违法建筑物拆除的正当程序判定

◇编写人：江苏省南通市中级人民法院 殷 勤

【获奖评语】

违法建筑物的认定和拆除是典型的多阶段行政程序，实践中对实施强制拆除是否应当经过强制执行决定的救济期限，一直存有分歧。本案通过体系解释、目的解释和成本收益分析等方法，对这一问题提出裁判观点。裁判观点正确，裁判说理充分，有效地解决了《城乡规划法》与《行政强制法》相关规定的衔接适用问题，兼顾行政管理目标实现和当事人合法权益保障，不失为较好的平衡解决方案。本案明确的裁判规则，对于填补法律空缺，明确行为预期，统一类似案件裁判标准具有较高指导价值。案例分析文本逻辑结构清晰、体例规范，值得推荐。

【关键词】

违法建筑物　限期拆除　强制执行决定　正当程序

【裁判要旨】

根据《行政强制法》第四十四条规定，行政机关作出限期当事人自行拆除决定后，当事人在法定期限内不申请行政复议、诉讼的，具有行政强制执行权的行政机关应当催告当事人履行拆除义务。当事人经催告仍不履行义务的，行政机关应当根据《城乡规划法》第六十八条的规定，报请县级以上地方人民政府责成强制拆除，据此作出强制拆除决定并公告，当事人不服强制拆除决定提起行政复议、诉讼的，不影响强制拆除行为的实施。

【相关法条】

《行政强制法》（2011 年 6 月 30 日公布）

第四十四条　对违法的建筑物、构筑物、设施等需要强制拆除的，应当由行政机关予以公告，限期当事人自行拆除。当事人在法定期限内不申请行政复议或者提起行政诉讼，又不拆除的，行政机关可以依法强制拆除。

《城乡规划法》（2019 年 4 月 23 日公布）

第四十条第一款　在城市、镇规划区内进行建筑物、构筑物、道路、管线和其他工程建设的，建设单位或者个人应当向城市、县人民政府城乡规划主管部门或者省、自治区、直辖市人民政府确定的镇人民政府申请办理建设工程规划许可证。

第六十四条　未取得建设工程规划许可证或者未按照建设工程规划许可证的规定进行建设的，由县级以上地方人民政府城乡规划主管部门责令停止建设；尚可采取改正措施消除对规划实施的影响的，限期改正，处建设工程造价百分之五以上百分之十以下的罚款；无法采取改正措施消除影响的，限期拆除，不能拆除的，没收实物或者违法收入，可以并处建设工程造价百分之十以下的罚款。

【案件索引】

一审：江苏省南通经济技术开发区人民法院（2021）苏0691行初1058号（2021年10月28日）

二审：江苏省南通市中级人民法院（2021）苏06行终833号（2022年2月24日）

【基本案情】

原告陈某诉称：东洲新村45号楼×01室不属于东洲新村的商品房，而是于1998年12月个人集资的自建房，不属于老旧小区改造范围。东洲新村45号楼×01室楼顶建设是经所在地政府审批同意的屋顶修缮项目。被告启东市综合行政执法局（以下简称启东市执法局）曾在2014年发出过《责令改正通知书》《行政处罚事先告知书》，在查明事实真相后，认同该项目建设，故当时没有拆除。2021年5月21日，被告作出《行政强制拆除决定书》，并于5月25日强行拆除了案涉建筑，违反《行政强制法》第四十四条的规定，程序违法。请求：（1）依法确认被告强制拆除东洲新村45号楼×01室楼顶建筑物的行为违法。（2）判令被告按照最新市场价赔偿案涉106平方米建筑物损失160.4万元。（3）诉讼费由被告承担。

被告启东市执法局辩称：（1）被告作出的《限期拆除违法建设决定书》于2021年2月25日已经生效。（2）被告强制拆除东洲新村45号楼501室楼顶建筑物的强制执行程序合法。被告于2021年5月7日向原告送达《行政强制执行事先催告书》，原告提出的陈述申辩意见不成立。后被告于5月21日作出《行政强制执行决定书》，并于同日作出《关于对陈勇违法建设实施强制拆除决定的公告》。同日，启东市人民政府责成被告对案涉违法建筑物实施强制拆除。原告在公告期满后仍未自行拆除，被告于5月25日依法实施强制拆除，并制作了现场笔录，由启东市公证处现场公证。请求依法驳回原告的诉讼请求。

法院经审理查明：2020 年 10 月 23 日，启东市执法局向陈某作出《限期拆除违法建设决定书》，认定陈某未经许可擅自于 2014 年在东洲新村 45 号楼 501 室楼顶搭建建筑物，违反《城乡规划法》第六十四条等的规定，责令陈某于 2020 年 10 月 26 日 17 时前自行拆除。陈某于 2020 年 12 月 11 日申请行政复议，请求撤销上述决定。复议机关于 2021 年 2 月 6 日作出复议决定，维持原行政行为。陈某提起行政诉讼，请求撤销限期拆除违法建设决定和行政复议决定，人民法院生效裁定以超过起诉期限为由驳回陈某的起诉。2021 年 5 月 6 日，启东市执法局向陈某作出催告书，要求自收到催告书之日起十日内自行拆除违法建筑物。2021 年 5 月 21 日，启东市人民政府责成启东市执法局实施强制拆除。同日，启东市执法局向陈某作出《行政强制拆除决定书》并公告，决定自 2021 年 5 月 25 日起对其违法建筑物实施强制拆除，告知陈某于 2021 年 5 月 25 日 9 时前自行拆除，将建筑物内人员和物品撤离，否则将于该时点起依法实施强制拆除。2021 年 5 月 25 日，经现场公证，启东市执法局组织实施了强制拆除行为。陈某提起行政诉讼，请求确认启东市执法局强制拆除其建筑物的行为违法，按照市场价格赔偿建筑物损失 160. 4 万元。

【裁判结果】

江苏省南通经济技术开发区人民法院于 2021 年 10 月 28 日作出（2021）苏 0691 行初 1058 号判决：（1）确认启东市执法局 2021 年 5 月 25 日强制拆除东洲新村 45 号楼×01 室楼顶建筑物的行为违法；（2）驳回陈某的其他诉讼请求。

启东市执法局不服一审判决，提起上诉。江苏省南通市中级人民法院于 2022 年 2 月 24 日作出（2021）苏 06 行终 833 号判决：（1）撤销一审判决第一项，即确认启东市执法局 2021 年 5 月 25 日强制拆除东洲新村 45 号楼 501 室楼顶建筑物的行为违法；（2）驳回陈某的诉讼请求。

【裁判理由】

法院一审判决认为：根据《城乡规划法》第四十条第一款、第六十四条的规定，原告未取得规划主管部门的规划许可手续，擅自搭建建筑物，当属于违章建筑。但即便涉案建筑物系未经规划批准擅自建设，依法应受到相应的处理，但行政机关对违法行为的处理应当按照法定职权、遵照法定程序依法进行。《行政强制法》第四章规定了行政机关强制执行程序，行政强制执行程序由先行催告、作出行政强制执行决定、公告、行政强制执行等若干具体环节组成。对建筑物、构筑物、设施的行政强制执行而言，由于强制拆除往往具有不可逆转性，对当事人权益会产生重大影响，如果作为实施强制拆除所依据的强制执行决定不具有合法性，则过早实施强制拆除将可能造成难以挽回的损失，故必须充分保障当事人救济权的行使。《行政强制法》第四十四条规定，对违法的建筑物、构筑物、设施等需要强制拆除的，应当由行政机关予以公告，限期当事人自行拆除。当事人在法定期限内不申请行政复议或者提起行政诉讼，又不拆除的，行政机关可以依法强制拆除。这是行政强制法为行政机关实施违法建筑强制拆除行为设定的特别程序，行政机关必须在强制执行决定的法定救济期限届满后方可实施强制拆除行为。本案中，被告于 2021 年 5 月 21 日作出启综执强拆〔2021〕第 002 号《行政强制拆除决定书》，并交待了起诉期限。被告于 5 月 25 日即实施了强制执行，此时《行政强制拆除决定书》确定的法定救济期限尚未届满，明显程序违法。

《国家赔偿法》第二条规定，国家机关和国家机关工作人员行使职权，有本法规定的侵犯公民、法人和其他组织合法权益的情形，造成损害的，受害人有依照本法取得国家赔偿的权利。第四条第四项规定，行政机关及其工作人员在行使行政职权时，违法行政行为侵犯公民、法人或者其他组织合法财产权益的，受害人有取得行政赔偿的权利。第三十二条规定，国家赔偿以支付赔偿金为主要方式。能够返还财产或者恢复原状的，予以返还财产或者恢复原状。第三十六条第八项规定，侵犯公民、法人和其他组织的财产权造成其他损害的，按照直接损失给予赔偿。根据上述规定，受到违法行政行为侵害，造成受害人合法权益损失的，受害人有权依法就直接损失部分主张行政赔偿。此意味着，国家赔偿是对合法权益损失予以赔偿，对当事人不享有合法权利的不法利益，则不应赔偿；国家赔偿是对直接损失予以赔偿。所谓直接损失，是指因违法行政行为造成当事人现实的，以及将来必得的合法利益损失，即损失的产生与违法行政行为之间应存在直接因果关系。非因违法行政行为造成的损失，或者将来可得利益损失，均不属于直接损失范围。本案中，由于涉案建筑物系未办理规划许可手续而建设，属于违章建筑，根据“任何人不能从非法行为中获利”的基本原则，原告要求按市场价赔偿 106.4 万元的主张缺乏法律依据，本院不予支持。

综上，被告启东市执法局实施的强制拆除行为程序违法，原告要求确认违法的主张应予支持，但其赔偿主张缺乏法律依据，本院不予支持。

法院生效判决认为：从设定行政相对人公法上权利义务关系的原因行为考察，限期拆除决定是认定相对人建设行为是否合法以及是否负担限期拆除的行政法律行为，限期拆除决定的行政复议、诉讼届满或者合法性经生效行政复议决定、人民法院生效判决确认的，相对人应当在期限内拆除违法建筑物；行政机关作出强制执行决定的目的，是为实现限期拆除决定所设定的法律后果，其本身不对相对人的建设行为是否合法作出认定，也不创设对建筑物实施拆除的义务。因此，从通常意义上对行政机关作出限期拆除决定与强制执行决定相互关系的角度，应当将《行政强制法》第四十四条后句理解为“当事人在法定期限内对限期拆除决定不申请行政复议或者提起行政诉讼，又不拆除的，行政机关可以依法强制拆除。”一审法院认为，行政机关应当在强制执行决定的救济期限届满后实施对违法建筑物的强制拆除，这一解释结论不符合立法原意，并且在客观上会造成由国家和社会负担过多不必要的公共利益恢复成本的法律适用后果，依法应予纠正。

行政机关对行政相对人违反城乡规划建设行为的认定，以及组织对违法建筑物的强制拆除，应当依次作出违法建设认定行为、强制执行事先催告行为、申请市（县）级人民政府责成强制执行行为、决定强制执行行为、对决定强制执行行为的公告行为、以及组织实施强制执行行为，遵守相应程序规范。本案中，启东市执法局作出的限期拆除决定的合法性由生效行政复议决定确认，并报请启东市人民政府责成强制执行，强制执行决定未超出限期拆除决定的范围。实施拆除时对屋内物品清点登记，强制执行过程经公证和证据保全，未扩大执行范围和违法采取措施，被诉强制拆除行为合法，一审法院判决确认该行为违法，适用法律错误。同时，因启东市执法局作出行政行为合法，未侵犯陈某的合法权益，对陈某提出的行政赔偿请求，依法应一并驳回。据此，二审判决撤销一审判决第一项，驳回陈某的诉讼请求。

【案例注解】

立法的结束方是法律适用的开始。《行政强制法》第四十四条在一般强制执行程序的基础上，对违法建筑物的强制拆除设置了更高的程序门槛，力图在公共利益维护与产权保护之间取得平衡。该条规定："对违法的建筑物、构筑物、设施等需要强制拆除的，应当由行政机关予以公告，限期当事人自行拆除。当事人在法定期限内不申请行政复议或者提起行政诉讼，又不拆除的，行政机关可以依法强制拆除。"尽管立法者作出了诸多努力，然而问题并未因此消失，实务部门仍存有困惑。[①] 本案裁判对违法建筑物认定和拆除的正当法律程序加以梳理，基于法律解释方法的运用和论证，对《行政强制法》第四十四条的法律适用提出较为明确的裁判观点，意在消除分歧，减少规则适用的不确定性，并提升守法预期的一致性。

---

① 参见于立深：《行政强制法实施中若干争议问题的评析》，载《浙江社会科学》2012 年 7 月。

一、《行政强制法》第四十四条语义指向之争

实践中，对《行政强制法》第四十四条规定的分歧意见，集中在该条“不申请行政复议或者提起行政诉讼”所指向行政行为的不同理解。持“单生效”的观点认为，该条是指对限期拆除决定不申请行政复议或者提起行政诉讼；持“双生效”的观点则认为，该条是指对限期拆除决定和强制执行决定均不申请行政复议或者提起行政诉讼。前者意味着该条的语义指向仅及于限期拆除决定，后者则将其进一步扩大到强制执行决定。“任何语句都是语言的组织体，在这一组织体中一个个的词素被连结起来……法条也是词素与词素的联结结合。”“任何文本的解释都始于对文字文义的解释。”① 对上述不同理解，可以从法条内部的逻辑结构和语词含义的相互联系入手加以分析。

（一）《行政强制法》第四十四条的结构与语义

细酌条文可以发现，该条其实包含前、后两句条文。前句规定了行政机关实施强制拆除前的公告限期自行拆除程序，属完整法条。但前句有关“需要强制拆除的”规定，带有转介条款的意味，而这一转介实属必要，由此提出了强制拆除的基础法律行为。具体来说，行政机关须转介《城乡规划法》的规定，获得“需要强制拆除的”的具体条件并据此作出判断。《城乡规划法》第四十条第一款将“违法的建筑物、构筑物、设施”界定为“未申请办理建设工程规划许可证”，第六十四条、第六十五条则将“限期拆除”的前提界定为“无法采取改正措施消除影响的”，第六十八条规定“建设工程所在地县级以上地方人民政府可以责成有关部门采取查封施工现场、强制拆除等措施”。“限期拆除”与“限期当事人自行拆除”语义一致，可见，《行政强制法》在前句中的“限期当事人自行拆除”，系沿袭和援引了《城乡规划法》“限期拆除”的规定，两法保持一致。

① ［德］卡尔·拉伦茨著：《法学方法论》，黄家镇译，商务印书馆 2020 年版，第 321 页、第 403 页。

后句则规定了当事人未自行拆除的强制拆除程序，但属不完整法条。其不完整之处在于，“当事人在法定期限内不申请行政复议或者提起行政诉讼，又不拆除的，行政机关可以依法强制拆除”的规定，没有明确不申请行政复议或者提起行政诉讼指向的对象，即后句中的对象行为阙如。这意味着，对后句的理解需指示参照另一条文获得，指示参照规定对后句的适用具有限定作用。[①] 由于前后句共同组成一个条文，规定的是一个行为模式及其法律后果，语义逻辑相关且统一，因此，在前句明确援引城乡规划法“限期拆除”的法律概念（法律行为）时，在形式上就可以将后句所省略的语词也解释为限期拆除，即“当事人在法定期限内对限期拆除决定不申请行政复议或者提起行政诉讼，又不拆除的，行政机关可以依法强制拆除”。从立法技术的角度来看，为了使法条更为紧凑和简约，后句也可以对与前句表述重复的概念加以省略。当然，这只是从形式合理性的角度作出的理解，至于是否符合实质合理性，以及多元解释立场是否更为妥当，[②] 仍需引入其他的解释方法加以检验和证立。

（二）作为基础行为的限期拆除决定与作为执行行为的强制拆除决定

区别于分阶段作出的行政行为，在行政行为内部可以区分出不同的程序阶段，行政机关对违法建设行为的认定和对违法建筑物实施拆除，则属于多阶段行政程序，其中包含多个相互牵连但又独立的行政行为。[③] 由此，产生前阶段行为与后阶段行为相互关系的认识和把握问题。

理论上，作为前续行政行为的限期拆除决定是认定行政相对人存在违法建设行为以及需负担限期拆除建筑物这一法律后果的法律行为。只在行政相对人未按照限期拆除决定的要求在期限内履行拆除义务时，行政机关才需要作出强制执行决定，以告知相对人将通过诉诸强制的方式，实现限

① 参见［德］卡尔·拉伦茨著：《法学方法论》，黄家镇译，商务印书馆2020年版，第331页。

② 参见刘星：《多元法条主义》，载《法制与社会发展》2015年第1期。

③ 参见徐键：《论多阶段行政行为中前阶段行为的可诉性》，载《行政法学研究》2017年第3期。

期拆除决定的规制目的。这意味着，行政强制执行决定作为后续行政行为，并不对行为人设定限期拆除的法律负担，其只是作出行政强制执行这一事实行为的名义行为，行政机关一旦实施强制执行，只因在事实上对当事人的权益造成了不利影响，而成为可诉的事实行为。《行政强制法》第三十七条第二款规定在行政强制执行决定中需载明“申请行政复议或者提起行政诉讼的途径和期限”，并不是由于行政强制执行决定创设了新的权利义务关系，而是基于强制执行的强制性和不可逆性，立法体现了对当事人倾斜保护的更为审慎的立场，给予法院特别的司法审查权，目的则在于判断这一行为是否逾越前续限期拆除决定所设定的权利义务范围，同时基于违法性继承理论，法院在对强制执行决定合法审查中，需延伸审查限期拆除决定本身是否存在重大且明显违法情形。[①]

因此，如果限期拆除决定因救济期限届满或者经人民法院确认合法而具备实质存续力，那么相对人限期拆除建筑物的负担就是确定的，此时并无法通过对强制执行决定的合法性审查，否定限期拆除决定所确定的权利义务关系。而在行政机关实施强制执行时扩大执行范围或者违法采取措施时，通过对具体实施的强制拆除行为的审查和行政赔偿，使相对人获得救济，则更为适当，但难以通过对作为执行名义的强制执行决定的合法性审查解决纠纷。因此，从设定公法上权利义务关系的原因行为这一角度审视，“不申请行政复议或者提起行政诉讼”所指向的也应当是行政机关作出的限期拆除决定，而非行政机关为执行和依据限期拆除决定作出的强制执行决定。

二、陷入困境的依法强制拆除：违法建设强制拆除机制的成本效益与目的平衡

法的有效性可以有教义学和社会学两种不同的理解维度，前者关注法

① 《最高人民法院关于适用〈中华人民共和国行政诉讼法〉的解释》第一百六十一条第一款规定：“被申请执行的行政行为有下列情形之一的，人民法院应当裁定不准予执行：（一）实施主体不具有行政主体资格的；（二）明显缺乏事实根据的；（三）明显缺乏法律、法规依据的；（四）其他明显违法并损害被执行人合法权益的情形。”

的形式合理和内容正当，后者则关注法律实施的实际效果。[①] 行政机关作为理性人，在实施行政管理活动时必然会考虑执法的成本和收益问题，进而会影响到执法方式的选择和法律实施的有效性。因此，对上述讨论的单生效和双生效两种观点，有必要从法的社会有效性角度进一步分析。

（一）两种分歧意见的法律适用后果

“司法裁判后果取向解释体现为法官基于预期的合理社会效果推导法律解释结论，这一方法有利于发挥社会后果的合理导向功能。”[②] 违法建筑物强制拆除的程序机制，主要包括违法建设行为认定程序和违法建筑物强制拆除程序。持单生效的观点将等待行政复议、诉讼期限届满的期间从限期拆除决定生效的时点向后截断，在后的强制拆除程序包括催告、责成强拆、作出强制执行决定、公告的期间均不计算在内。持双生效的观点将强制执行决定生效前的行政程序所经过的期间，包括行政行为的行政复议、诉讼期间均作为实施强制拆除前必须经过的期间。对比可以发现，单生效的行政执法时间成本更少，双生效则易于诱使行政相对人对所有经过的行政环节均提起行政诉讼，以及对一审判决结果不服的上诉审和之后的申请再审。假设行政机关作出的所有行政行为均为合法，那么其执行法律的时间成本不仅比单生效要更长，甚至比双生效观点论者所预想的期间要更长。

如果遵守法律能够为行政主体带来较多的利益，行政主体一般倾向于守法；如果守法并没有为行政主体带来较多利益，而同时违法收益又非常高、成本比较小，那么行政主体就很可能选择违法。[③] 双生效不仅意味着行政执法的时间成本更为高昂，且由于法律规定的强制拆除程序本身较为复杂，对于行政机关来说，即便经过漫长等待后实施拆除，也不能确保行政行为就一定会被认定为合法。程序的不确定性与执法时间的延宕，会使

---

① 参见郑永流：《法的有效性与有效的法》，载《法制与社会发展》2002 第 2 期。

② 戴津伟：《司法裁判后果取向解释的方法论应用》，载《法学》2020 年第 7 期。

③ 参见王青斌，赖普微：《违法建设强制拆除机制的困境与出路》，载《江苏行政学院学报》2018 年第 2 期。

执法成本大幅增加，执法收益的边际效应递减。相反，未经过必要的行政程序，较之未经过必要的等待期间，其违法性评价并不会更重，这会诱使基层执法者选择牺牲正当程序，直接追求强制拆违的结果利益。实践中，大量强制拆违案件未经必要行政程序即宣告实施，反映出当执法者认为法律规定过于严苛时，往往会诱发“逆向选择”这一立法者所不欲的法律适用后果。

（二）多重立法目的的平衡与检验

《行政强制法》第四十四条突破了“行政救济不停止执行”的行政法传统，属于对私权保障的特别程序规定。但是，《城乡规划法》和《行政强制法》的立法目的是一致的，即除了保障行政相对人合法权益以外，还要确保行政权的合法有效运作以及时维护公共利益，如市容市貌的迅速还原、国土空间资源的立即恢复、违建安全隐患的快速消除等。因此，执行《行政强制法》第四十四条，仍须兼顾行政规制目标实现、公共利益维护和行政相对人合法权益保障等多重立法目的的实现。考虑到公共利益的实现不至于因行政程序过分拖延而丧失殆尽，对“行政救济不停止执行”的突破，仍须保持必要限度，以使法律适用更具有弹性。具体而言，如果行政机关作出限期拆除决定后立即付诸执行，考虑到拆除房屋法律后果的不可回转性，不利于体现对相对人合法权益的有效保障；反之，如果行政机关需等待相对人穷尽包括强制执行决定在内所有环节行政行为的救济之后执行，因迁延日久，也不利于体现对违法行为查处和公共利益恢复的及时性，并有损行政权威；而将具体创设权利义务关系的限期拆除决定的救济期限届满，作为强制执行程序的开始，则能够兼顾到依法及时履职、公共利益维护和相对人权益保障三方面价值，不失为较好的平衡解决方案。

申言之，将“行政救济不停止执行”的范围仅限定为对限期拆除决定的救济上，一方面通过严格遵循《城乡规划法》作出适法的行政处理行为，避免侵犯行政相对人的合法财产权益，另一方面通过严格遵守强制执行程序规范，防止逾越行政处理范围和必要限度实施行政强制，并减少冲突和对抗以及由此引发的损失和成本的扩大。因此，在尊重产权的法政策背景下，有序突破“行政救济不停止执行”规则，等待有权机关对限期拆除决定的合法性作出裁断后再执行之，在程序上是适当的，也体现了行政行为公定力从实体法公定力到程序法公定力的理论转向。[①] 同时，基于规制的有效性，在限期拆除决定救济期限届满或合法性被确认后，对限期拆除决定所涉公共利益的实现就应体现及时性。将对限期拆除决定的执行进一步延长至作为程序性控制机制的强制执行决定行为的救济期限届满，不仅让整个社会负担更高的公共利益恢复成本，还会鼓励行政相对人通过提起更多诉讼，而不是主动执行已经生效或者经确认合法的行政处理行为，因此又增加了更多的执法和守法成本。

三、违法建设行为认定和建筑物强制拆除的正当程序

行政行为的每一个具体步骤都包含程序问题，与行政过程相关，是行政决定理性化和正当化机制。[②] 虽然对违法建设行为的认定和处理主要由《城乡规划法》规定，对建筑物的强制拆除主要由《行政强制法》规定，但两法规定却非泾渭分明，而是对相应问题交叉作出了规定，这也在一定程度上增加了法律适用的困难。总体上，立法规范趋于严格，在严格的程序要求下，程序性控制机制的适用应当体现公共利益与个人利益、程序公正与行政效率的动态平衡。

其一，行政机关对发现存在的违法建设行为，应当进行立案调查，并履行听证和集体讨论程序，经审查认为符合《城乡规划法》第六十四条“无法采取改正措施消除影响的，限期拆除”所列情形的，应当对行政相对人作出限期拆除决定，决定应载明作出行政行为的主要事实、理由和依据，体现违法建筑物的坐落和特征等要素，同时载明相对人不服请求救济的途径和期限。

其二，限期拆除决定的行政复议、诉讼期限届满或者合法性经人民法

① 参见王贵松：《论行政行为的违法性继承》，载《中国法学》2015 年第 3 期。

② 参见何海波：《行政诉讼法》，法律出版社 2022 年版，第 354 页。

院确认后，行政相对人逾期不履行义务的，行政机关应当根据《行政强制法》第三十五条“行政机关作出强制执行决定前，应当事先催告当事人履行义务”的规定，以书面方式催告相对人履行义务，催告书应载明履行义务的期限和方式，以及相对人的陈述、申辩权。

其三，行政相对人在催告期限内不履行义务的，行政机关应当根据《城乡规划法》第六十八条“城乡规划主管部门作出责令停止建设或者限期拆除的决定后，当事人不停止建设或者逾期不拆除的，建设工程所在地县级以上地方人民政府可以责成有关部门采取查封施工现场、强制拆除等措施”的规定，报请市、县级以上人民政府批准责成实施强制拆除。

其四，行政机关依据市、县级以上人民政府作出的责成强拆行为，并根据《行政强制法》第三十七条第一款“经催告，当事人逾期仍不履行行政决定，且无正当理由的，行政机关可以作出强制执行决定”的规定，对相对人作出强制执行决定，强制执行决定应当载明强制执行的理由和依据、方式和时间等事项，并载明相对人不服请求救济的途径和期限。行政机关还应当同时将强制执行决定的内容予以公告。

最后，行政相对人在强制执行决定和公告确定的期日届满前未履行义务的，行政机关应当组织实施对违法建筑物的强制拆除。原则上，行政机关不得在夜间或者法定节假日实施强制执行，强制执行时还应进行证据保全，妥善保管屋内物品，体现程序正当。如此，方为合法有效的违法建设行为认定和违法建筑物强制拆除行政程序。

四、结论

实践中对《行政强制法》第四十四条“不申请行政复议或者提起行政诉讼”所指向的行政行为，存在争议。基于法条文义解释和体系解释规则，能够获得该条文系指向限期拆除决定这一解释结论，即持单生效解释进路，也符合行政强制法兼顾公共利益维护及时性和私人产权保护有效性的目的解释取向。

限期拆除决定是设定限期拆除权利义务关系的基础法律行为，其救济期限届满或者合法性一经确认，行政相对人限期拆除的法律负担就是确定的，此时应尽快让权利义务落地，以体现规制有效性。强制执行决定附随于限期拆除决定而存在，等待强制执行决定的救济期限届满后实施拆除，会让社会负担高昂的公共利益恢复成本，并诱使行政相对人穷尽对与之相关行政程序的法律救济，以及行政机关放弃对程序义务的遵守径行实施强拆，这会极大增加守法和司法成本，因此双生效的解释进路值得商榷。

《城乡规划法》与《行政强制法》针对行政机关作出限期拆除决定和对限期拆除决定的执行，存在诸多交叉规定，在“法解释—法适用”框架内，人民法院针对两法衔接的法律适用问题，应当在个案裁判中提炼出符合法律目的的法适用规则，以填补法律欠缺，明确行为预期。

李某诉中国证券监督管理委员会没收违法所得、罚款及行政复议案

——证券监管中对共同违法行为的认定与处罚

◇编写人：北京金融法院　陈良刚

【获奖评语】

在证券市场监管领域，两个以上的行为人共同违法的情形相当普遍。由于我国《行政处罚法》和《证券法》均未对共同违法的构成要件和法律责任承担作出明确规定，证券执法实践中尚存在认识不统一、标准不明确等突出问题。本案例总结的裁判规则符合法理、具体明确。裁判观点明确对共同违法的认定应当采取主客观相统一的原则，共同违法故意和共同违法行为应当作为共同违法的核心构成要件。同时，对共同违法的处罚提出应当采取“先总后分”的模式。本案例提出的裁判原理和思路，不仅有助于解决证券领域行政处罚问题，对其他行政执法领域面临的共同违法行政处罚问题同样具有借鉴意义。本案例分析文本撰写规范、逻辑结构严谨合理，可以作为优秀案例分析推荐。

【关键词】

证券监管　行政处罚　共同违法行为　内幕交易

【裁判要旨】

共同违法应以两个以上的行为人具有共同违法故意为要件。在缺乏直接证据证明行为人就共同实施违法行为存在合谋的情况下，证券监管机构可以通过行为人所实施的具体行为、行为人之间接触联络情况、行为人之间的关系和利益关联、账户控制关系和资金往来等情况，并结合行为人就其行为所作的陈述申辩意见和提交的证据等，综合判断行为人是否存在共同违法故意。

证券监管机构在对共同违法行为作出处罚时，原则上应将该共同违法行为作为整体进行量罚，根据违法行为的事实、性质、情节和社会危害程度确定对整个共同违法行为的处罚种类和幅度，然后再根据每一行为人在共同违法中所起的作用以及分工、违法所得等情况划分各自应当承担的法律责任，据此确定对每一行为人的处罚种类和具体幅度。

【相关法条】

《证券法》（2014 年 8 月 31 日公布）

第二百零二条　证券交易内幕信息的知情人或者非法获取内幕信息的人，在涉及证券的发行、交易或者其他对证券的价格有重大影响的信息公开前，买卖该证券，或者泄露该信息，或者建议他人买卖该证券的，责令依法处理非法持有的证券，没收违法所得，并处以违法所得一倍以上五倍以下的罚款；没有违法所得或者违法所得不足三万元的，处以三万元以上六十万元以下的罚款。单位从事内幕交易的，还应当对直接负责的主管人员和其他直接责任人员给予警告，并处以三万元以上三十万元以下的罚款。证券监督管理机构工作人员进行内幕交易的，从重处罚。

【案例索引】

一审判决：北京市西城区人民法院（2021）京 0102 行初 498 号（2021 年 12 月 6 日）

二审判决：北京金融法院（2022）京 74 行终 4 号（2022 年 5 月 11 日）

【基本案情】

2020 年 12 月 28 日，中国证券监督管理委员会山西监管局（以下简称山西证监局）作出〔2020〕6 号《行政处罚决定书》（以下简称被诉处罚决定），认定 2019 年 1 月 7 日晚间新开普电子股份有限公司（以下简称“新开普”）披露以下信息：“《关于公司股东签署股份转让协议的提示性公告》：公司实际控制人杨某某等共八名股东拟转让 6. 28%的股份给蚂蚁金服的全资子公司上海云鑫创业投资有限公司（以下简称上海云鑫）。本次转让完成后，公司控股股东、实际控制人仍为杨某某；《关于上海云鑫创业投资有限公司增资完美数联（北京）科技有限公司暨关联交易的公告》：上海云鑫拟出资人民币 2. 5 亿元对新开普持股 85. 71%的子公司完美数联增资，增资完成后，新开普持有 60%股权，上海云鑫持有 30%股权，天维恒瑞持有 10%股权；《关于公司、公司控股子公司与上海云鑫创业投资有限公司签署业务合作框架协议的公告》：上海云鑫与新开普、完美数联签署业务合作框架协议，共同打造基于‘教育信息化 2. 0’为核心的校园服务和教育服务。”新开普披露的上述事项在信息公开前属于内幕信息，内幕信息敏感期为 2018 年 8 月 10 日至 2019 年 1 月 7 日。杨某某为新开普董事长，属于法定内幕信息知情人。马某某与杨某某相识多年，且在内幕信息敏感期内有联络接触。马某某和李某关系密切，两人在询问笔录中的经常居住地一致，在同一公司任职。同时，二人电话联系频繁，资金往来金额较大，且马某某的证券账户由李某管理、操作，马某某中银国际证券开户资料其他联系人为李某。马某某三个账户交易“新开普”下单电脑MAC地址、李某账户交易“新开普”下单电脑MAC地址与李某提供的电脑设备中的MAC地址一致，以上交易由李某在其提供的电脑下单操作。李某账户还使用了本人尾号为3900的手机号下单。马某某、李某账户在内幕信息敏感期内合计买入“新开普”11266749股，买入金额6442.29万元。截至2019年9月18日（山西证监局调查发函日）卖出“新开普”818148股，金额520.42万元。经计算，上述账户违法所得为21590259.50元。山西证监局认定，在内幕信息敏感期内马某某、李某交易“新开普”的行为与内幕信息形成及内幕信息知情人联络接触时点高度吻合，与新开普公开披露的信息明显背离，交易行为存在明显异常，且其未能作出合理说明或者提供证据排除其存在利用内幕信息从事相关证券交易活动。马某某、李某的上述行为违反了《证券法》（2005年修订）第七十三条、第七十六条第一款的规定，构成内幕交易行为。根据当事人违法行为的事实、性质、情节与社会危害程度，依据《证券法》第二百零二条的规定，山西证监局决定责令马某某、李某依法处理非法持有的证券，没收马某某、李某违法所得21590259.50元，其中马某某承担21155088.16元，李某承担435171.34元，并处以43180519.00元罚款，其中马某某承担42310176.32元，李某承担870342.68元。

李某不服被诉处罚决定，向中国证券监督管理委员会（以下简称中国证监会）申请行政复议。中国证监会于2021年5月19日作出〔2021〕65号《行政复议决定书》（以下简称被诉复议决定），决定维持被诉处罚决定。

李某诉称：其不符合内幕交易行为的主体要件，客观上也没有实施内幕交易行为。被诉处罚决定及被诉复议决定认定事实不清、证据不足。请求判决撤销被诉处罚决定中对其作出的行政处罚及被诉复议决定。

证监会辩称：其作出的被诉处罚决定和被诉复议决定认定事实清楚、适用法律正确、符合法定程序，请求判决驳回李某的诉讼请求。

【裁判结果】

北京市西城区人民法院于2021年12月6日作出（2021）京0102行初498号行政判决，判决驳回李某的诉讼请求。宣判后，李某提起上诉。北京金融法院于2022年5月11日作出（2022）京74行终4号行政判决，驳回上诉，维持原判。

【裁判理由】

关于内幕信息敏感期的认定问题。综合考虑杨某某新开普董事长的地位，双方接触交谈的情况和希望达成的蚂蚁金服投资新开普子公司（北京完美数联公司）及股份协议转让意愿，山西证监局以2018年8月10日作为内幕信息形成之日具有事实根据，符合认定内幕信息形成时点的一般逻辑。

关于内幕交易行为的认定问题。马某某在内幕信息敏感期内与内幕信息知情人杨某某进行过多次接触、联络。马某某与内幕信息知情人杨某某多次接触、联络后，李某具体操作开始重仓买入“新开普”股票，资金转入时点、交易时点与联络时点高度吻合。交易行为存在明显异常，李某证券账户亏损卖出其他股票后与马某某证券账户重仓买入“新开普”多达6400余万元，几乎全仓持有“新开普”，买入行为呈现出突击性、集中性等特征，买入意愿坚决，资金额和交易量异常放大，持股高度集中。马某某与李某提出的理由均无法合理解释账户资金变化、买入行为与内幕信息的形成、变化及公开时间高度吻合，与马某某和杨某某联络、接触时点高度吻合，交易行为明显异常的问题。马某某提交的日记仅能证明其有交易

"新开普"股票的意向，尚不能构成在内幕信息形成以前已经制订，并包含了交易时间、交易数量等具体交易内容的交易计划，不足以证明其实施的交易行为确与内幕信息无关，不足以作为不构成内幕交易的合理说明。

关于马某某与李某是否构成共同内幕交易问题。认定是否构成共同内幕交易，可以从身份关系是否密切、是否存在高度的利益趋同、是否均实施了与内幕信息相关的交易行为三个方面予以考量。同时，在共同违法行为中，行为主体一方不以其知悉违法行为全貌、参与违法行为的全部环节为必要，只要其对行为整体性质、手段、目的存在共同违法之认知即可。本案中，马某某与李某关系密切，二人资金往来频繁混同无法区分。马某某与内幕信息知情人有接触、联络，李某调转资金、具体操作账户下单交易。且李某自认"在 2018 年 10 月 22 日至 2019 年 1 月 7 日期间买卖'新开普'股票的交易决策是由李某与马某某共同商量后作出，具体下单由李某完成"，没有证据证明李某是被动执行马某某的指令进行交易。综上，山西证监局认定马某某与李某均为"新开普"内幕交易行为的直接实施者，并无不当。

关于行政程序问题。山西证监局在行政处罚过程中，依法告知了相关的处罚事实、法律依据和拟作出的处罚决定内容，并举行听证会，听取了李某的陈述申辩，处罚程序合法。中国证监会在受理李某的复议申请后，于法定期限内作出被诉复议决定，复议程序合法，结论正确，依法予以确认。

【案例注解】

从证券执法实践看，证券违法行为中存在大量共同违法的情形。经对 2016 年至 2021 年期间证监会公布的 752 份行政处罚决定进行统计分析，在针对操纵证券市场违法行为作出的 116 份处罚决定中，涉及共同违法的有 28 份；在针对内幕交易违法行为作出的 271 份处罚决定中，涉及共同违法的有 26 份。[①] 从共同违法行为的主体看，既有个人与个人的共同违法，也有单位和单位的共同违法，还有个人和单位的共同违法。然而，对于如何认定共同违法行为，如何划分共同违法行为人各自应当承担的行政法律责任，理论上仍存有争议，实践中的具体标准亦不够明确，有必要就相关问题加以厘清。

一、共同违法的构成要件

与我国《行政处罚法》未对共同违法作出明确规定不同，我国《刑法》对共同犯罪作出了明确规定。根据《刑法》规定，共同犯罪是指二人以上共同故意犯罪；二人以上共同过失犯罪，不以共同犯罪论处，应当负刑事责任的，按照他们所犯的罪分别处罚。据此，通说认为，成立共同犯罪，必须具备以下要件：一是行为人为二人以上且具有刑事责任能力；二是有共同的犯罪行为；三是有共同犯罪故意。[②] 不过，在理论界，对于应否将共同犯罪故意作为共同犯罪的构成要件，尚存在不同认识。有人认为片面共犯也能成立共同犯罪。还有人认为，共同过失犯罪也可以构成共同犯罪。

证券执法实践中，尽管共同违法的情形较多，但对共同违法构成要件的认识却不尽一致。有人认为，只有有证据证明二人以上存在共同违法的主观故意并且共同实施了违法行为，才可以认定为共同违法。也有人认为，只要二人以上违反了行政管理秩序，共同参与违法行为，就应当认定为共同违法，不应以共同实施违法行为和具有共同违法故意为要件。后者提出的主要理由为：一方面，如果要求所有行为人均实施了违法行为，可能导致教唆、指示和帮助实施违法行为的人逃脱处罚；另一方面，采取共同故意认定标准将明显加大执法难度和成本，降低执法效率，不利于及时有效惩处行政违法行为。笔者认为，对共同违法的认定应当坚持主客观相统一，

---

① 从中国证监会公布的行政处罚决定书看，2016 年至 2021 年中国证监会（不含其派出机构）作出的行政处罚决定书（不含市场禁入决定书）分别有 139 件、109 件、130 件、149 件、114 件、133 件，合计 774 件。因少量行政处罚决定书未被公布，本文以公布的 752 份行政处罚决定书作为分析样本。

② 高铭暄、马克昌主编：《刑法学》，北京大学出版社、高等教育出版社 2022 年版，第 162~164 页。

共同实施违法行为和具有共同违法故意应当作为其构成要件。

首先，尽管行政处罚与刑事处罚存在差异，学理上存在量的差别说、质的差别说等不同学说，但二者具有诸多共性是不争之事实，二者均体现为公权力对违法行为的制裁。对于行政犯及其对应的行政违法而言，刑事处罚和行政处罚集中体现为量的差别，行政处罚与刑事处罚的构成要件应当保持内在一致，否则就会破坏法律责任体系的协调性。而证券领域的犯罪无疑属于行政犯，与行政违法行为仅有量的差别，在共同违法和共同犯罪构成上应当保持基本一致。

其次，以共同实施违法行为为构成要件，并不会导致教唆、帮助实施违法的人借此逃脱制裁。从共同犯罪理论看，行为人既可以共同直接实施《刑法》分则所规定的犯罪构成要件的行为，也就是实行行为；也可以对犯罪行为进行分工，有的直接实施实行行为，有的从事犯罪的组织、策划、指挥活动，有的犯罪分子进行犯罪的教唆，有的在他人实施犯罪时予以各种帮助。除了实行行为外，其他共同犯罪行为，例如组织、教唆、帮助行为等，一般称之为非实行行为或者协力行为，这些行为也具有社会危害性，也应纳入整体的犯罪行为中。因此，共同犯罪以共同犯罪行为为要件，并不意味着组织犯、教唆犯、帮助犯就会逃脱罪责。同理，将行为人共同实施违法行为作为共同违法的构成要件，不会导致教唆、帮助实施违法的人借此逃脱制裁。

最后，以具有共同违法故意为构成要件，并不会导致放纵违法的后果。在刑法理论中，尽管有人主张共同犯罪不应以共同犯罪故意为前提，但我国《刑法》并未作出相应调整，仍规定共同故意犯罪才能构成共同犯罪。对于行政处罚而言，并无足够理由将共同违法扩展到共同过失或一方故意一方过失的情形。如果仅仅因为担心共同违法故意认定起来比较困难，容易导致行政执法成本增加和行政效率低下而将共同故意要件剔除出去，法理依据明显不足。况且，我国《行政处罚法》第三十三条第二款明文规定："当事人有证据足以证明没有主观过错的，不予行政处罚。法律、行政法规另有规定的，从其规定。"换言之，行政处罚实行过错推定原则，证明没有主观过错的举证责任原则上在行为人一方，在共同违法故意的认定上并不要求行政机关必须取得当事人就共同违法存在意思联络的直接证据，而可以基于间接证据综合认定行为人具有共同违法故意。将共同故意作为共同违法的构成要件，不至于对行政机关带来过重的举证负担。

综合以上分析，笔者认为应当比照共同犯罪构建共同违法的构成要件，即：一是行为主体为二人以上且具有行政责任能力，行为主体的类型包括自然人、法人和其他组织；二是行为人具有共同参与实施违法行为的主观故意；三是行为人共同参与实施了违法行为。

二、对共同违法故意的认定

实践中，如果有证据证明行为人就共同实施违法行为存在意思联络，则对共同违法故意的认定较为容易。但多数情况下，证券监管机构难以取得行为人存在共同违法故意的直接证据，需要通过行为人所实施的具体行为、行为人之间接触联络情况、行为人之间的关系和利益关联、账户控制关系和资金往来等情况，结合行为人就其行为所作的陈述申辩意见和提交的证据，综合判断行为人是否存在共同违法故意。在此过程中，既要避免因共同故意证明标准过高而导致共同违法行为人逃避处罚，又要避免因共同故意证明标准过低而导致共同违法认定的泛化。

从本案的情况看，李某在上诉时提出，其交易行为独立于马某某，其与马某某之间不存在夫妻关系、共同财产关系或其他具有同等亲密程度的法律关系，不应将二人的行为及利益视作一体，且其与马某某亦不具有事中交易决策的共谋性。就此问题，二审判决作出了具体阐述，认为对是否构成共同内幕交易的认定可以从身份关系是否密切、是否存在高度的利益趋同、是否均实施了与内幕信息相关的交易行为等方面加以考量。基于马某某与李某之间存在的密切关系、二人资金往来频繁且混同无法区分以及马某某与内幕信息知情人接触联络、李某调转资金和具体操作账户下单交易等情况，加之李某在行政程序中的自认情况，证券监管机构认定二人共同实施了内幕交易行为，具有相应的事实根据。

三、对共同违法范围的认定

实践中，对于有证据证明行为人之间存在共同故意并分工合作的案件，通常将各行为人实施的能被共同故意所涵盖的行为均认定为共同违法行为的范畴，而不以行为人知悉违法行为全部细节或参与违法行为的全部环节为必要。

在一起案件中，证监会认定陈某和黄某自 2018 年 4 月开始筹划合谋操纵某公司股价，并于 2018 年 6 月 4 日至 2018 年 11 月 26 日期间控制使用涉案账户组，集中资金优势、持股优势连续买卖，操纵、影响该公司股票交易价格和交易，共计盈利 3145 万余元；其中二人共同控制使用的 5 个证券账户共盈利 2459 万余元，陈某主要负责找证券账户和资金，黄某主要负责交易，二人在该案中作用相当，应各承担 50%的违法责任，即二人应当分别对获利金额的半数 1229 万余元承担责任；陈某单独控制的 7 个证券账户实际获利为 89 万余元；黄某单独控制的 6 个证券账户实际获利 597 万余。证监会认为二人的上述行为构成操纵证券市场行为，决定对陈某和黄某共同操纵证券市场的行为，没收陈某违法所得 1318 万余元，并处以 2637 万余元罚款；没收黄某违法所得 1826 万余元，并处以 3653 万余元罚款。① 二人不服该处罚决定，提起行政诉讼。人民法院经审理认为，陈某和黄某合谋操纵涉案股票价格，通过集中资金优势、持股优势连续买卖等手段，影响股票交易价格和交易量，共同构成操纵证券市场违法行为。同时，在案证据不能证明二人存在脱离前述共同故意而单独实施操纵涉案股票的行为。在此情况下，应当认定涉案账户均为二人共同实施违法行为的组成部分，处罚决定中将涉案账户区分为二人单独控制和二人共同控制并据此认定各自违法所得，属于认定事实不清，应予撤销。②

当然，实践中也可能出现两个以上行为人实施共同违法行为的同时，部分行为人又脱离共同故意所能涵盖的范围单独实施其他违法行为的情形，

---

① 参见证监会〔2021〕26 号行政处罚决定书。

② 参见北京金融法院（2021）京 74 行初 75 号行政判决书。

此时就会产生共同违法与单独违法并存的情形，共同违法的部分由两个以上行为人分担法律责任，单独违法的部分则由相应的行为人单独承担法律责任。

四、共同违法行为人的责任分担

在共同违法成立的情况下，需要确定共同违法行为人各自应当承担的行政法律责任。从证监会近年来对共同违法行为作出的处罚决定看，大体而言存在三种不同的模式。

一是“两步到人”模式，即先确定对整个共同违法行为的处罚种类和幅度，再确定各行为人承担的部分。例如，陶某和傅某共同操纵“胶合板1502”合约，违法所得114万余元。证监会认定二人对操纵行为应当承担同等法律责任，据此决定没收违法所得114万余元，并处以两倍罚款，二人各承担一倍罚款。[①]

二是“一步到人”模式，即直接确定各行为人的法律责任。实践中，该模式主要适用于各行为人分别控制使用账户、盈亏情况能够各自独立确定的情形，根据各自违法所得确定没收金额和罚款金额。例如，王某、钟某、任某共同操纵“宝泰隆”股票价格，王某获利215万余元，钟某亏损，任某获利67万余元。对于三人共同操纵该股票的行为，依据各自违法所得情况予以处罚，即没收任某操纵该股票的违法所得67万余元，并处以一倍罚款；没收王某违法所得215万余元，并处以一倍罚款；对钟某处以30万元罚款。[②]

三是“不予区分”模式，即仅确定共同违法行为人共同承担的法律责任，在各行为人之间不作划分。实践中，这主要适用于行为人之间存在亲密关系（如夫妻）从而被认为区分各自责任缺乏必要性的情形和行为人资金混同、账户控制使用混乱从而被认为难以区分各自责任的情形。例如，倪某、郑某夫妻二人控制账户交易“瑞和股份”股票。证监会决定责令倪

① 参见证监会〔2016〕5号行政处罚决定书。
② 参见证监会〔2016〕26号行政处罚决定书。

某、郑某依法处理非法持有的股票，没收倪某、郑某违法所得794万余元，并处以三倍罚款。[①]

对于共同违法的责任承担方式，首先需要指出的是，我国《行政处罚法》并未作出明确规定，意味着行政机关具有一定的裁量空间。不过，笔者认为，尽管共同违法的具体情形各有不同，责任划分的方法未必千篇一律，但原则上应当采取“先总后分”两步法，即首先将一个共同违法行为作为整体进行量罚，根据违法行为的事实、性质、情节和社会危害程度确定对整个违法行为的处罚种类和幅度，然后再根据每一行为人在共同违法中所起的作用以及分工情况、违法所得情况等划分各自应当承担的责任，确定对每一行为人的处罚种类和金额。主要理由有以下两点。

其一，如果直接依据各行为人的违法所得径行确定各自责任，实际上没有从共同违法行为的整体出发考量违法行为的性质、情节和社会危害程度，人为割裂了共同违法范围内各行为人之间的关系，依据行为人各自违法所得确定各自责任也不符合各行为人均对整个共同违法行为负责且责任划分应当以各自所起的作用为主的基本原理。

其二，行政法律责任是行政机关或者法律、法规授权的组织代表国家对行为人追究责任，不同于连带民事法律责任，需要具有明确性，除特殊情形外，理应责任到人，也就是要最终确定对共同违法中每一个行为人的处罚种类和具体金额，而一般不宜仅笼统地确定对多个违法行为人的共同罚没款金额而不加区分。当然，根据案件情况的确无法区分或者没有必要区分的另当别论。

本案中，证监会认定马某某和李某构成共同内幕交易，决定没收二人的违法所得并处以违法所得金额二倍的罚款，又对二人各自承担的罚没款金额进行了划分。该处罚模式既符合法律规定，亦具有确定性和明确性，并无不当。

---

① 参见证监会〔2019〕48号行政处罚决定书。